기획서 작성부터 취업까지 한 번에!

# 유저를 끌어당기는 모바일 게임 기획

# 유저를 끌어당기는

# 모바일 게임 기획

## 기획서 작성부터 취업까지 한 번에!

박형선, 민준홍, 유수연 지음

BJPUBLIC

# 저자 소개

## 박형선

대학교에서 경영학, 마케팅을 공부했고, 20여 개 정도의 정부와 기업 공모전에서 입상했습니다. 퍼블리싱 사업을 하는 게임사업 PM으로 게임업계에 입문했고 대기업과 중소기업에서 10년 넘게 게임 기획, PD 등 다양한 경험을 했습니다. 직접 기획한 대표작은 우파루마운틴, 라인파이터즈이며 히어로즈 인 더 스카이의 사업 PM을 맡았습니다.

## 민준홍

대학교에서 프로그래밍을 공부하다 현재는 철학을 배우는 기획자입니다.
2015년도부터 게임 기획자로서 업계의 문을 두드렸고 현재까지 기획자로 일하고 있습니다.
포트리스M과 포트리스 배틀로얄의 기획을 맡았습니다.

## 유수연

2020년 입사한 신입 퍼즐게임 기획자입니다.
대학에서는 기획에 도움이 될 것이라 생각해 인문학을 공부하였습니다.

## 김선우

기획서를 작성할 때 주로 어떤 구조로 기획서를 작성하는지, 그리고 해당 구조 내에 수치들을 반영해 공식을 만들 때 고려해야 하는 조건은 무엇인지 알려주는 좋은 책입니다. 또한 기획자들이 알아두면 좋은 사이트 혹은 외부 자료들을 볼 수 있는 링크들이 적혀 있어 보기 쉬운 GUI화 된 기획서를 작성하고 싶은 기획 입문자들에게 추천합니다.

## 김진구

실무 기획의 모든 것이 책 한 권에 담겨 있어서 읽는 내내 그동안 일해왔던 경험을 복습하는 기분이었습니다. 게임 기획이 젊고 빠르게 변화하는 업종인 만큼 이론과 철학을 담은 책은 많았지만 최신 실무에 중점을 둔 책은 없었기 때문에 이 부분에 갈증을 느낀 독자가 많았을 것입니다. 입사 후 겪을 업무를 스포일러 당하고 싶은 게임 기획자 지망생들에게는 최고의 책이라고 생각합니다.

## 백경민

게임 기획에 대해 배우고 싶지만 무엇부터 해야 할지 막막하게 느껴질 때 꼭 읽어봐야 할 책입니다. 설명이 자세할 뿐더러 한눈에 들어오는 예시 그림 또한 첨부되어 있어 이해하기 쉬웠습니다.

초심자도 쉽게 따라 할 수 있도록 쓰인 역기획서 작성법부터, 실제 게임 회사에서 사용하는 주요 지표 용어까지. 게임 기획자 지망생이라면 누구나 알고 싶어할 정보들이 일목요연하게 정리되어 있습니다.

게임 업계 취업 준비를 한 권으로 끝내고 싶다면 이 책을 적극 추천합니다!

## 안인균

막연한 기획을 가진 사람은 많지만 그 기획을 구체적으로 정리하거나 제대로 된 문서로 만드는 사람은 드물다. 자신의 머리 속 생각만큼 가장 이해하기 쉬우면서도 남에게 전달하기 어려운 것은 없기 때문이다. 남들에게 회심의 아이디어를 어떻게 매력적으로 전달할까? 이 책에 질문의 정답은 쓰여 있지 않다. 하지만 질문의 정답에 근접하게 만들어줄 기획의 기본을 제시한다. 이 책을 읽고 나면 최소한 망상을 기획이라고 적어내는 일은 없을 것이다. 기획자를 꿈꾸지만 아직 자신의 생각을 어떻게 정리하고 전달해야 할지 모르겠다면 이 책을 한번 읽어보는 건 어떨까?

## 김현아

게임 기획 업무의 실무 노하우를 낱낱이 공개해버린 책.

이렇게 다 퍼줘도 되나요? 게임 개발자도 꼭 읽었으면 합니다. 게임 기획자가 아닌 게임 개발자의 시각에서도 흥미진진했고 사전 지식이 많지 않아도 쉽게 이해할 수 있도록 쓰여 있었습니다. 게임 개발자인 제 업무에도, 게임 기획 이해에 도움이 많이 되었습니다. 이 책을 읽고 게임 기획자와 소통이 더 원활해졌습니다.

본 책은 스마트폰 게임 기획을 주제로, 게임 기획 지망생들이 게임 회사에 입사하기 위해서 어떤 준비를 어떻게 해야 하는지 알려주는 책입니다. 현재까지 게임 기획에 대한 이론서들이 많이 나왔지만 게임 기획 지망생의 눈높이로 아무것도 모르는 상태에서 어떻게 시작해야 하는지, 그리고 실제 게임업계에 들어오기 위해서는 어떤 식으로 포트폴리오를 준비해야 하는지 알려주는 책이 없었습니다. 사전 지식이 없더라도 책의 내용을 하나하나 따라 하면서, 게임업계에 들어올 수 있도록 하는 안내서를 목표로 집필했습니다. 현재까지 많은 게임 기획 지망생 분들을 도와 드리면서 느낀 점은 제대로 된 방향성을 잡지 못해서 많은 시간을 낭비하는 경우가 많다는 것이었습니다. 필자와 공동저자들은 이런 점을 잘 인지하고 있고, 이 책 하나만 보면 스스로 잘 준비를 할 수 있도록 쉬운 개념에서 실전까지 알차게 구성했습니다. 이 책을 읽으면 게임 기획 지망생들이 게임 회사에 많이 제출하는 포트폴리오인 "역기획서", "시스템 기획서"를 쓸 수 있고, 더불어서 밸런스의 개념이나 기타 지식들도 얻어갈 수 있을 것입니다.

필자는 대학교에서 경영학, 마케팅을 공부했고, 20여 개 정도의 정부와 기업 공모전에서 입상했습니다. 퍼블리싱 사업을 하는 게임 사업 PM으로 게임업계에 입문했고 대기업과 중소기업에서 10년 넘게 게임 기획, PD 등 다양한 경험을 했습니다. 함께 작업한 공동저자 분들은 프로그래밍이 가능한 실무 기획자 분들로 기획뿐만 아니라 프로그래머 관점에서 책의 부족한 부분을 채워주셨습니다. 공동저자는 게임 개발 동아리 회장 등의 경력을 가지고 있고, 다양한 아마추어 게임을 개발했습니다. 현재는 게임업계에서 실무 기획자로 활동하고 있습니다.

이 책은 스마트폰 게임 기획을 주제로 하고 있는데, 게임 기획이라는 영역에서 PC와 콘솔 게임도 크게 보면 차이가 많지 않으므로 편하게 봐 주셔도 됩니다. 이 책의 주제를 스마트폰 게임 기획으로 한 이유는 필자가 10년 넘게 스마트폰 게임 기획을 하고 있고, 현재 게임업계의 인력 시장이 스마트폰 게임 기획자의 수요가 많아지고 있기 때문에 스마트폰 게임 기획에 집중해서 구성했습니다.

이 책은 총 3개의 파트로 되어 있습니다.

**Part 1은 역기획서와 게임 시스템 기획입니다.**

지망생들이 가장 혼동하는 게임 시스템 기획과 콘텐츠 기획의 차이 개념부터 시작해서, 게임 기획서의 전체 목차 개념 잡는 법, 게임 기획서 역기획서 쓰는 방법으로 구성되었습니다.

바로 포트폴리오로 활용될 수 있는 역기획서 작성방법에 대해, 쉽고 자세하게 알려 줍니다.

또한 게임 프로토 타입 구상과 정리는 어떻게 하는지, 게임 UI샘플을 만들려면 어떻게 하는지 예시를 보여주며 설명합니다.

온라인 게임이 성공하기 위한 핵심 코어와, 게임 시스템 / 룰 기획 전체 구조도에 이르기까지 게임시스템 기획서와 역기획서 작성방법에 대해 집중해서 구성했습니다.

**Part 2는 데이터 테이블, 밸런싱, 추가기획서입니다.**

시스템 기획 작성 방법을 익혔으면, 그에 필요한 수치를 데이터 테이블 형식으로 정리해야 합니다. 데이터 테이블을 어떻게 정의하고, 수치 작업을 어떻게 해야 하는지, 그리고 밸런싱 기획의 개념과 실제 작업 방법의 예시를 따라 하기 형식으로 제시해서 개념과 실전을 몸에 익힐 수 있도록 구성했습니다. 또한 사운드 기획, 스펙리스트와 체크리스트, 필요 인력 계획과 개발 일정, 매출 시뮬레이션 등 추가로 필요한 기획 내용에 대해서도 정리해서 실무를 할 때 도움을 받을 수 있도록 구성했습니다.

**Part 3는 게임 기획자 되기! 게임 기획의 백과사전입니다.**

UI와 UX의 차이점, 게임 시장조사 방법, 신규 게임 개발을 위한 아이디어 발상법, 온라인 게임의 상용화 모델, 게임 운영을 위한 운영 툴 등 게임 기획에 필요한 다양한 지식들을 총망라해서 정리했습니다. 또한 게임 회사 창업을 위한 인력 구성, 프로젝트 관리 방법, VR게임 기획, 게임 회사에서 쓰이는 지표 개념, 게임 퍼블리싱과 채널링, 게임시나리오의 구성요소, 게임 기획자 주요 질문과 답변 등 게임 회사 창업환경에 필요한 지식을 제시하였고, 게임 기획자 지망생들의 다양한 질문에 대해 답변 형식으로 다루었습니다.

모쪼록 이 책을 통해 게임 기획 지망생들의 준비시간을 아껴 주고, 게임업계에 관심 있는 모든 분들에게 게임 개발의 진입장벽을 낮춰 주는 계기가 되었으면 좋겠습니다.


저자 박형선, 공동저자 민준홍, 유수연

# 차 례

## PART 01 │ 역기획서와 게임시스템 기획

## PART 02 │ 데이터 테이블, 밸런싱, 추가 기획

# 역기획서와
# 게임 시스템 기획

# 게임 시스템 기획과
# 콘텐츠 기획의 차이

**\<게임 시스템 기획과 게임 콘텐츠 기획의 차이가 도대체 뭐야?\>**

게임 기획 지망생들이 가장 많이 하는 질문은 "게임 시스템 기획과 콘텐츠 기획의 차이가 뭔가요?" 였습니다.

게임 업계에 종사하는 실무자라면 알고 있는 내용이지만 게임 기획 지망생이 가장 혼동하는 부분이기도 합니다.

게임 기획 지망생이 게임 기획서를 준비할 때, 기획서 범위를 애매하게 잡아서 좋은 게임 기획 포트폴리오를 완성하기가 어려우므로 반드시 이해하고 넘어가야 합니다.

그림 1-1 게임 콘텐츠라는 단어에 대한 유저 입장

보통 겜돌이 입장에서는 이렇게 생각하기 쉽습니다.

"이 게임은 게임 콘텐츠가 정말 부족하네. 빨리 콘텐츠 업데이트를 해줘야 할 것 아냐?"

게임을 즐기는 유저 입장에서의 "게임 콘텐츠"와 게임을 만드는 게임 개발사 입장에서의 "게임 콘텐츠 기획"은 텍스트가 완전 똑같지만 전혀 의미가 다릅니다.

소프트웨어 개발 업계에서 이야기하는 "게임 시스템 기획", "게임 콘텐츠 기획"은 다음과 같이 이야기될 수 있습니다.

그림 1-2 콘텐츠라는 단어에 대한 게임 개발사 입장

## (1) 게임 시스템 기획

게임 시스템 기획에 대해 떠오른 것을 나열해보면 다음과 같습니다. 기능적인 것. 게임 규칙과 UI, 동작하는 기능 정의, 기능이 동작할 때 필요한 데이터 테이블 구조를 짜는 것. AI(인공지능)를 짜는 것. 콘텐츠가 등장하는 패턴이나 타입을 짜는 것 (퀘스트 타입, 스킬 타입, 레벨디자인 구성요소 타입, NPC 표정 타입)

## (2) 게임 콘텐츠 기획

게임 콘텐츠 기획에 대해 기술해보면 다음과 같습니다.

비기능적인 것. 양적인 것. 만들어진 퀘스트 타입에 맞춰서 퀘스트를 수백 개 많이 만들어내기. 아바타 게임이라면 수많은 의상 설정기획. 캐릭터 수집형 RPG게임에서 캐릭터와 몬스터를 수백 개 만들어야 한다면 캐릭터와 몬스터 설정기획. 게임의 대사를 퀘스트에 녹여서 입력하기. 퀘스트 보상 정해서 입력하기. 요일 던전, 레이드, 무한 던전 등에 보상을 정해서 입력하기.

## (3) 레벨디자인

레벨디자인이란 무엇일까요?

콘텐츠 기획과 혼동할 수 있으니 레벨디자인에 대해 알아봅니다.

게임 구성요소를 재료로 삼아 여러 레벨(스테이지)을 만드는 것을 레벨디자인이라고 합니다.

스테이지 퍼즐게임에서는 여러 가지 퍼즐 블록의 종류가 있습니다. 또한 아이템들도 다양합니다. 이것들을 배치해서 여러 개의 퍼즐 스테이지를 만들고 난이도도 조정해야 합니다.

RPG게임은 맵에 몬스터를 배치하는 것, 또는 맵 툴을 이용해서 맵을 찍어서 맵을 만드는 것이 레벨디자인입니다. 예를 들어 RPG의 인스턴트 던전 같은 것들을 만들 수 있습니다.

FPS 게임에서는 맵 툴을 가지고 멀티플레이 FPS 맵을 찍어서 만드는 것, 싱글 플레이 FPS의 경우 맵 툴을 이용해서 맵을 만들고, 몬스터를 배치하는 것이 레벨디자인 작업이라고 할 수 있습니다.

## (4) 게임 밸런싱

게임 밸런싱은 어떤 것일까요? 위에서 게임 콘텐츠 기획이 보상을 정해 입력한다고 했는데, 게임 밸런싱과 다른 점은 무엇일까요?

우리가 게임을 할 때, 밸런싱이 안 맞는다. 이런 이야기를 많이 들어봤을 것입니다.

게임 밸런싱이란 게임 내의 수치를 균형적으로 조정해서 적절한 수준으로 만드는 것을 말합니다.

콘텐츠 기획에서 퀘스트의 보상을 입력한다고 했습니다. 예를 들어 퀘스트 보상으로 경험치와 게임머니(골드)를 입력했을 때 이 경험치와 게임머니에 너무 큰 수치가 들어있다면, 플레이어가 너무 빨리 성장해서 게임이 시시할 것입니다. 반대로 너무 작은 수치가 들어있다면 플레이어가 플레이를 해도 너무 적은 보상을 받아서 화가 날 것입니다.

적절한 보상을 입력하는 것이 중요합니다. 게임 밸런싱에 대해 뒤에서 자세하게 다룰 예정이므로 이 정도 개념만 알고 넘어갑니다.

### 게임 기획의 수행 순서

시스템 기획 > 콘텐츠 기획 > 레벨디자인 > 게임 밸런싱 > 테스트

**그림 1-3** 게임 기획의 수행 순서

## 1) 게임 시스템 기획 완성하기

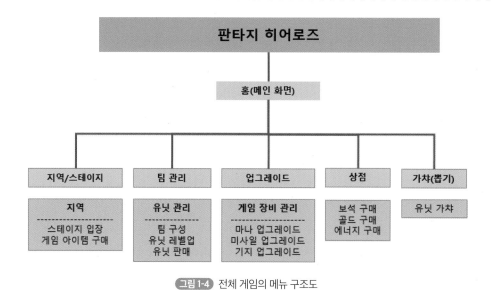

그림 1-4 전체 게임의 메뉴 구조도

게임 기획의 수행 순서 중에서 가장 먼저 해야 할 일은 게임 시스템 기획 (규칙과 UI와 게임구조)을 먼저 잡습니다. 이 단계는 뼈대를 잡는 것과 비슷한 개념으로 게임 시스템 기획을 완성하면, UI디자이너가 UI디자인을 시작할 수 있고, UI디자인이 완성되면 클라이언트 개발자에게 디자인 리소스를 넘겨 클라이언트 개발자가 기획서를 보고 기능을 구현할 수 있습니다.

게임 기획자는 시스템 기획 단계에서 기능 구현에 필요한 수치가 들어있는 데이터 테이블 구조를 짭니다. 그 뒤 서버 개발자와 클라이언트 개발자에게 공유되기 때문에 더미 데이터가 입력되어 있어도 개발이 가능합니다.

여기서 UI디자이너는 우리가 보는 게임 UI화면을 모두 만드는 사람이고, 게임 화면의 디자인과 버튼 등을 디자인합니다. UI디자이너가 UI화면을 만든다면, 게임 그래픽 디자이너, 즉 아티스트들이 게임 캐릭터나 원화를 작업해서 게임에 넣습니다.

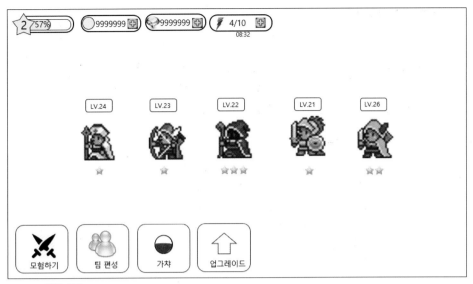

메인 화면

- 모험하기 : 게임 플레이 맵으로 간다.
- 팀 편성 : 데리고 나갈 5명의 팀을 세팅한다
- 가챠 : 유닛 뽑기
- 업그레이드 : 게임 내 기지, 마나 생산속도, 마나 최대치 업그레이드
- 캐릭터를 탭하면 캐릭터 관리창 팝업을 띄운다.

그림 1-5  MO형식의 디펜스 게임 "게임로비" 화면 예시-시스템 기획

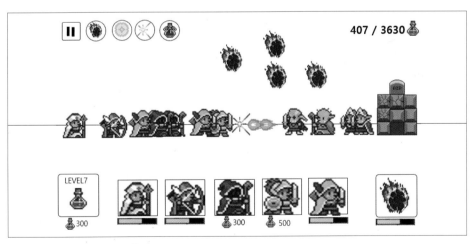

플레이 화면 구성

- 아래 유닛 버튼을 눌러서 유닛을 내보낼 수 있음. 자동 전투
- 양쪽에 기지가 있고, 적 기지를 부수면 승리, 내 기지가 부서지면 패배
- 오른쪽 불벼락 버튼을 눌러서, 전체 스킬을 쓸 수 있다.
- 왼쪽 포션 버튼을 눌러 레벨을 올리면 골드의 최대량이 늘고 차는 속도가 빨라짐

그림 1-6  MO형식의 디펜스 게임 "게임 플레이" 화면 예시-시스템 기획

# 게임 플레이

- 화면 상단에 전투 전체 상황을 파악할 수 있는 아군 / 적군 HP 수치 표시
- 유닛 팀 편성 순서에 따라 5개의 유닛 슬롯과 지원군으로 선택한 친구 슬롯 표시
- 각 진영 기지 위치에 따라 아군 / 적군 생성됨

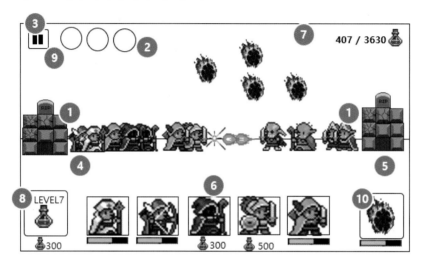

**그림 1-7** 디펜스 게임의 게임 UI를 정리한 기획서-시스템 기획

| NO. | 내용 |
|---|---|
| 1 | 아군 / 적군 기지 HP 정보 : 남은 hp/총 hp 정보 노출 |
| 2 | 특수 아이템 정보 |
| 3 | 전투 일시 정지 버튼 |
| 4 | 아군 진영 (아군 유닛이 생산되는 위치)<br>: 공격을 당할 경우 기지 HP가 소모되며, 0이 될 경우 해당 스테이지에서 패배하게 됨 |
| 5 | 적군 진영 (적군 유닛이 생산되는 위치)<br>: 아군 기지와 마찬가지로 공격을 당할 경우 기지 HP가 소모되며, 0이 될 경우 해당 스테이지에서 승리하게 됨 |
| 6 | 유닛 생산 정보 (유닛 5개 세팅 가능)<br>생산할 수 있는 유닛 리스트 표시 (마나가 차지 않은 유닛 비활성화)<br>각각 유닛의 생산 마나 비용 표시<br>각각 유닛의 쿨타임으로 생산 가능 여부 표시 |
| 7 | 현재 마나 / 최대 마나 표시<br>마나는 적군 유닛 처치했을 때 획득되기도 함<br>(획득 마나는 적군 유닛마다 다름) |

| 8 | 마나 업그레이드 버튼<br>업그레이드 시 최대 마나와 마나 생산 속도가 증가함 |
|---|---|
| 10 | 미사일 발사 버튼<br>미사일 게이지가 차면 미사일 발사 가능함/ 발사 시 전선 기준으로 미사일 발사됨 |

게임의 캐릭터 원화나 몬스터 원화, 캐릭터와 몬스터 3D 모델링, 캐릭터와 몬스터 애니메이션, 배경 모델링, 2D 리소스, 이펙트 등이 게임을 만드는 데 필요한 그래픽 리소스들입니다. 아트 직군 또한 게임 원화가, 3D 모델러, 애니메이터, 이펙터, 테크니컬 아티스트 등으로 세분화되어 있습니다.

## 게임 제작 직군

그림 1-8 게임 제작 직군 분류

**클라이언트 프로그래머**는 게임이 동작하는 기능을 구현하는 사람으로, 유니티와 같은 게임엔 진을 이용해서 UI버튼과 리소스를 이용해서, 기획서를 보고 코딩해서 동작하는 기능을 만듭 니다.

간단한 게임이라면, 서버 없이 클라이언트 개발만으로 게임이 완성될 수 있습니다. 하지만 오늘날의 게임들은 부분유료화 게임이 많고 사람들이 동시 접속하는 온라인 게임이 많습니다. 따라서 유저들의 데이터를 안전하게 저장하고 해킹 위험으로부터 게임을 보호해야 합니다.

이 때문에 서버에 각종 수치 데이터를 저장해야 하고, 서버 프로그래머가 필요하게 되었습니다.

**서버 프로그래머**는 기획자가 데이터 테이블 구조를 짜서 보여주면 이 데이터를 어떻게 저장할지 또는 데이터 베이스 구조를 짜고 기획서에서 동작하는 기능을 보고 서버에서 처리해야 할 기능을 구현합니다.

클라이언트 프로그래머와 논의하여 데이터를 잘 가져다 쓸 수 있게 구성합니다. 이 밖에도 게임 회사에서는 게임 운영자, 게임 QA(품질 관리: Quality Assurance), 사업 PM(Project Manager), 마케팅, 경영지원팀 등 게임 개발팀과 협업하는 여러 부서들이 존재합니다.


## 2) 게임 콘텐츠 기획 하기

게임의 뼈대인 게임 시스템 기획이 완성되었다면, 기능 구현을 시작할 수 있습니다. 예를 들어 퀘스트 시스템을 기획했다면, 퀘스트를 특정 조건에서 받을 수 있고, 퀘스트 달성 조건 안내가 나오고, 퀘스트 달성 조건을 플레이어가 수행하고, 완료하면 보상을 받는 식으로 기능을 구현할 수 있습니다.

하지만 이 기능만 구현되어 있다면 게임으로서 재미를 느끼지 못할 것입니다.

실제 유저가 플레이했을 때 재미를 느낄 수 있도록 우리는 유저 경험 순서에 맞춰서 적절한 퀘스트를 제공해야 합니다. 이 각각의 퀘스트 수백 수천 개의 등장 조건, 완료 조건, 완료 보상, 퀘스트 대사, NPC의 표정, NPC의 등장 위치와 순서 등을 만들어내는 것이 콘텐츠 기획입니다. 퀘스트를 예로 들었지만 이와 같이 실제 내용을 채우는 것을 콘텐츠 기획이라고 합니다.

## 전체 퀘스트 타입

| 대분류 | 중분류 | 퀘스트 타입 |
|---|---|---|
| 전투 | 시나리오 모드 | N 에피소드 모든 스테이지 클리어 |
| | | N 에피소드 모든 스테이지 별등급 3으로 클리어 |
| | | 스테이지 N회 클리어 |
| | | 특정 스테이지 클리어 |
| | | 누적 별 개수 N개 |
| | 대전 | 대전 N등 달성 |
| | | 대전 N승 달성 |
| | 몬스터 | 몬스터 N 마리 처치 |
| | | 보스 N 마리 처치 |
| | 추가 모드 | 요일 던전 N회 클리어 |
| | | 무한 던전 N회 클리어 |
| | | 레이드 N회 클리어 |
| | 튜토리얼 | 전투 튜토리얼 완료 |
| 성장 | 장비 | 장비 레벨업 N회 성공 |
| | | 장비 진화 N회 성공 |
| | | 장비 한계돌파 성공 |
| | | N등급 이상 장비 레벨업 N회 성공 |
| | | N등급 이상 장비 진화 N회 성공 |
| | | N등급 이상 장비 한계돌파 성공 |
| | | 특정 장비 N레벨 달성 |
| | | 특정 장비 진화하기 N회 |
| | | 특정 장비 한계돌파 N회 |

| | | 캐릭터 진화 N회 성공 |
|---|---|---|
| 성장 | 캐릭터 | 캐릭터 한계돌파 성공 |
| | | N등급 이상 캐릭터 레벨업 N회 성공 |
| | | N등급 이상 캐릭터 진화 N회 성공 |
| | | N등급 이상 캐릭터 한계돌파 성공 |
| | | 특정 캐릭터 N레벨 달성 |
| | | 특정 캐릭터 진화하기 N회 |
| | | 특정 캐릭터 한계돌파 N회 |
| | 아이템 획득 | 골드 N 획득 |
| | | N성 이상 방어구 아이템 N개 획득 |
| | | N성 이상 무기 아이템 N개 획득 |
| 소셜 | 소셜 활동 | 친구 N명 초대 |
| | | 우정 포인트 N회 선물하기 |

[표 1 MORPG게임의 퀘스트 종류 예시-콘텐츠 기획]

## 보상 종류

| 분류 | 보상 |
|---|---|
| 재화 | 골드 (게임머니) |
| | 크리스탈 (유료재화) |
| | 스태미나 (입장재화) |
| 뽑기권 | 1성 무기 뽑기권 |
| | 2성 무기 뽑기권 |
| | 3성 무기 뽑기권 |
| | 1~2성 무기 뽑기권 |
| | 1~3성 무기 뽑기권 |
| | 2~3성 무기 뽑기권 |

| | |
|---|---|
| 뽑기권 | 1성 방어구 뽑기권 |
| | 2성 방어구 뽑기권 |
| | 3성 방어구 뽑기권 |
| | 1~2성 방어구 뽑기권 |
| | 1~3성 방어구 뽑기권 |
| | 2~3성 방어구 뽑기권 |
| | 1성 캐릭터 뽑기권 |
| | 2성 캐릭터 뽑기권 |
| | 3성 캐릭터 뽑기권 |
| | 1~2성 캐릭터 뽑기권 |
| | 1~3성 캐릭터 뽑기권 |
| | 2~3성 캐릭터 뽑기권 |
| 레벨업 재료 | 무기 레벨업 재료 1단계 |
| | 무기 레벨업 재료 2단계 |
| | 무기 레벨업 재료 3단계 |
| | 무기 레벨업 재료 4단계 |
| | 무기 레벨업 재료 5단계 |
| | 방어구 레벨업 재료 1단계 |
| | 방어구 레벨업 재료 2단계 |
| | 방어구 레벨업 재료 3단계 |
| | 방어구 레벨업 재료 4단계 |
| | 방어구 레벨업 재료 5단계 |

[표 2 MORPG게임의 퀘스트 보상 종류 예시-콘텐츠 기획]

## 생산 건물 리스트

| 번호 | 이름 | 오픈레벨 | 가격(골드) | 건설 시간 | 생산품1 | 생산품2 | 생산품3 |
|---|---|---|---|---|---|---|---|
| 1 | 베이커리 | 2 | 20 | 0:00:10 | 빵 | 옥수수빵 | 쿠키 |
| 2 | 사료배합기 | 3 | 5 | 0:00:40 | 닭 사료 | 소 사료 | 돼지 사료 |
| 3 | 유제품 가공소 | 6 | 50 | 2:00:00 | 크림 | 버터 | 치즈 |
| 4 | 제당기 | 7 | 350 | 6:00:00 | 흑설탕 | 백설탕 | 시럽 |
| 5 | 팝콘 메이커 | 8 | 650 | 8:00:00 | 팝콘 | 버터 팝콘 | 칠리 팝콘 |
| 6 | 바비큐 그릴 | 9 | 730 | 8:00:00 | 팬케이크 | 베이컨에그 | 햄버거 |
| 7 | 파이 오븐 | 14 | 2200 | 12:00:00 | 당근 파이 | 호박 파이 | 베이컨 파이 |
| 8 | 방직기 | 17 | 4800 | 24:00:00 | 스웨터 | 파란색 털모자 | 파란색 스웨터 |
| 9 | 재봉틀 | 19 | 4500 | 20:00:00 | 면셔츠 | 양모바지 | 바이올렛 드레스 |
| 10 | 케이크 오븐 | 21 | 14200 | 24:00:00 | 당근 케이크 | 크림 케이크 | 레드 베리 케이크 |

## 작물 리스트

| 번호 | 이름 | 오픈레벨 | 획득 경험치 | 제작 시간 | 생산결과물 수량 | 가격 | 생산 장소 |
|---|---|---|---|---|---|---|---|
| 1 | 밀 | 1 | 1 | 0:02:00 | 2 | 1 | 밭 |
| 2 | 옥수수 | 2 | 1 | 0:05:00 | 2 | 2 | 밭 |
| 3 | 콩 | 5 | 2 | 0:20:00 | 2 | 3 | 밭 |
| 4 | 사탕수수 | 7 | 3 | 0:30:00 | 2 | 4 | 밭 |
| 5 | 당근 | 9 | 2 | 0:10:00 | 2 | 2 | 밭 |
| 6 | 인디고 | 13 | 5 | 2:00:00 | 2 | 7 | 밭 |
| 7 | 호박 | 15 | 6 | 3:00:00 | 2 | 9 | 밭 |
| 8 | 사과 | 15 | 7 | 16:00:00 | 2 | 11 | 사과나무 |
| 9 | 면 | 18 | 6 | 2:30:00 | 2 | 8 | 밭 |
| 10 | 라즈베리 | 19 | 9 | 18:00:00 | 2 | 13 | 라즈베리 나무 |

[표 3 농장 운영 SNG 게임의 건물과 생산품 데이터 예시-콘텐츠 기획]

다른 예를 들자면 캐릭터의 이름, 나이, 성별, 외형, 성격, 역할 등의 설정을 정하는 것도 콘텐츠 기획입니다.

전투 기획은 전투에 관련된 기획을 통칭하는 것으로 전투 시스템과 전투 콘텐츠로 나눌 수 있습니다. 전투 시스템은 전투 대미지 공식, 인공지능(ai), 스킬 타입 정의, 턴제 게임이라면 턴 규칙, 요일 던전이나 무한 던전, pvp나 레이드 같은 각종 전투 모드와 같이 전투 규칙과 UI에 대한 내용입니다. 전투 콘텐츠는 앞서 기술한 바와 같이 각종 캐릭터에 대한 설정기획을 전투 콘텐츠 기획으로 볼 수 있습니다.

또한 캐릭터가 각종 아이템이나 장비를 장착하는 게임의 경우 이러한 수십 수백 개의 아이템이나 장비의 설정을 잡고, 내용을 정하는 것도 콘텐츠 기획입니다.

| 번호 | 스테이지 | 스테이지 번호 | 네이밍 |
|---|---|---|---|
| 1 | 에란스 | 1~12 | 모험의 시작 |
| 2 | 루나이 | 1~12 | 용암 동굴 |
| 3 | 솔레아 | 1~12 | 키리네 습지 |
| 4 | 라스파 | 1~6 | 미케네 초원 |
| | | 7~12 | 바람의 언덕 |
| 5 | 켈메이 | 1~6 | 빛의 신전 |
| | | 7~12 | 카루 사막 |
| 6 | 슬라이브 | 1~6 | 조용한 해변 |
| | | 7~12 | 마녀의 숲 |
| 7 | 피테르 | 1~4 | 미스틱황야 |
| | | 5~8 | 파괴된 성당 |
| | | 9~12 | 엘덴트 화산 |

[표 4 MORPG게임의 지역과 스테이지 리스트 네이밍 예시-콘텐츠 기획]

## 3) 레벨디자인 하기

레벨디자인과 콘텐츠 기획의 다른 점은 콘텐츠 기획이 양을 채우는 것이고, 무에서 시작해서 수백 수천 개의 양적인 내용을 만들어내는 것이라고 이야기할 수 있습니다. 반면, 레벨디자인은 무에서 유를 창조하기보다 만들어진 재료를 이용해 배치를 잘 해서, 여러 난이도 있는 즐길 수 있는 스테이지를 만들어내는 것입니다.

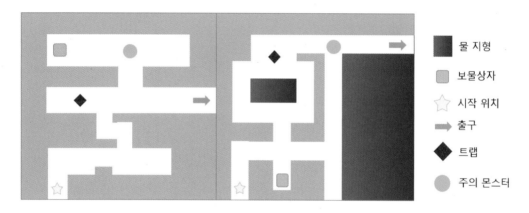

물 지형
보물상자
시작 위치
출구
트랩
주의 몬스터

**그림 1-9** MORPG게임의 맵과 지형지물 레벨디자인 예시

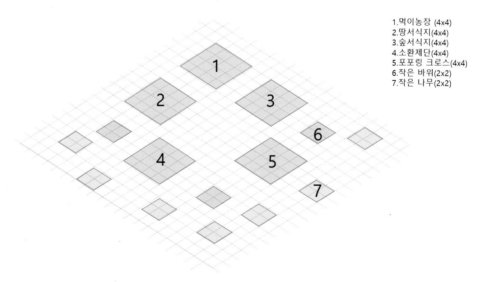

1.먹이농장 (4x4)
2.땅서식지(4x4)
3.숲서식지(4x4)
4.소환제단(4x4)
5.포포링 크로스(4x4)
6.작은 바위(2x2)
7.작은 나무(2x2)

**그림 1-10** SNG 게임의 땅 그리드와 건물배치 예시

RPG게임에서는 전투가 일어나는 공간인 맵의 구조를 설계하고, 각종 함정이나 오브젝트 등 재미요소를 만들어내서 배치하는 것, 그리고 특징이 다양한 몬스터를 맵에 배치하는 것을 레벨디자인이라고 합니다.

이렇게 레벨디자이너가 맵 레벨디자인, 몬스터 레벨디자인을 할 때는 유저들에게 어떤 재미를 줄 것인지 유저의 경험을 생각하며 작업해야 합니다.
FPS 게임도 마찬가지로 전투가 일어나는 맵과 등장하는 몬스터를 배치하는 업무가 존재합니다.
싱글 플레이 FPS 게임에서는 유저의 경험 중심으로, 멀티 플레이 대전 FPS 게임에서는 공평함과 전략성, 재미를 고려하며 작업합니다.

퍼즐 게임의 경우에는 퍼즐 블록 몇 가지 종류를 조합해 조건에 맞춰 배치해서, 난이도가 다른 여러 퍼즐판을 몇 개 만들어냈다면 이것이 바로 레벨디자인입니다.

스테이지형 퍼즐 게임에서는 게임을 오픈할 때 적어도 수백 개의 스테이지를 준비해야 하는데, 몇 가지 재료만으로 이 수백 개의 스테이지를 만들기는 어렵습니다. 또한 모든 퍼즐을 똑같이 찍으면 획일화된 플레이로 재미가 없습니다.

따라서 스테이지형 퍼즐 게임에서 일정 비율의 퍼즐 블록은 고정형 블록으로, 나머지 일정 비율의 퍼즐 블록은 랜덤형 블록으로 배치합니다. 이를 통해, 난이도가 항상 똑같은 것이 아니라 일정 난이도에서 왔다 갔다 할 수 있도록 조정합니다.

몇 개의 퍼즐 재료로 일정 스테이지 개수를 만들어냈다면(예를 들어 8개의 퍼즐 재료로 10개의 스테이지를 만들어냈다면) 그 다음에는 새로운 퍼즐 재료를 이용해서 새로운 스테이지를 만들 수 있습니다.

이 때문에 스테이지형 퍼즐 게임을 해보면 후반으로 갈수록 새로운 블록과 아이템들이 등장합니다. 이 새로운 블록과 아이템을 기획하는 일이 콘텐츠 기획입니다 (또는 지금까지는 전혀 다른 신규 기능이 들어간다면 시스템 기획과 중복될 수도 있습니다). 이것들을 배치해서 여러 난이도를 만드는 작업을 레벨디자인이라 합니다.

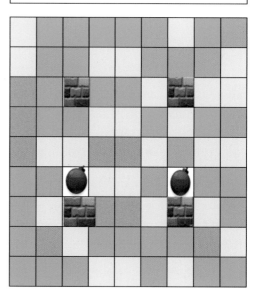

<table>
<tr><td>

**컨셉:** 기본 블록을 많이 섞은 형태로 퍼즐 요소가
올라가고 중앙에 파괴 불가 고정 블록으로
지형 요소를 추가해 난이도를 상승시킴

</td><td>

**컨셉:** 제한된 MOVE 안에서 일정 점수를 넘어야 하는
스테이지로 펫은 등장하지 않고 블록만 계속 위에서
등장한다. 게임은 MOVE를 다 써야 끝남
폭탄 블록이 등장하여 재미를 더함

</td></tr>
<tr><td>

**스테이지 클리어 목표:**
3마리의 캐릭터를 구하세요.
300점 이상 얻으세요.

</td><td>

**스테이지 클리어 목표:**
3000점 이상 얻으세요.

</td></tr>
<tr><td>

**MOVE:** 없음

</td><td>

**MOVE:** 30

</td></tr>
<tr><td>

**별 점수 조건 . 별(1/2/3) : 300점/1000
점 / 1000점**

</td><td>

**별 점수 조건 . 별(1/2/3) : 3000
점/4000점 / 5000점**

</td></tr>
</table>

**그림 1-11** 퍼즐게임 레벨디자인

RPG의 스킬 기획을 굳이 나누자면 여러 가지 새로운 스킬의 기능 타입을 만들어내는 것이 시스템 기획, 이 스킬 타입을 이용해서 스킬을 더 많이 양산해내는 것을 콘텐츠 기획이라고 합니다. 하지만 보통 전투 파트의 기획자는 구분 없이 스킬의 기능과 양적인 부분을 모두 만드는 경우가 많으니 개념적인 구분 정도로만 생각해둡시다.

시스템과 콘텐츠 레벨디자인의 여러 케이스가 중복되어서 혼동된다면 시스템 기획은 '규칙 +
UI + 기능 + 기능 타입'을 만들고, 콘텐츠 기획은 양적인 내용과 설정을 만드는 것입니다. 레벨디자인은 만들어진 재료를 배치해서 난이도를 만드는 것이라고 정리하면 이해하기 편합니다.

# 4) 게임 밸런싱 하기

시스템 기획이 끝나면 개발이 가능하고, 콘텐츠 기획과 레벨디자인이 완료되면 하나의 완결된 경험을 제공하는 게임의 모습이 완성됩니다. 처음에는 더미 데이터로 대략적인 데이터를 넣고, 게임이 재미있고 공평하고 게임 회사 입장에서도 돈을 벌 수 있게 수치 밸런싱을 하는 과정이 필요합니다.

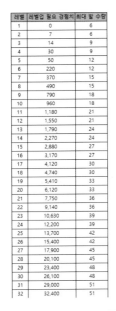

| 레벨 | 레벨업 필요 경험치 | 최대 발 수량 |
|---|---|---|
| 1 | 0 | 6 |
| 2 | 7 | 6 |
| 3 | 14 | 9 |
| 4 | 30 | 9 |
| 5 | 50 | 12 |
| 6 | 220 | 12 |
| 7 | 370 | 15 |
| 8 | 490 | 15 |
| 9 | 790 | 18 |
| 10 | 960 | 18 |
| 11 | 1,180 | 21 |
| 12 | 1,550 | 21 |
| 13 | 1,790 | 24 |
| 14 | 2,270 | 24 |
| 15 | 2,880 | 27 |
| 16 | 3,170 | 27 |
| 17 | 4,120 | 30 |
| 18 | 4,740 | 30 |
| 19 | 5,410 | 33 |
| 20 | 6,120 | 33 |
| 21 | 7,750 | 36 |
| 22 | 9,140 | 36 |
| 23 | 10,630 | 39 |
| 24 | 12,200 | 39 |
| 25 | 13,700 | 42 |
| 26 | 15,400 | 42 |
| 27 | 17,900 | 45 |
| 28 | 20,100 | 45 |
| 29 | 23,400 | 48 |
| 30 | 26,100 | 48 |
| 31 | 29,000 | 51 |
| 32 | 32,400 | 51 |

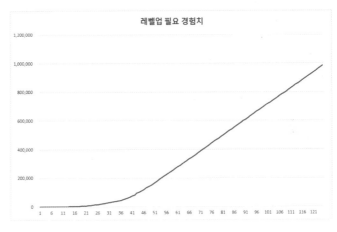

| 레벨 | 필요경험치 | 누적경험치 |
|---|---|---|
| 1~25레벨 | 89,581 | 89,581 |
| 26~50레벨 | 1,714,300 | 1,803,881 |
| 51~75레벨 | 7,500,000 | 9,303,881 |
| 75~100레벨 | 14,807,000 | 24,110,881 |
| 100~125레벨 | 21,250,000 | 45,360,881 |

**그림 1-12** RPG게임의 레벨당 필요 경험치 테이블 예시-밸런스 기획

RPG게임 같은 경우 방어력 전투 공식을 확립하고, 공격 펙터와 방어 펙터로 밸런스 기준을 나누어서 능력치를 정의하고 기준을 맞춥니다. SNG(Social Network Game)게임에서는 모든 활동을 시간으로 통일해서 시간에 부여한 가치를 비율로 매기는 방식을 씁니다. 게임 장르별로, 또 게임별로 수많은 밸런싱 접근 방법이 있습니다.

자세한 내용은 후반 내용에서 다루기로 합니다. 밸런싱까지 완료되면 게임이 완성된 상태가 됩니다. 여기에 버그를 잡는 QA(quality assurance)를 하고 게임을 출시하게 됩니다.

# 2

# 게임 기획서의
# 전체 목차 개념 잡기

## 1) 게임 기획서의 목차란?

게임 기획서란 게임을 개발하기 위해 작성하는 문서입니다. 건물을 지을 때 설계도를 만들고, 그 설계도에 따라 건물을 만드는 것처럼 게임의 설계도에 해당하는 문서가 게임 기획서입니다.

소규모의 게임 개발 프로젝트(1~5인)에서는 게임 기획서 없이 개발이 진행되기도 합니다.

게임의 구조가 단순하고, 커뮤니케이션해야 할 인력이 적으니 게임 기획서가 없어도, 게임 개발 인력의 경험만으로 게임을 만들 수도 있습니다.

하지만 중규모 이상 (10명 이상의 개발팀)의 게임 개발 프로젝트에서는 게임 기획서 없이 문서를 만들기에는 큰 위험이 따릅니다. 게임 기획서 없이 구두로 이야기한 내용으로 게임 개발을 한다면 어떤 일이 벌어질까요?

각기 다르게 이해해서 다르게 만들어 재작업을 해야 한다거나, 큰 그림 없이 계속 작업물을 쌓아 나아가다 앞뒤가 맞지 않아 모두 버리고 처음부터 만들어야 할 경우가 생기기 쉽습니다.

이 때문에 게임 개발 산업이 고도화되고 게임이 복잡하면 게임 기획서와 게임 기획자의 중요성이 부각됩니다.

그렇다면 중규모 이상 프로젝트에서 게임 개발팀이 오류를 최소화하고, 제대로 된 길을 걸어갈 수 있는, 효율적이고 명확한 방향을 제시하는 게임 기획서는 어떻게 만들어야 할까요?

# 게임 제작 제안서 목차

**목차**

1. 게임 개요
2. 게임 컨셉
3. 세계관
4. 게임 구조
5. 주요 인터페이스
6. 핵심 게임 플레이
7. 핵심재미 요소
8. 제작 스케줄
9. 필요 인력

**그림 1-13** 게임 제작 제안서의 목차 예시

우선 게임 기획서의 전체 목차를 잡는 것이 중요합니다. 내용을 채우기 전에 게임 기획서가 어떻게 쓰일지 전체 목차를 잡아본다면, 게임 기획서를 작성하기 훨씬 수월할 것입니다.

목차를 작성하지 않고, 바로 기획서 작업에 들어간다면, 내용을 어떻게 나누어야 할지 기준이 제대로 세워지지 않아서, 내용이 뒤죽박죽 될 수도 있고, 중복되는 내용이 여기저기 튀어나오는 최악의 상황이 벌어질 수도 있습니다.

게임 기획서의 목차란 전체 게임을 시스템별로 나누어서 대제목, 중제목, 소제목을 작성하는 것으로, 게임 기획서 전체의 분류를 잡는 작업이라고 할 수 있습니다.

여기에서 게임에 따라 복잡한 게임일수록 계층이 더 많으므로 소제목까지 작성할 수 있지만, 단순한 게임에서는 대제목이나 중제목에서 목차가 끝나기도 합니다.

그렇다면 대제목, 중제목, 소제목이 무엇인지 예시를 통해 알아봅니다.

게임 기획서에는 여러 시스템이 있습니다. 그중에 "전투 시스템"을 대제목으로 정했다면, 대제목, 중제목 , 소제목은 아래와 같은 예시로 작성할 수 있습니다.

위에서 "1. 전투 시스템"은 대제목에 해당하고, "1.1 전투 규칙"은 중제목에 해당합니다. "1.1.1대미지 공식"은 소제목에 해당합니다.

계층을 나누어서 목차를 작성할 수 있고, 실제 게임 기획서를 쓸 때 이 목차에 따라 문서의 내용을 분류하고, 내용을 채워 나갑니다.

필요에 따라 계층을 1단계, 2단계, 3단계, 4단계 등 여러 계층으로 나눌 수 있습니다. 간단한 내용이라면 1단계와 2단계까지만 있어도 내용 정리가 가능하고, 복잡한 내용이라면 3단계 정도 사용하면 내용 정리가 됩니다.

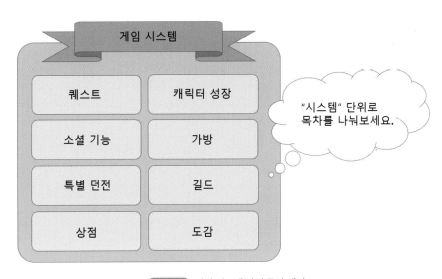

**그림 1-14** 게임 시스템 단위 목차 예시

## 2) 목차를 나누는 기준

목차가 무엇인지, 목차를 쓰는 형식은 어떤 것인지 살펴보았습니다. 그렇다면 이 목차를 나누는 기준은 무엇으로 잡아야 할까요?

게임 기획 지망생들이 가장 헷갈리고, 어려워하는 부분 중의 하나가 이 부분입니다. 사실 이 부분만 확실히 개념을 알고 넘어간다면, 모든 게임 기획서 작성이 물 흐르듯 쉬워질 것입니다.

목차를 나누는 기준은 바로 앞서 이야기한 "시스템" 단위로 목차를 나누면 가장 효율적인 개발이 가능해집니다.

그 이유는 소프트웨어 개발을 할 때, 클라이언트 개발자 기준으로 1명이 하나의 시스템이나 복수의 시스템을 맡는 경우가 많습니다. 작업자가 개발을 잘 하기 위해서는 시스템 단위로 기능이 정리되어 있어야 개발하기 편하고 효율적이기 때문입니다.

예를 들어 1명의 작업자가 길드시스템 50%와 퀘스트 시스템의 50%를 개발하는 식으로 일을 나누는 것보다는, 길드 시스템 1개를 1명의 작업자가 개발하고, 퀘스트 시스템을 1명의 작업자가 개발하는 것이 효율적입니다.

이 때문에 앞서 설명한 "시스템" 단위로 목차를 나누어야 합니다. 그렇다면 지망생들이 유의해야 할 점은 무엇이 시스템이고 무엇이 시스템이 아닌지만 구분하면 되는 것입니다.

무엇이 시스템이고 무엇이 아닌지는 앞에서 상세하게 다루었으니, 잘 모르겠다면 해당 내용을 다시 한 번 읽어보길 바랍니다.

목차를 만들 때 주의사항은 너무 큰 범위로 목차를 잡으면 내용을 쓰기 어려워진다는 것입니다. 또는 지나치게 작은 내용을 목차로 만들면 안 됩니다.

예를 들어 "캐릭터 시스템"은 너무 큰 범주로 목차를 잡은 것이라 적당하지 않습니다. 캐릭터에 대한 온갖 특성들이 많아서 무엇을 써야 하는지 혼란스러울 뿐입니다.

아래와 같이 세분화해서 작성해야 합니다.

```
1. 캐릭터
    1.1 캐릭터 역할
    1.2 캐릭터 능력치
    1.3 캐릭터 성장
```

또한 "보석 시스템"과 "휘두르기 스킬 시스템"과 같이 특정 아이템 1개, 특정 스킬 1개를 시스템 기획이라고 목차를 잡는다면 너무 작은 범주로 목차를 정한 것이라 적당하지 않습니다.

보석은 아이템의 여러 종류 중에 하나일 뿐입니다.

보석을 가지고 무엇을 하는지가 중요할 것입니다. 만약 보석을 가지고 아이템을 강화한다면 다음과 같이 될 것입니다.

```
1. 아이템 강화
    1.1 같은 아이템을 재료로 사용하여 레벨업
    1.2 보석 강화
```

## 3) 장르별 목차 예시

위에서 게임 기획서의 목차를 나누는 법에 대해 "게임 시스템" 단위로 나눈다고 했습니다.

하지만 그래도 어떻게 해야 할지 감이 안 잡히는 분들을 위해 모바일 게임의 여러 장르별 목차 예시를 써 놓았습니다. 이부분을 보고 게임 기획서 목차를 쓸 때 참고하기 바랍니다.

**[모바일 MORPG게임 목차 예시]**

```
1. 게임소개                    9. 캐릭터 성장 - 레벨업
2. 메뉴 구조도                 10. 캐릭터 성장 - 승급
3. 재화 종류, 경험치 정의       11. 캐릭터 획득
4. 아이템 타입 정의            12. 장비의 정의와 능력치
5. 로딩 화면                   13. 장비 장착
6. 로비 화면                   14. 장비 강화
7. 캐릭터 클래스와 능력치       15. 전투 개요
8. 캐릭터 정보                 16. 스킬
```

## [턴제 MORPG게임의 전투 부분만 상세하게 다룬 목차]

## [스테이지형 퍼즐 게임 목차 예시]

1. 게임 개요
2. 게임 플레이
    2.1 핵심 플레이 규칙 (게임 입장부터 플레이, 그리고 결과창 출력)
    2.2 퍼즐 블록 종류
    2.3 일반 아이템 종류
    2.4 유료 아이템 종류
3. 게임 모드 설명
    3.1 블록 격파 모드
    3.2 보스 모드
4. 스테이지 구성 (각 지역의 스테이지 아이콘이 열리고 닫히는 규칙 등)
5. 재화의 종류 (입장재화 하트, 게임머니 코인 등)
6. 유료 상점
7. 소셜
8. 설정


## [캐릭터 육성 SNG 게임 목차 예시 - 해당 게임은 창작 게임 예시입니다]

<Part1>
1. 크리몬 아일랜드 게임 소개
2. 로딩 화면
3. 게임 플레이 화면
4. 상점 기능
5. 건설/이동/판매/정보 확인
6. 크리몬 부화
7. 크리몬 먹이생산
8. 크리몬 성장
9. 크리몬 교배
10. 골드 수확
11. 크리몬 서식지 이동/판매/별명 변경

<Part2>
1. 크리몬 광산
2. 크리몬 메달 등급 시스템
3. 악마 출현 이벤트
4. 크리몬 감시탑
5. 퀘스트
6. 소셜 활동 (품앗이, 악마 출현, 보석 선물)
7. 커뮤니티 - 유저 게시판

8. 상시 이벤트 - 보물 컬렉션 시스템
9. NPC
10. 알림 메시지 (알 부화, 동전 수확, 건물, 품앗이, 이벤트)
21. 사운드
22. 튜토리얼

## [이벤트 기획서 목차 예시]

1. 이벤트 목적
2. 이벤트 조건
3. 이벤트 참여 방법 (유저가 어떻게 참여할 수 있는지 순서대로 플로우 제시)
4. 이벤트 페이지
5. 게임 내 배너와 문구
6. 웹 페이지 배너와 문구
7. 중복 이벤트 참여자 처리
8. 이벤트 기대효과

# 3
# 게임 시스템
# 역기획서 시작하기

## 1) 역기획서란?

역기획서는 시장에 런칭된 상용 게임(매출을 내고 있는 상업적인 게임을 상용 게임이라고 합니다) 1개 를 샘플로 신작 게임을 새로 개발하는 것처럼 기획서를 쓰는 것입니다.

"내가 신규 게임 기획이나 업데이트 기획을 할 수 있다"라는 능력을 보여주는 것이 목적입니다. 게임 기획 지망생들은 바로 실무를 할 수 있다는 자신을 증명하기 위해 기존 게임들을 가지고 게임 회사 취업을 위한 역기획서 포트폴리오를 많이 작성하고 있습니다.

또는 게임 회사에서 일하는 현업 실무 기획자가 신규 게임을 개발하기 위해 역기획서를 작성합니다.

예를 들어 테트리스 역기획서라고 한다면 테트리스라는 게임이 존재하지 않는다고 가정하고 테트리스를 처음 만든 사람의 상황에서 게임을 개발할 수 있는 기획서를 써 보는 것이 역기획서입니다.

# 게임 구조

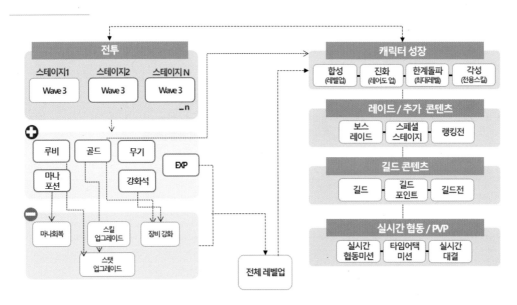

그림 1-15 게임 구조 역기획서 예시

역기획서와 많이 혼동되는 문서가 게임 리뷰 문서, 게임 분석과 개선제안서 등이 있습니다.

이들 문서와 역기획서는 문서의 목적이 다릅니다. 역기획서는 실제 개발을 위한 상세 기획서와 동일하게 작성되어야 하기 때문에 형식과 내용이 실무기획서와 동일한 개발기획서라고 보면 됩니다.

게임 리뷰 문서는 게임 플레이를 한 후 스크린샷을 찍어 어떤 내용이 있는지 전반적으로 설명하는 문서로, 게임 웹진의 신작 게임 리뷰 기사와 비슷하게 작성됩니다.

게임 분석서는 리뷰 문서에서 한 단계 더 들어가서 게임 시스템이 어떻게 동작하고 있는지, 어떤 식으로 유저가 반응하는지 분석해서 기술하는 문서입니다. 이 분석서에서 문제점을 파악하고, 시스템 개선 아이디어를 제안하기도 합니다.

게임 사업의 pm 직군에서 게임 분석서와 개선제안서를 많이 작성하므로, 게임 사업 pm 직군의 지망생들이 게임분석서를 포트폴리오로 많이 작성합니다.

게임 기획서의 목적은 해당 문서를 보고 그래픽 디자이너가 디자인을 할 수 있고, 프로그래머가 구현하는 데 있습니다. 게임 기획서는 게임 개발을 위한 실무 상세 게임 기획서입니다. 역기획서 또한 이 기준에 맞게 개발이 가능할 수 있도록 문서를 작성해야 합니다.

## 2) 게임 시스템 역기획서를 작성하는 이유

게임 기획 지망생들이 지원할 수 있는 신입 게임 기획 직무는 시스템 기획, 콘텐츠 기획(주로 퀘스트 기획), 시나리오 기획, 레벨디자인, 밸런싱 등이 있습니다.

여기에서 여러 가지 주제의 포트폴리오를 작성할 수 있습니다. 하지만 게임 개발 과정이 1.시스템 기획 2.콘텐츠 기획 3.레벨디자인 4.밸런싱 순서로 진행됩니다. 따라서 게임 시스템 기획서 작성을 먼저 연습하며 게임의 구조를 이해하는 것은 게임 기획의 기초를 다지기에 좋습니다.

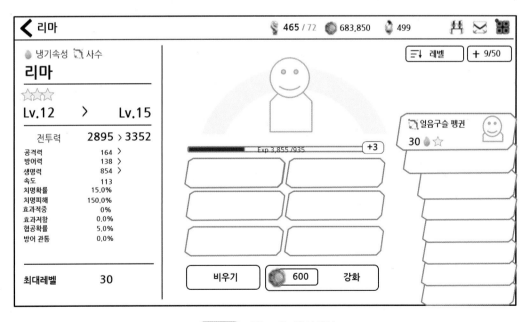

그림 1-16  게임 UI 역기획서 예시

또한 콘텐츠 역기획서나 레벨디자인 역기획서 결과물의 경우에는 작업자에 따라 형태가 비슷할 수 있습니다. 콘텐츠 기획은 양을 채우는 것이고, 레벨디자인은 배치하는 것이기 때문에 그런 경향성을 보일 수밖에 없습니다.

따라서 게임 기획서 포트폴리오를 작성할 때 콘텐츠 역기획서 포트폴리오와 레벨디자인 역기획서 포트폴리오는 다른 지원자와 차별을 두면서 잘 만들기가 어렵습니다.

## UI 요소 설명

| | |
|---|---|
| 1 | 강화 대상 캐릭터 일러스트 |
| 2 | 강화 (레벨업) 하려는 캐릭터 정보<br>강화 재료 선택했을 때 레벨업 가능한 경우에는 현재 레벨과 다음 레벨의 능력치 표시<br>강화 재료 선택했을 때 레벨업 가능하지 않은 경우 현재 레벨의 능력치 표시<br>1) 속성, 클래스<br>2) 캐릭터 이름<br>3) 별등급 (각 성 정보는 별 색 다르게 표시)<br>4) 현재 레벨 > 다음 레벨<br>5) 상승 능력치<br>　　- 전투력 , 공격력, 방어력, 생명력<br>6) 상승하지 않는 능력치<br>　　- 속도,치명확률,치명피해,효과적중,효과저항,<br>　　　협공확률, 방어관통<br>7) 최대 레벨 |
| 3 | 경험치 & 상승 레벨 정보<br>재료를 넣으면 대상의 경험치와 상승 레벨 표시 |
| 4 | 재료로 선택된 캐릭터 정보<br>최대 6개<br>캐릭터 섬네일 , 이름, 레벨, 속성, 별등급 표시 |
| 5 | 강화 버튼<br>비용 (골드) 표시<br>골드는 최대 N자리까지 표시 필요<br>골드가 모자라면 버튼 회색으로 딘드 처리 |
| 6 | 비우기 버튼<br>- 터치하면 재료로 선택된 모든 캐릭터가 비워짐 |

| 7 | 캐릭터 리스트 |
|---|---|
| | - 강화 대상을 제외한 내가 보유하고 있는 모든 캐릭터 노출 |
| | - 캐릭터 섬네일, 이름, 레벨, 속성, 별등급 표시 |
| | - 위아래 스크롤 |
| 8 | 필터버튼 |
| | - 등급, 레벨, 속성, 획득, 전투력순 |
| | - 평성 영웅 우선/좁게 보기 / 재료 숨김 |
| | - 별도 정리 |
| 9 | 영웅 인벤토리 수 |
| | - 현재 보유 / 최대 보유 (+버튼 누르면 확장 팝업 뜸) |

반면 시스템 역기획서는 게임 시스템의 주제가 아주 다양하기 때문에 (앞서 목차 부분에서 수십 개의 목차가 모두 시스템입니다) 게임 기획 지망생이 다양한 주제의 기획을 할 수 있다는 능력을 보여주기에 적절합니다.

밸런스 기획의 경우 시스템 기획과 데이터 테이블 구조를 잡는 것을 이해하지 못하면 진행이 어렵습니다. 그래서 추천하는 순서는 시스템 역기획서를 먼저 작성해보고, 창작 시스템 기획을 진행해보고 익숙해지면 밸런스로 넘어가는 것이 효율적입니다.

또한 밸런스 기획자의 경우 신입보다는 시스템과 밸런스를 동시에 경험해본 경력자를 선호하는 경향이 있습니다. 그 이유는 시스템 기획과 게임 런칭 경험이 전체 밸런스 구조와 재화 순환 구조를 잡는 밸런스 기획에 유리하기 때문입니다.

여러 가지 이유에서 시스템 기획이 가장 기본이 되는 기획이고, 게임 기획자 취업 시 포트폴리오로 활용도가 높으므로 시스템 역기획을 먼저 진행하기를 추천드립니다. 시스템 기획을 마스터했다면, 그 이후에 콘텐츠 기획이나 레벨디자인 기획도 진행해보는 것이 좋습니다.

# 3) 역기획서 작성을 위한 기획서 양식 준비

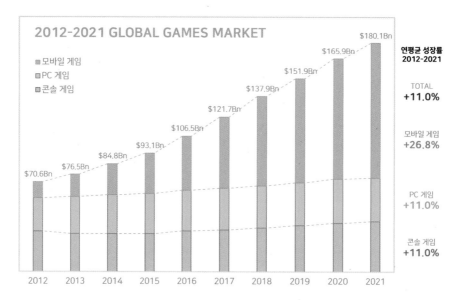

**그림 1-17** PC와 콘솔게임 시장은 비슷한 규모인 반면, 모바일 게임은 비중이 급속도로 확대되고 있음
-출처 Newzoo :2018 Global Games Market Report

한국에서는 모바일 게임, PC게임을 주로 개발하고 있는데 모바일 게임 개발의 비중이 계속 높아지고 있습니다.

그 이유는 PC게임에 비해 모바일 게임의 개발 기간이 짧으면서 수익성이 높기 때문입니다. 2000년대 초반에는 PC 온라인 MMORPG게임이 주로 개발되었고, 게임의 복잡도가 높고, 시스템의 양이 방대하기 때문에 시스템 기획서가 주로 워드파일로 작성되었습니다.

현재도 PC MMORPG 장르는 워드파일로 작성되는 경우가 많고, 오래된 MMORPG게임 스튜디오의 경우, 2000년대 초반에 쓰였던 기획서 양식을 사용하기도 합니다.

PC MMORPG 장르의 워드파일 기획서의 특징은 양이 많고 복잡한 시스템의 규칙과 플로우에 대해 잘 정리하는 것을 우선순위로 두고, 상대적으로 UI 구조를 비주얼화하는 부분은 우선순위가 낮은 형태로 쓰였습니다.

최근의 추세는 모바일 게임으로 시장 구조가 변하면서 게임의 구조가 좀 더 단순해지고 작은 스마트폰 화면에서 작은 UI 버튼들을 배치합니다. 그래서 UI(User Interface)구조를 비주얼화해서 사용자가 편한 유저경험(UX:User Experience)을 기억하는 것이 중요한 이슈로 대두되었습니다.

현재 모바일 게임 개발 위주의 시장에서 게임 기획자들은 UI구조를 비주얼화해서 전달하기 쉬운 파워포인트를 활용하여 시스템 기획서를 많이 작성하고 있습니다.

한국 시장에서 신입기획자들의 인력 채용 현황을 보면 모바일 게임 기획자를 뽑는 곳이 대부분입니다. 사실 모바일 게임이든, PC게임이든 기본적인 기획 방법론은 같습니다. 하지만 최근의 추세를 반영하여 모바일 게임 기획 기준으로 시스템 역기획서에 대해 설명하고자 합니다.

다음의 예시는 모바일 게임 시스템 기획에 적합한 파워포인트 기획서 양식입니다. UI 예시를 잘 표현하기 위해서는 16:9 비율의 파워포인트보다 4:3 비율의 파워포인트 양식이 위아래 간격이 넓기 때문에 화면을 크게 표현하여 가독성을 올리기 더 유리합니다.

# 예시 게임
# 퀘스트 시스템

2021.12.30.
소속 팀
작성자

# 1.퀘스트 시스템 개요

| 텍스트. | | | | | | | | | |
|---|---|---|---|---|---|---|---|---|---|
| | 항목1 | 항목2 | 항목3 | 항목4 | 항목5 | 항목6 | 항목7 | 항목8 | 항목9 |
| 1 | | | | | | | | | |
| 2 | | | | | | | | | |
| 3 | | | | | | | | | |
| 4 | | | | | | | | | |
| 5 | | | | | | | | | |
| 6 | | | | | | | | | |
| 7 | | | | | | | | | |
| 8 | | | | | | | | | |
| 9 | | | | | | | | | |
| 10 | | | | | | | | | |
| 11 | | | | | | | | | |
| 12 | | | | | | | | | |
| 13 | | | | | | | | | |
| 14 | | | | | | | | | |
| 15 | | | | | | | | | |
| 16 | | | | | | | | | |
| 17 | | | | | | | | | |

# 1.퀘스트 시스템 개요

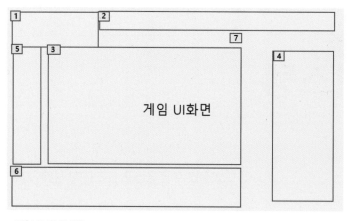

| UI 요소 설명 | |
|---|---|
| 1 | 계정 정보<br>- 내용 |
| 2 | 재화 표시 영역<br>-안녕하세요. |
| 3 | 캐릭터 |
| 4 | 우측<br>1. 대전 |
| 5 | |
| 6 | |
| 7 | |

(1)퀘스트 시스템 정의

1)퀘스트 시스템은 무엇무엇이다.
　- 텍스트 설명
2)퀘스트 시스템 정의에 대한 내용
　- 텍스트 설명

(2)퀘스트 시스템 구성 요소

1)퀘스트 시스템은 무엇무엇이다.
　- 텍스트 설명
2)퀘스트 시스템 정의에 대한 내용
　- 텍스트 설명

# 히스토리

| 날짜 | 작성자 | 내용 | 관련 페이지 |
|------|--------|------|-------------|
|      |        |      |             |
|      |        |      |             |
|      |        |      |             |
|      |        |      |             |
|      |        |      |             |
|      |        |      |             |
|      |        |      |             |
|      |        |      |             |
|      |        |      |             |
|      |        |      |             |

그림 1-18 모바일 게임 시스템 기획에 적합한 파워포인트 기획서 양식

# 4
# 역기획서를 쓰기 위한
# 자료 수집

## 1) 역기획서 구성에 필요한 재료의 종류

앞에서 시스템을 하나 정해서 역기획서를 쓰는 것이 적절하다고 언급하였습니다. 그렇다면 시스템 관련 역기획서는 어떻게 준비해야 할까요? 시스템은 역기획서를 쓰자고 한다면 결과물을 생각했을 때, 파워포인트로 시스템 기획서를 쓴다고 가정하고, 해당 시스템에 필요한 UI와 규칙, 그리고 데이터 테이블이 있을 것입니다.

데이터 테이블은 게임 시스템에 필요한 수치를 엑셀로 정리해둔 표와 비슷하다고 생각하면 됩니다.

## [게임 UI]

게임 UI(User Interface)는 말 그대로 우리가 보는 게임 화면을 말합니다. 게임을 처음 실행시키면 로고가 나오고, 시작 화면으로 진입하게 됩니다. 시작 화면에서 어떤 버튼을 누르면 실제 게임 화면으로 들어가게 될 것입니다.

이때 이 버튼도 UI이며, 버튼 뒤의 배경도 UI입니다. 또한 실제 게임 화면의 창과 버튼, 배경들도 UI입니다. 어떤 버튼들은 조건에 따라 잠금 상태이기도 하고, 조건이 만족하면 잠금 상태가 해제되기도 합니다.

또한 어떤 버튼들은 재화가 부족하면 회색으로 변해(비활성화 상태) 누를 수 없게 되기도 하며, 어떤 화면들은 손가락으로 스와이프하면 좌우 방향이나, 위아래로 스크롤 됩니다. 버튼을 꾹 누르면 팝업이 나타났다 사라지고, 버튼을 누르면 여러 선택지를 선택할 수 있는 박스가 나오기도 합니다. 여러분은 이런 다양한 경우의 수를 모두 정리해줘야 합니다.

만약 내가 역기획을 하는 게임의 실제 기획자라고 상상해본다면 유추할 수 있습니다. 역기획의 기본은 꼼꼼히 기록하는 것입니다.

우리는 역기획하고자 하는 게임 시스템의 모든 UI를 놓치지 않고 조건과 상태별로 상세하게 정리하고 기록해야 합니다.


## [게임 규칙]

게임 규칙은 우리가 게임을 플레이할 때 게임이 어떻게 동작하는지에 대한 약속입니다. 예를 들어 턴제 RPG에서는 아군과 적군의 턴이 어떻게 돌아가는지 턴 규칙이 필요할 것입니다.

같은 게임에서 아군이 적군을 공격한다고 했을 때, 얼마나 대미지가 들어가야 하는지, 상대방의 방어력에 따라 대미지가 얼마나 적게 들어가야 하는지 대미지 공식을 세워서 처리합니다. 이런 모든 게임 규칙을 리서치를 통해 알아내는 것이 불가능할 경우도 있지만, 최대한 잘 관찰해서 어떤 규칙을 쓰고 있는지를 조사하고, 정리합니다.


## [데이터 테이블]

여러 사람이 동시에 같이 플레이하는 온라인 게임에서는 게임 데이터를 서버에 저장할 필요가 생겼습니다. 예를 들어 내가 어떤 장비를 얻거나, 게임머니 일정량을 얻거나, 현금으로 결제해서 캐쉬 재화를 얻게 된다면, 그것들은 모두 서버에 저장되고, 내가 다시 접속했을 때 그 정보가 남아 있게 됩니다.

만약 그렇게 하지 않고 클라이언트에 저장한다면 (클라이언트는 쉽게 이해하면 우리가 플레이 하는 게임 화면의 모든 기능 동작을 만드는 것이고 게임 플레이 버전 자체, 서버는 그 화면에 뿌 려지는 숫자와 모든 정보를 저장하는 곳이라고 이해합니다) 유저들이 클라이언트를 조작해서 게임머니나 아이템을 최고 수치로 조작하는 일이 벌어질 것입니다.

이렇게 게임 화면에 뿌려지는 모든 수치를 누군가는 기획해서, 서버 프로그래머와 클라이언트 프로그래머에게 전달했기 때문에, 이런 일이 가능할 것입니다.

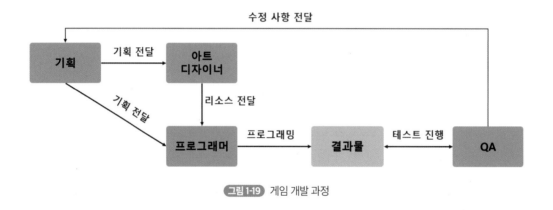

**그림 1-19** 게임 개발 과정

이런 일은 기획자가 하는 것이고, 때문에 여러분이 리서치할 게임이 어떤 데이터를 어떤 구조로 쓰고 있는지 조사해야 합니다. 게임에서 쓰는 수치를 수집해서 데이터 테이블 형태로 정리해야 하는데, 익숙하지 않은 개념일 수 있으니, 뒤에서 자세히 설명하도록 합니다.

## 2) 시장조사

시장에서 높은 매출을 내려면, 시장조사는 필수입니다. 스마트폰 게임은 단순하게 국내 시장만을 타깃으로 하지 않고 글로벌 진출을 염두에 두고 기획해야 합니다.

지금 이 순간에도 수많은 스마트폰 게임들이 쏟아지고 있습니다. 스마트폰 게임은 굉장히 트렌디한 영역이므로 매출 순위에 어떤 신규 게임이 진입했는지 항상 모니터링하고, 플레이해 보는 것이 중요합니다.

시장조사를 하는 방법은 흔히 스마트폰 순위 사이트를 이용해서, 무료 순위 / 유료 순위 / 매출 순위를 보는 방법이 있습니다. 무료 순위란 무료로 등록한 스마트폰 앱의 순위이며, 유료 순위란 유료로 등록한 스마트폰 앱의 순위입니다.

가장 중요한 지표는 매출 순위로, 매출이 가장 높은 스마트폰 앱의 순위를 나타내줍니다.

한국의 경우에 2019년 기준으로 구글플레이 매출 비중이 78.6% , 애플앱스토어가 9.2%, 원스토어가 12.2%를 차지하고 있습니다. 네이버에서 구글플레이를 검색하고, 최고 매출 버튼을 눌러서 나오는 구글 플레이 최고 매출 순위만 봐도 중요한 흐름은 파악할 수 있습니다.

## 마켓별 모바일 게임 매출 점유율
구글플레이, 애플 앱스토어, 원스토어 합산 매출 추정치

■구글 ■앱스토어 ■원스토어

그림 1-20 마켓별 모바일 게임 매출 점유율.출처-아이지에이웍스 모바일 인덱스

구글 플레이와 IOS의 매출이 스마트폰 앱 마켓의 거의 대부분의 매출을 차지하므로 구글 플레이와 IOS의 수익(최고 매출) 1위부터 50위까지의 게임은 모두 다운받아서 플레이해 봅니다. 총 50개의 게임을 플레이해 보면 어떤 스마트폰 게임들이 시장에서 수익을 내고 있는지 체험할 수 있습니다.

50개의 게임을 플레이하기 어렵다면 1위부터 10위까지의 게임 10개를 골라 플레이해 본다든지, 또한 기획하고자 하는 장르의 게임만 골라서 플레이해 볼 수 있습니다.

하지만 트렌드 파악을 위해 가능하면 높은 순위의 게임은 모두 플레이해 보는 것을 권장합니다.

게임 기획 지망생 분들이 많이 하는 질문이 "1개의 게임을 아주 깊이 있게 플레이해 보는 것이 좋아요? 아니면 여러 개의 게임을 얇게 플레이해 보는 것이 좋아요?"라고 질문을 많이 합니다.

여러 게임을 모두 깊게 플레이해 보면 가장 좋습니다. 하지만 많은 시간 투입이 필요하니 추천하는 순서는 얇고 넓게 많은 게임을 먼저 플레이해 보고, 그 다음에 하나씩 깊이 있게 플레이해서 전체적인 게임 플레이 경험을 늘려 나가는 것을 추천드립니다.

| | | | |
|---|---|---|---|
| 1 | 리니지2M(MMORPG) | 21 | 쿠키런 오븐 브레이크(캐주얼러닝) |
| 2 | 리니지M(MMORPG) | 22 | 라플라스M(MMORPG) |
| 3 | 라이즈 오브 킹덤즈(영지형 전략) | 23 | 페이트/그랜드 오더(MORPG) |
| 4 | V4(MMORPG) | 24 | 모두의 마블(보드) |
| 5 | 기적의 검(MORPG) | 25 | 붕괴3rd (MORPG) |
| 6 | 블소 레볼루션(MMORPG) | 26 | 랑그릿사(MORPG) |
| 7 | 피망포커(보드) | 27 | 카운터 사이드(MORPG) |
| 8 | 명일 방주(MORPG) | 28 | 리니지M 12세 (MMORPG) |
| 9 | 리니지2 레볼루션(MMORPG) | 29 | 꿈의 정원(퍼즐) |
| 10 | 피파온라인(스포츠) | 30 | 엑소스 히어로즈(MORPG) |
| 11 | 브롤스타즈(캐주얼슈팅대전) | 31 | 뮤오리진2(MMORPG) |
| 12 | 메이플 스토리M(MMORPG) | 32 | 서머너즈 워(MORPG) |
| 13 | 검은사막 모바일(MMORPG) | 33 | 황제라 칭하라(모바일웹시뮬) |
| 14 | 뇌명천하(MORPG) | 34 | 로한M(MMORPG) |
| 15 | 샤이닝라이트(MORPG) | 35 | 배틀그라운드(FPS배틀로얄) |
| 16 | 랜덤다이스(캐주얼퍼즐대전) | 36 | 컴투스 프로야구(스포츠) |
| 17 | 클래시 오브 클랜(캐주얼전략대전) | 37 | 킹 오브 파이터 올스타(MORPG) |
| 18 | 프린세스 커넥트(MORPG) | 38 | 왕비의 맛(모바일웹시뮬) |
| 19 | 한게임 포커(보드) | 39 | 꿈의 집(퍼즐) |
| 20 | 에오스 레드(MMORPG) | 40 | 엘프: 드래곤 소환사(MMORPG) |

[표 5 구글플레이 최고 매출 게임 Top40순위 (2020.2.8. 기준) ]

앞의 표를 보면 알 수 있듯이 스마트폰 게임 매출 상위권의 게임들은 (1)MMORPG (2) MORPG (3) 보드 게임 (4) 런 게임 (5) 스테이지형 퍼즐게임 (6) 캐주얼 대전 (7) 영지형 전략 (8) 스포츠 (9) SNG게임과 같이 특정 장르로 구분됩니다. 특정 장르의 게임이 매출의 마켓 사이즈를 대부분 차지하고 있습니다.

스마트폰 초기 시장에는 스마트폰의 유저군 자체가 비게이머가 많았습니다. 그래서 기록 경쟁 퍼즐류나 러닝 게임 같은 간단하게 원터치로 즐길 수 있는 캐주얼한 게임이 인기를 끌었습니다. 그러나 스마트폰 시장의 코어 게이머가 많아진 2020년 이후에는 MMORPG, MORPG, 액션 RPG류가 인기를 끌고 있습니다. 또한 전 세계적으로 가장 인기를 끈 클래시오브클랜 (SNG + 전략 전투)과 같은 혼합형 장르도 꾸준한 인기를 끌고 있습니다.

다음은 게임 장르별 특성을 기술하였습니다.

### (1) RPG 장르 - MMORPG / MORPG

- 온라인 게임 시절부터 RPG는 게임의 주 장르였습니다. RPG 유저가 게임 유저 중 가장 많은 파이를 차지합니다. 현재 국내 스마트폰 시장도 대부분의 인기 게임이 RPG 장르입니다.
- MMORPG는 거대한 오픈된 세계에 여러 유저가 동시에 모여 모험을 즐기는 게임입니다.

- MORPG는 거대한 오픈된 세계가 아니고 유저들이 각각 독립된 여러 개의 던전을 공략하는 게임 방식으로, 동시에 여러 유저가 실시간으로 모이는 방식이 아닌, 비동기 방식으로 각 유저의 데이터를 저장해 뒀다가 소셜 기능에 활동하는 방식을 많이 씁니다.
- 게임 사이즈 자체가 큽니다. 캐릭터/몬스터 등 디자인 리소스와 개발 리소스가 많이 듭니다.
- 한번 잘 만들어 놓으면 안정적인 흥행을 보장할 수 있습니다.
- 매출이 크므로 만들어지는 게임이 많아 공급도 많지만 그만큼 수요도 많습니다.
- 상용화 모델을 잘 설계하면 높은 1인당 평균 결제 객단가(ARPU)를 만들어낼 수 있습니다.
- 게임의 규칙이 복잡하고, 콘텐츠 양이 많아 캐주얼 게임보다 만드는 데 공수가 많이 들고, 계속적, 정기적인 콘텐츠의 업데이트가 필요합니다.

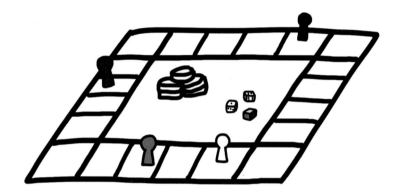

## (2) 보드 게임

- 카카오톡/라인/페이스북 등과 같은 플랫폼의 친구 데이터와 연동하여, 친구와 같이 즐기는 온라인 보드 게임입니다.
- 다른 장르의 게임에 비해서 게임 규칙에 대한 이해도가 게임 흥행의 열쇠입니다. 모두의 마블 같은 경우 국내에서는 부루마불 게임에 대한 전 국민적 선호도와 룰에 대한 이해가 있었기에 수용도가 높았지만, 모두의 마블 외에 타 보드 게임은 아직 큰 흥행작이 없는 상태입니다.
- 기본적으로 타 장르보다 유저의 게임 규칙 이해도가 떨어져 어려워할 수 있습니다.
- 멀티 플레이 요소가 높아, 친구와 함께하면 재미가 극대화되는 장점이 있습니다.
- 룰의 복잡도가 높기 때문에 유저들이 받아들이기 쉬운 동선 설계가 핵심입니다.
- 게임 내용을 많이 추가하는 큰 콘텐츠 업데이트의 필요성은 상대적으로 낮은 장르입니다.

## (3) 런 게임

- 카카오톡/라인/위챗 등과 같은 플랫폼의 친구 데이터와 연동하여, 기록 경쟁하는 러닝 게임입니다.

- 언제 어디서나 원터치로 간단하게 즐길 수 있는 것이 특징입니다.

- 게임 내 아이템을 구매하면 점수가 더 올라가며, 이것으로 부분유료화를 합니다.

- 진입 장벽이 낮아 초기에 많은 유저를 유입할 수 있습니다.

- 게임 자체의 콘텐츠가 작아 쉽고 빠르게 만들 수 있습니다. 기록 경쟁 퍼즐 게임과 달리, 최근에는 RPG 요소를 차용해서 강화/진화 등 큰 콘텐츠 업데이트를 하는 게임들도 있습니다.

## (4) 스테이지형 퍼즐 게임

- 카카오톡/라인/페이스북 등과 같은 플랫폼의 친구 데이터와 연동하여, 친구와 어느 스테이지만큼 더 많이 갔는지 경쟁하는 퍼즐 게임입니다.

- 보통 런칭 시 수백 개의 스테이지를 준비합니다. 스테이지 클리어/실패가 있습니다.
- 결제하지 않고 기본 플레이만으로 플레이가 가능하지만, 도저히 안되겠다 싶을 때 결제를 해서 아이템을 써서 스테이지를 클리어할 수 있습니다. 이것이 주요 수익 모델입니다.
- 싱글 플레이 요소가 높아, 꼭 친구가 없더라도 혼자서도 즐길 수 있는 것이 특징입니다.
- 게임 자체의 콘텐츠가 많고, 레벨디자인 요소가 많아 꽤 많은 테스트를 통해 시간과 정성을 들여서 스테이지 하나하나를 만들어야 하는 장르입니다.
- 투입되는 이미지 리소스 양은 많지 않으나, 기획 리소스가 크며, 큰 콘텐츠 업데이트 시 수십 개의 스테이지를 계속 업데이트해 줘야 하는 장르입니다.

## (5) 캐주얼 대전

- 실시간으로 일대일 또는 다대다로 여러 유저와 대전하고, 랭킹 경쟁을 하는 게임입니다.
- 게임을 오래 플레이해서 캐릭터의 능력치가 오르기도 하지만, 실력이 더 중요한 게임입니다.
- 승점 기반으로 티어 단계를 나누고, 티어가 높을수록 더 좋은 실력을 가지게 된다고 여겨지므로, 유저들에게는 높은 승점과 티어가 게임의 목표가 됩니다.
- 게임 내용을 많이 추가하는 큰 콘텐츠 업데이트의 필요성은 상대적으로 낮은 장르입니다.

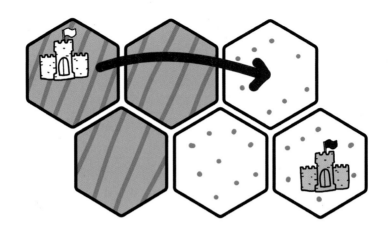

## (6) 영지형 전략

- 특정 영지를 기반으로 건설과 자원 생산, 병력 생산을 해서 강해진 병력으로 다른 유저들과
  전쟁하고, 플레이어의 영지를 넓혀 나가는 게임입니다.
- 마니아층이 많은 장르로 1인당 ARPPU(평균 과금액)가 높고 수익 효율이 좋습니다.

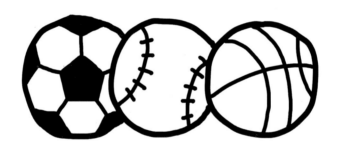

## (7) 스포츠

- 야구, 축구, 농구 등 스포츠를 주제로 한 게임입니다.
- 직접 플레이를 하는 게임도 있고, 구단을 매니지먼트하는 주제의 게임들도 있습니다.
- 오프라인 스포츠팬이 있기 때문에 유저 수요는 꾸준한 편입니다.

## (8) SNG(Social Network Game)게임

- 팜빌을 필두로 시작된 SNG 돌풍. 페이스북을 시작으로 전 세계의 인기 장르로 자리매김하였습니다.
- 농장 경영류(룰 더 스카이, 에브리 타운, 헤이데이), 캐릭터 컬렉션류(우파루 마운틴, 타이니 팜), 전략 전투류(클래시 오브 클랜, 바이킹 아일랜드) 등 SNG 안에서 여러 가지 파생 장르가 있습니다.
- 게임의 규칙 자체는 복잡하지 않으나, 아트 리소스가 많이 듭니다.
- 소셜 기능이 핵심이기 때문에 이것을 잘 설계하지 않으면 유저들에게 외면을 받습니다.
- 비게이머/여성을 상대로 하기 때문에 튜토리얼, 퀘스트 등을 매우 쉽게 만들어야 합니다.
- 콘텐츠 업데이트를 정기적으로 해주면 게임 수명이 아주 오랫동안 지속될 수 있습니다.

## 2) 제품 분석

역기획서를 쓰고 싶은 스마트폰 게임의 장르는 정했나요?

장르가 정해졌으면 그 해당 장르의 Top게임. 즉 가장 매출이 좋거나, 유저가 많아 순위가 높은 제품을 분석해야 합니다. 잘나가는 타 게임을 분석하고 우리가 만들려는 게임이 시장을 선도 하고 있는 게임과 비교해서 재미있고, 뭔가 나은 점을 만들어내야 유저들이 플레이하지 않겠습 니까?

경쟁 게임보다 퀄리티가 떨어지는 게임을 만들면 만들어봤자 백전 백패 할 뿐입니다. (유저들이 해당 게임을 하지 왜 퀄리티 떨어지는 신규 게임을 할까요?) 기본적으로 분석해야 하는 것은 다 음과 같습니다.

## [제품 분석 항목]

(1) 게임 시스템 / UI 분석

(2) 수치 분석(데이터 테이블을 만들기 위한 사전 작업) / 이미지 리소스 총량 분석

모든 장르의 제품 분석을 다 다룰 수는 없으므로 전 세계에서 가장 인기를 끌은 클래시 오브 클 랜의 제품 분석을 샘플로 해봅니다. 신규 게임을 만들기 위해 참고자료로 클래시 오브 클랜의 제품을 분석하려고 합니다.

## (1) 게임 시스템 / UI 분석

우선 게임의 주요 UI와 팝업 등 모든 UI를 스샷을 다 찍습니다. 가장 중점적으로 스샷을 찍어야 할 것은 게임 플레이 UI, 상점 UI, 메인 화면 UI 등 입니다. 하지만 디테일을 위해서 가능한 한 모든 게임 스크린샷을 다 찍어봅니다.

메인화면과 상점의 제품 스샷을 2개 찍는 것만으로도 게임의 구조를 파악할 수 있습니다. 위 스 샷 2장에서 얻은 정보를 바탕으로 간단한 게임 구조도를 그려 보았습니다.

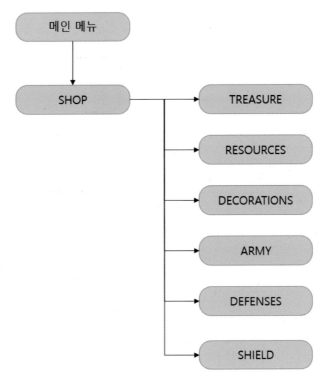

**그림 1-21** 메인 메뉴에서 상점버튼을 누르면 나오는 하위 메뉴 구조도

아주 간단합니다! 이런 식으로 UI 스샷을 여러 장 찍어서 구조도를 그려서 합치는 것만으로도 전체의 게임 구조를 알 수 있습니다. 전체 게임 구조가 어떤 식으로 각 화면이 연결되었는지 파악해도 게임 시스템의 구조를 머릿속에 그려볼 수 있습니다.

또한 스샷만 찍는 것이 아니라 게임 플레이도 충분하게 해봐야 합니다. 만약 최고 레벨이 80레벨이면 적어도 그 반 정도인 40레벨까지 열심히 플레이를 해봐야, 전체 게임의 구조를 어느 정도 파악할 수 있습니다.

전체 게임의 구조를 파악하고, 또한 각 세부의 게임 시스템이 어떤 식으로 동작하는지 알고, 문서로 정리해두면 해당 게임을 잘 분석했다고 할 수 있습니다.

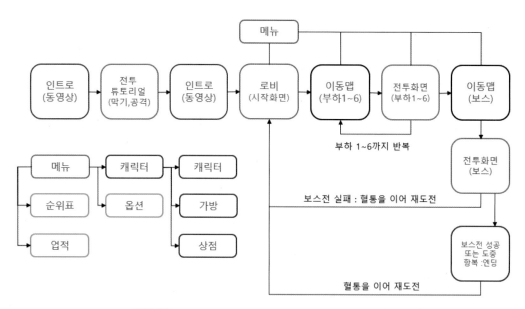

**그림 1-22** 1:1 액션 게임 "인피니트 블레이드"의 UI 구조 분석 예시

## (2) 수치 분석 / 이미지 리소스 총량 분석

게임 시스템 구조와 UI 분석이 끝났나요? 반은 완료한 것입니다. 하지만 게임은 UI뿐만 아니라 각종 수치가 있고, 그것은 데이터 테이블로 정리할 수 있습니다. 다행히도 북미에는 온라인 토론 웹 서비스인 WIKI가 대중적으로 많이 발달해 있습니다. 클래시 오브 클랜 같은 인기 게임은 WIKI에 각종 수치 정보와 리소스 정보가 올라와 있습니다.

이것들을 찾아보고 정리해두는 것만으로도 우리는 실제 서비스하는 게임의 밸런스 테이블을 그대로 가져올 수 있습니다. 다음과 같이 따라 해봅니다.

### [수치 밸런싱 / 전체 시스템 리소스 벤치마킹 하는 법]

(1) 먼저 구글에 접속합니다. (https://www.google.co.kr)

(2) 분석하고 싶은 게임을 검색합니다. 예를 들어 다음과 같이 검색어를 입력합니다.
　　 "Clash of Clan wiki"

(3) 해당 게임의 위키 페이지에 접속합니다.
　　 http://clashofclans.wikia.com/wiki/Clash_of_Clans_Wiki

북미에는 수많은 사람들이 위키에 자발적으로 게임 공략을 올려놓습니다. 다음은 위키 페이지의 예시입니다.

위키 페이지 예시

간단합니다! 게임의 모든 실제 데이터가 다 있습니다!

클래시 오브 클랜은 최고 레벨을 찍으면서 하나하나 수치를 종이에 옮겨 적을 필요가 없습니다. 따라서 가능하면 위키를 먼저 검색해보길 추천드립니다.

유명 게임들은 이미 많은 유저들이 수치를 다 분석해서 위키에 올려놓았기 때문에 게임 기획 지망생들은 이것을 바탕으로 기획 공부를 연습하기에 매우 좋습니다. 해당 게임을 개발하기 위해 이미지 리소스가 몇 개가 필요했는지도 알 수 있고, 각 수치의 데이터 테이블이 어떻게 구조화되어 있는지도 알 수 있습니다.

| Town Hall Level | 1 | 2 | 3 | 4 | 5 | 6 | 7 | 8 | 9 |
|---|---|---|---|---|---|---|---|---|---|
| Number Available | 1 | 1 | 1 | 1 | 1 | 1 | 1 | 1 | 1 |

| Level | HitPoints | Build Cost | Build Time |
|---|---|---|---|
| 1 | 1500 | N/A | N/A |
| 2 | 1600 | 1000 | 5 m |
| 3 | 1850 | 4000 | 3 h |
| 4 | 2100 | 25000 | 1 d |
| 5 | 2400 | 150000 | 2 d |
| 6 | 2800 | 750000 | 4 d |
| 7 | 3200 | 1200000 | 6 d |
| 8 | 3700 | 2000000 | 8 d |
| 9 | 4200 | 4000000 | 10 d |

| Size |
|---|
| 4x4 |

그림 1-24 위키 페이지에 존재하는 게임 수치 자료 예시

앞서 말한 UI 스샷과 구조도를 만드는 것, 그리고 위키에서 밸런싱 테이블을 가져와서 엑셀에 정리해두면 그냥 클래시 오브 클랜과 똑같이 게임을 구현할 정도의 자료가 정리됩니다.

게임 분석은 게임의 처음부터 끝까지 놓친 부분이 없이 전체 구조와 시스템의 세부사항까지 자세하게 분석해야 합니다.

# 5
# 게임 프로토 타입 구상
# - 게임 룰에 대해 생각하기

게임 프로토 타입 구상은 어떻게 해야 할까요? 우선 프로토 타입이라는 것은 게임 플레이의 최소 단위로, 게임을 개발하는 가장 첫 단계로서 진행하는 과정입니다.

게임의 핵심 플레이를 만드는 활동입니다. 가장 빠르게 재미있는 플레이 버전을 만들어야 하기 때문에 여러 가지 기능을 넣기보다 코어 게임 플레이 로직과 필요한 최소 아트 리소스를 가지고 만듭니다. 그럼 가상의 게임 회사를 예시로 들어서 프로토 타입 기획과 구현 과정을 알아봅니다.

## (1) A회사의 1팀-비행 슈팅 게임 개발팀

A 회사에서는 신규 게임을 개발하기로 전략 기획실에서 결정했습니다. 1팀에서는 비행 슈팅 게임을 개발하기로 해서 PD인 나슈팅은 게임 기획을 시작하기로 했습니다.

1팀은 PD : 나슈팅 (기획) . 개발팀장 : 라이덴 (클라/서버). 디자인팀장 : 트윈비 (2D,캐릭터, 배경 디자인) 의 3명으로 이루어져 있습니다.

나슈팅(기획)

음, 비행 슈팅 게임을 개발해야 하는데,
무엇부터 시작해야 하지?

라이덴(개발)

그 완전 오락실에 예전에 재미있었던 것 있잖아 라이덴 어때?
라이덴 !

트윈비(디자인)

무슨 말씀이세요. 너무 촌스러워요.
트윈비처럼 귀엽고 이쁜 게임을 요새 여성들은 좋아한다고요.

나슈팅(기획)

음, 먼저 시장 상황을 봐야 할 것 같아요.
요새 스마트폰 게임 시장에서 라이덴 IP를 사용한 슈팅 게임은 이미 나와 있고,
우리가 라이덴을 똑같이 베껴봤자 아류작이 될 뿐이에요.

트윈비님 말씀처럼 캐주얼한 디자인이어서 여러 유저들을 만족시키면서도, 트윈비
원작 게임과 동일하게 가는 것보다 개성 있는 콘셉트의 게임이 좋을 것 같네요.

라이덴(개발)

허허, 그런가? 그럼 액션이 좀 좋아야 할 것 같아!
뽕뽕 터지고 팡팡~이런 액션감!

트윈비(디자인)

보스도 나왔으면 좋겠어요.
큰 보스가 나와서 그걸 물리치는 재미가 있으면 좋을 것 같아요.

나슈팅(기획)

예, 알겠습니다. 캐주얼한 아트웍에, 보스가 나오는 슈팅 게임. 일단 전투를 구현해서 프로
토 타입 정도를 만들어보고 재미를 검증해보도록 하죠.

다음 주 월요일에 프로토 타입 기획서를 써서 드릴게요, 제가 주인공 캐릭터 1개에 대한
콘셉트를 텍스트로 드릴 테니, 디자인 팀장님은 캐릭터와 총알 1개, 적 1개, 배경 1개를 제
작해주시고, 그동안 개발 팀장님은 2D슈팅 게임으로 구현할 것이니 디자인 팀장님이 만
들어주시는 데이터로 안드로이드에서 동작하는 슈팅게임 (캐릭터 나오고 쏘고 적이 나오
면 터지고) 목업을 만들어주세요.

그 목업을 업그레이드해서 프로토 타입을 다시 만드는 것으로 하시죠.

이제 나슈팅은 디자인팀에 전달할 캐릭터 텍스트 파일을 쓰는 일과, 프로토 타입 기획서를 써서 전달하는 일이 생겼습니다. 그럼 어떻게 해야 할까요?

 나슈팅(기획)

음, 트윈비님이 잘 디자인하려면 비슷한 게임의 아트웍풍을 알려 주거나 하는 방법이 좋겠지,
일단 첫 캐릭터는 무난하게 꼬마 마녀 캐릭터로 하자.
설정을 매우 세세하게 하면 디자이너의 창의성이 떨어지므로, 큰 틀만 잡아서 주자.

## [캐릭터 1개의 설정]

이름 : 마녀 돌뿌
직업 : 꼬마 마녀
나이 : 14세
복장 : 큰 마녀 모자를 쓰고 있다. 빗자루를 타고 있다.
공격 : 붉은색 작은 파이어볼을 직선으로 날린다.
이미지 리소스 : 탑 뷰에서 바라보는 식. 빗자루가 흔들린다든지, 동적인 애니메이션이 있으면 좋다.

 나슈팅(기획)

음, 다 끝났군. 메일을 보내 놓고 그럼 프로토 타입 기획서를 써 볼까.
우선 프로토 타입에는 어떤 기능과 이미지 리소스가 필요하지? 한번 정리해야겠다.

## 나슈팅의 프로토 타입 기획 1차

### [프로토 타입 기능] - 개발 필요 항목

캐릭터 조작 : 스마트폰으로 터치해서 캐릭터를 드래그해서 이동

맵 이동 : 일정한 속도로 자동으로 움직임이 점점 빨라짐 (빨라지는 속도 엑셀 문서 따로 작성)

총알 발사 : 자동 발사 (총알 속도 데이터 필요)

### [프로토 타입 기능] - 이미지 필요 항목

배경 1종

보스 캐릭터 1종

적 1 종

주인공 캐릭터 1종

주인공이 쏘는 총알 1종

터질 때 이펙트 2종 (주인공과 적, 보스)

적이 쏘는 총알 1종

적 보스가 쏘는 총알 1종

**나슈팅(기획)**

음, 이 정도면 되려나?
개발팀장님이랑 디자인 팀장님께 메일을 보내야지~ 룰루 랄라~

하지만 바로 5분 후

**라이덴(개발)**

기획서 봤는데요. 잘 모르는 게 있어서 적은 어떻게 등장하고,
보스는 어떻게 등장하고, 탄막 공격은 어떻게 해요?

**나슈팅(기획)**

음, 넵 드…드리겠습니다.

여기서 나슈팅이 빼먹은 것은 무엇일까요?

바로 이미지화하지 않았고, 적이랑 보스 등장, 패턴 테이블이 없다는 점입니다.

그래서 나슈팅은 다음과 같이 수정합니다. (물론 실무기획서는 이보다 더 구체적으로 써야 하지만 단순한 예시를 들어 설명한 것입니다)

> 나슈팅(기획)
> 음 이미지화를 해야겠어.
> 게임 플레이를 이미지로 만들자!

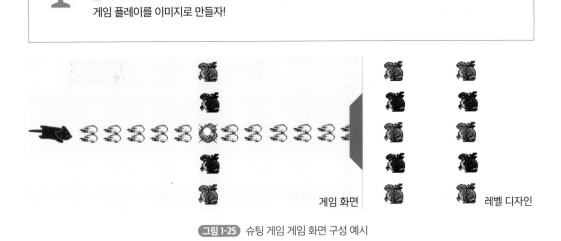

게임 화면          레벨 디자인

**그림 1-25** 슈팅 게임 게임 화면 구성 예시

## 나슈팅의 프로토 타입 기획 2차

**[프로토 타입 기능] - 개발 필요 항목**

캐릭터 조작 : 스마트폰으로 터치해서 캐릭터를 드래그해서 이동

맵 이동 : 일정한 속도로 자동으로 움직임이 점점 빨라짐 (빨라지는 속도 엑셀 문서 따로 작성)

총알 발사 : 자동 발사 (총알 속도 데이터 필요)

**적 등장 : 적이 일정한 패턴으로 등장하고 위에서 내려오기만 함 (엑셀 문서 따로 작성)**

         **UI의 5칸을 차지해서 내려옴**

**보스 등장 : 특정 맵까지 이동하여 보스가 있는 곳까지 가면 등장**

적의 공격 : 적은 탄막을 발사하지 않고 그냥 위에서 내려오기만 함

보스의 공격 : 보스는 화면 위 중앙에 위치하며 일정한 패턴의 탄막 공격을 함 (엑셀 문서 따로
작성)

나슈팅(기획)

음, 이걸로 충분하지 않군.
일단 보스 등장과 패턴은 나중에 설명드리기로 하고, 적 등장 패턴이 있어야겠어.
그럼 패턴 테이블을 일단 짜 볼까?

| 적 종류 | a1 | a2 | a3 | a4 | a5 | a6 | a7 |
|---|---|---|---|---|---|---|---|
| 색 | | | | | | | |
| Hp | 100 | 300 | 500 | 1000 | 3000 | 15000 | 80000 |

| 등장 프레임 | 등장 패턴(순서는 랜덤) | | | | | | 간격 |
|---|---|---|---|---|---|---|---|
| 1 | | | | | | | 60 |
| 2 | | | | | | | 60 |
| 3 | a1 | a1 | a1 | a1 | a1 | | 60 |
| 4 | | | | | | | 60 |
| 5 | | | | | | | 60 |
| 6 | | | | | | | 60 |
| 7 | | | | | | | 60 |
| 8 | | | | | | | 60 |
| 9 | a1 | a1 | a1 | a1 | a2 | | 60 |
| 10 | | | | | | | 60 |
| 11 | | | | | | | 60 |
| 12 | | | | | | | 60 |
| 13 | | | | | | | 60 |
| 14 | | | | | | | 60 |
| 15 | | | | | | | 60 |
| 16 | | | | | | | 60 |
| 17 | a1 | a1 | a1 | a2 | a2 | | 60 |
| 18 | | | | | | | 60 |

[표 6 적 등장 패턴 예시 ]

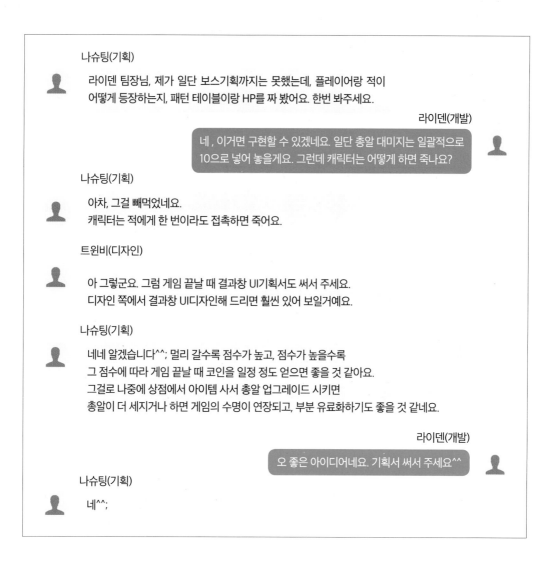

**나슈팅(기획)**

라이덴 팀장님, 제가 일단 보스기획까지는 못했는데, 플레이어랑 적이 어떻게 등장하는지, 패턴 테이블이랑 HP를 짜 봤어요. 한번 봐주세요.

**라이덴(개발)**

네 , 이거면 구현할 수 있겠네요. 일단 총알 대미지는 일괄적으로 10으로 넣어 놓을게요. 그런데 캐릭터는 어떻게 하면 죽나요?

**나슈팅(기획)**

아차, 그걸 빼먹었네요.
캐릭터는 적에게 한 번이라도 접촉하면 죽어요.

**트윈비(디자인)**

아 그렇군요. 그럼 게임 끝날 때 결과창 UI기획서도 써서 주세요.
디자인 쪽에서 결과창 UI디자인해 드리면 훨씬 있어 보일거예요.

**나슈팅(기획)**

네네 알겠습니다^^; 멀리 갈수록 점수가 높고, 점수가 높을수록
그 점수에 따라 게임 끝날 때 코인을 일정 정도 얻으면 좋을 것 같아요.
그걸로 나중에 상점에서 아이템 사서 총알 업그레이드 시키면
총알이 더 세지거나 하면 게임의 수명이 연장되고, 부분 유료화하기도 좋을 것 같네요.

**라이덴(개발)**

오 좋은 아이디어네요. 기획서 써서 주세요^^

**나슈팅(기획)**

네^^;

나슈팅의 마지막 말에서 우리는 인사이트를 얻을 수 있습니다. 뭐든지 말로만 하는 입기획은 안됩니다. 누구도 기억을 잘 못하고, 생각하는 것이 서로 다를 수가 있습니다. 기획자는 정리해서 문서로 만드는 사람입니다. 애매한 것을 정해주는 사람! 이것이 기획자의 역할입니다.

입기획만 하면 안 됩니다! 그리고 기획서 한번 썼다고 끝나는 게 아니라, 개발팀과 디자인팀의 의견을 듣고, 게임 개발 시작부터 개발 끝날 때까지 끊임없이 최신 버전으로 수정해야 한다는 것을 잊지 말길 바랍니다!

여기까지가 A회사의 1팀-비행 슈팅 게임 개발팀의 프로토 타입 제작 과정이었습니다.

# 6

# 게임 UI샘플 만들기 연습 – 그림을 그려보기

## 1) 파워포인트로 시스템/UI 기획을 만들기 위한 기초 스킬

지금까지 게임 기획서를 쓰려면 무엇부터 시작해야 하는지에 대해 주로 다루었습니다. 그럼 이제부터는 마이크로소프트 오피스 파워포인트로 실제 스마트폰 게임 기획서를 어떻게 작성해야 하는지 디테일한 부분을 말하고자 합니다.

예전 PC온라인 게임 시절에는 기획서를 워드와 엑셀 파일로 많이 작성하던 시절도 있었지만, 스마트폰 게임은 PC온라인 게임보다는 내용의 양이 훨씬 작으므로, 개발자와 디자이너가 이해하기 쉽게, 시스템/UI기획은 PPT파일로, 콘텐츠/수치 파일은 엑셀로 많이 작성하기도 합니다.

PC 온라인 게임의 경우 내용 자체가 매우 많습니다. 그래서 MMORPG 정도의 게임이면 PPT 파일로 1,000장이 넘어가도 게임의 모든 콘텐츠를 다 담기 어려운 경우가 생기기 때문에 아직도 워드 파일로 많이 작성하는 편입니다.

네트워크 예외 처리나 결제 예외 처리 등 디테일한 내용을 모두 포함해도, SNG/RPG류와 같은 큰 크기의 게임도 PPT로는 500~600장 정도, 간단한 슈팅게임이나, 러닝게임 같은 경우에는 PPT 200~300장 정도면 전체 게임 시스템의 내용을 충분히 소화할 수 있습니다.

그럼 먼저 파워포인트를 열고 스마트폰 사이즈와 똑같은 가로 비율로 사각형을 그려봅니다.
(이것은 가로 비율로 플레이하는 스마트폰 게임을 예로 든 것입니다)
아래와 같이 화면 중앙에 큼직하게 만든 이유는 작게 만들면, 그래픽 디자이너/프로그래머들이 보기 어렵기 때문에 예시 샘플화면은 크게 만들었습니다. 실제로는 가독성을 해치지 않는 수준에서 적당한 크기로 만듭니다.

**그림 1-26** 먼저 스마트폰 사이즈와 똑같이 PPT에 사각형을 하나 그린다

이제 흰 종이 캔버스에 무엇이든 그릴 준비가 되어 있습니다. 어떤 UI버튼도 우리는 넣을 수 있습니다. 파워포인트의 기본 클립아트를 사용할 수 있습니다. 하지만 대부분 예쁘지 않기 때문에 다른 방법을 추천합니다.

다음은 아이콘 파인더닷컴이라는 무료 아이콘을 제공하는 사이트입니다.
https://www.iconfinder.com/

유료 아이콘도 많지만, 무료로 가져다 쓸 수 있는 아이콘도 많기 때문에 매우 유용한 사이트입니다.

여기서 아이콘을 찾는 방법은 검색창에 영문으로 검색하면 됩니다.

예를 들어 옵션창 UI를 만들어서 붙이고 싶다면 영문으로 Option을 검색하면

유용하게 쓸 수 있는 옵션 버튼 아이콘이 여러 가지 나옵니다. 마음에 드는 것이 있으면 마우스 오른쪽 버튼을 눌러 다른 이름으로 사진 저장을 하면 PNG파일로 다운받을 수 있습니다. 이것을 이용해서 파워포인트에 간단한 옵션 버튼을 넣어 보았습니다.

그림 1-27 옵션 버튼을 넣은 모습

너무나 간단하게 옵션 버튼이 만들어졌습니다.

하지만 지금 이 상태에서는 게임처럼 보이지가 않습니다. 게임 플레이 화면처럼 꾸며보기로 합니다. 간단한 횡스크롤 디펜스 게임을 만든다고 가정하고, 왼쪽에 우리 편 유닛을 내보낼 수 있는 버튼 3개를 추가합니다.

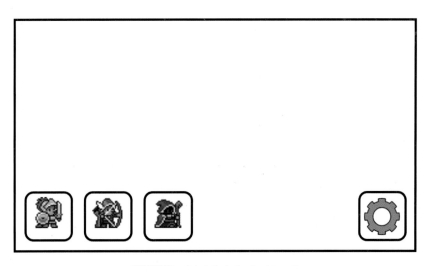

그림 1-28 캐릭터 출격 버튼을 만든 모습

아직 부족합니다. 각 캐릭터별로 버튼을 누르면 쿨타임 바가 생길 것이고, 캐릭터마다 일정 자원을 소모하게 하고 싶습니다. 캐릭터를 터치하면 화면 중앙에 등장하게 하고 싶습니다. 캐릭터 출격 버튼에 쿨타임 바 / 자원 소모 버튼을 추가하고, 캐릭터가 출격되었을 때 상태, 그리고 캐릭터 머리 위에 HP바를 넣어봅니다. (자원은 Coin을 소모한다고 하고, 아이콘 파인더에서 Coin을 검색하여 이미지 리소스를 찾았습니다. 쿨타임 바는 파워포인트의 자유 곡선으로 그리고, 점 편집 기능을 통해 수정하고, 회색 채우기를 한 다음 투명도를 실행한 것입니다)

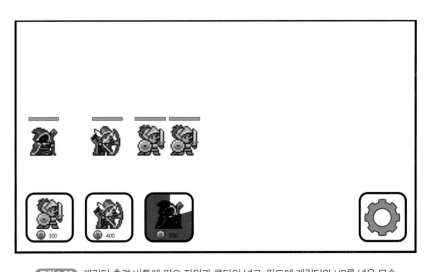

그림 1-29 캐릭터 출격 버튼에 필요 자원과 쿨타임 넣고, 필드에 캐릭터와 HP를 넣은 모습

이제 조금 게임처럼 보입니다. 적 캐릭터도 넣고 멋진 이펙트도 넣어봅니다.

일정 쿨타임이 차서 전체 마법을 쓸 수 있으면 더욱 좋을 것 같습니다.

(마법 이펙트는 이미지를 가져다 쓴 것이 아니라 파워포인트 삽입-도형-자유곡선으로 그리고 해당 오브젝트에 마우스 오른쪽 버튼을 누르면 나오는 점 편집 기능으로 편집하면 됩니다)

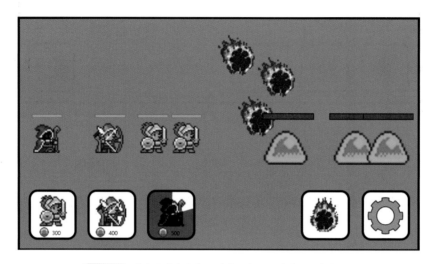

**그림 1-30** 게임 플레이 화면 중 전체 스킬 쓰는 화면을 표현한 모습

끝났습니다! 이제 당신이 그래픽 디자인을 못한다고 하더라도, 이제는 어떤 게임 플레이 화면이든 그림으로 표현할 수 있는 기획자입니다!

# 7

# 온라인 게임의
# 핵심 코어 3가지

| Idea | To do | Doing | Done |

지금까지 게임 기획서를 작성하기 위한 네 가지 스킬들을 체험했습니다. 사실 이것만으로도 대략적인 게임 기획서는 작성할 수 있습니다. 하지만 구슬이 서 말이라도 꿰어야 보배인 것처럼, 게임의 전체 그림을 그려놓고 게임 기획을 시작하는 것과, 그때 그때 기획서를 쓰는 것과는 큰 차이가 있습니다.

여기 기획자 두 사람이 있습니다.

A기획자 (프리스타일)

게임은 이것저것 만들면서,
요리조리 바꿔봐야 제맛. 일단 만들면서 생각하자.

B 기획자 (플랜맨)

 무슨 소리! 처음부터 끝까지, 모든 것을 계획하고 절대 바꾸면 안 된다고!

결론부터 이야기하자면 A기획자와 B기획자 모두 완벽하지는 않습니다.

세상에 게임을 만드는 방법의 정석 같은 것은 존재하지 않습니다.

하지만 게임을 만들 때는 기획자뿐만 아니라, 개발자, 디자이너, 회사 사장, 사운드 작업자 등 수많은 사람들이 관련되어 있습니다.

만약 A기획자처럼 그때 그때 기획을 생각나는 대로 바꾼다면 프로젝트는 아마 산으로 갈 가능성이 높고, 제작 기간도 길어지며, 언제 게임이 나올지 모르는 상황이 벌어집니다.

하지만 B기획자라고 100% 옳을까요? 모든 계획을 세우고 이 기획은 최고이니, 개발자 디자이너는 모두 이 기획에 따라! 내 기획은 최고이고 세상을 뒤집어놓겠어! 이런 생각은 무척 위험합니다.

필자의 생각은 B기획자처럼 모든 계획을 다 짜놓는 것을 기본으로 하지만, 게임의 핵심 코어는 유지하면서, 제작과정 중에 A기획자처럼 바꿀 수 있는 부분은 모두 바꾸는 것으로 추천합니다.

기획자는 계획성과 오픈마인드를 둘 다 가져야 합니다. '아무런 무계획으로 어떻게 되겠지'라는 것은 기획자가 아닙니다. 또한 '모든 것은 내가 철저하게 짤 거야' 라는 것은 굉장히 편협된 기획으로 흐를 수 있습니다.

물론 기획자의 고집과 스스로의 기획의도에 대한 자신감과 확신은 필요합니다. 하지만 너무 심하면, 함께 일하는 개발자, 디자이너와 큰 트러블을 일으켜서 결국 모두 열심히 일하지 않게 됩니다. 필자도 자기중심이 강한 편인데 이 부분을 항상 조심하고 있습니다.

필자가 생각하는 온라인 게임의 핵심 코어 3가지는 다음과 같습니다.

1.게임 플레이가 재미있다.
2.즐길 수 있는 콘텐츠의 지속성과 유저 성장 (한 달 정도 가지고 놀 수 있다)
3.부분 유료화 모델이 잘 되어 있고, 재화 획득/소진의 경제 순환 구조가 잘 되어 있다.


위 3가지만 만족하면 디자인 콘셉트가 바뀌어도, 게임 콘셉트가 조금 바뀌어도, 기능이 추가되어도 좋다고 생각합니다.

# 8
# 아이디어를 목차로
# 정리하는 방법

머릿속에 생각했던 아이디어를 목차로 정리해야 합니다.

목차를 만드는 이유는 어떤 시스템들이 있는지 텍스트로 우선 정리해두고, 하나씩 내용을 채우기 위해서입니다.

예를 들어 동물팡을 만든다고 한다면 게임의 최초 아이디어는 이렇게 시작을 할 것입니다.

기획자 겸 개발자

> 음, 우리 회사에서 신규 게임을 만들어야 하는데,
> 개발은 내가 하면 되고, 디자이너는 친구가 해줄 거고.
> 근데 혼자 개발하기에는 너무 힘든데 좀 쉽게 만들면서, 인기 끌 만한 게 뭐가 없을까?
> 북미 순위를 볼까?

> 어랏? PopCap의 Bejeweled 라는 게임이 잘나가는 것 같네.
> 쉽고 간단하고, 이펙트도 괜찮다.
> 스마트폰으로 하면 원버튼으로 하니 대중성도 있고 근데 우리나라에서 먹힐까?

**디자이너**

에이 이런 거는 너무 북미 느낌이 나잖아.
우리나라 여자들은 귀여운 동물 같은 거 좋아한다고.
앵그리버드가 전 세계적으로 인기 끄는 게 왜 인 줄 알아?
바로 디자이너가 그린 한 마리 귀여운 새 모양 때문에 게임이 뜬 거라고!

**기획자 겸 개발자**

음 그런가? 그럼 여기다 동물 모양으로 노트를 붙여보면 어때?

**디자이너**

괜찮을 것 같아. 동글동글한 모양으로 하는 게 좋겠어.

**기획자 겸 개발자**

으응, 이펙트도 얘네 북미 타입보다는
뭔가 축포 느낌으로 팡팡 터지는 느낌이 좋을 것 같아.

**디자이너**

좋아, 시안 뽑아서 보여줄게.

**기획자 겸 개발자**

우왕 귀여운데? 별이 터지는 느낌도 괜찮고.
비주얼드 스리 매치로직은 이미 게임성이
검증되어 있어서 기본적인 재미는 있어.
(1. 게임 플레이가 재미있다. - 만족)

**디자이너**

폭탄을 넣으면 더 재미있을 것 같아서 넣었어.

**기획자 겸 개발자**

재미있을 것 같네. 근데 뭐가 좀 부족한 것 같아.
이런 게임은 금세 질리기 마련이라서
몇 판 하는 건 재미있지만, 한 달 두 달 세 달 계속 할까?

**디자이너**

뭐, 잠깐 잠깐 심심풀이로 하긴 할 듯.
친구들끼리 내기 해도 좋을 것 같고.

**기획자 겸 개발자**

오, 그거 좋은 생각인데? 친구들끼리 랭킹을 넣자!

**디자이너**

에이, 귀찮게. 또 그려야 하잖아.

음 나도 구현해야 한다고, 안 넣으면 편하긴 하지.
근데 게임이 재미없을 듯. 그럼 망할 듯.
서버 구현도 해야 한단 말이야. 흑흑 서버 구현 어려움 ㅠㅠ

기획자 겸 개발자

오옷, 랭킹이다! 이제 좀 오래 즐길 수 있을 것 같아!"
(2. 즐길 수 있는 콘텐츠의 지속성과 유저 성장 - 만족)

디자이너

카카오톡 붙인다고 했지?
요새 내가 페이스북 게임을 많이 하는데 친구 초대 시스템 괜찮더라.
친구 초대하면 게임 플레이할 수 있는 재화를 주는 식이야.

기획자 겸 개발자

오웅 그랭? 그러면 이렇게 부분유료화는 어떨까?
게임 플레이를 할 수 있는 하트라는 재화를 5개를 주고 5판 다하면
10분에 1개씩 하트가 차게 하는 거야.
그러면 공짜로 즐기고 싶은 사람은 천천히 기다리면서 할 것 같고,
성격이 급한 사람은 결제해서 하트를 사겠지.
그리고 공짜로 즐기고 싶은데, 성격이 급한 사람은
카카오톡으로 게임에 초대 메시지를 보내면,
하트 1개씩을 주는 시스템을 도입하는 거야.

디자이너

돈 내기 싫으면 친구를 초대해라?

기획자 겸 개발자

그럼 굳이 그 유저가 매출이 되지 않더라도,
그 유저가 다른 유저를 데리고 오면,
또 그 유저가 다른 유저를 데리고 오지!
바로 네트워크 마케팅이야! 다단계!
(3. 부분 유료화 모델이 잘 되어 있고, 재화 획득/ 소진의
결제 순환 구조가 잘 되어 있다. - 만족)

디자이너

우와 좋은 생각이야!

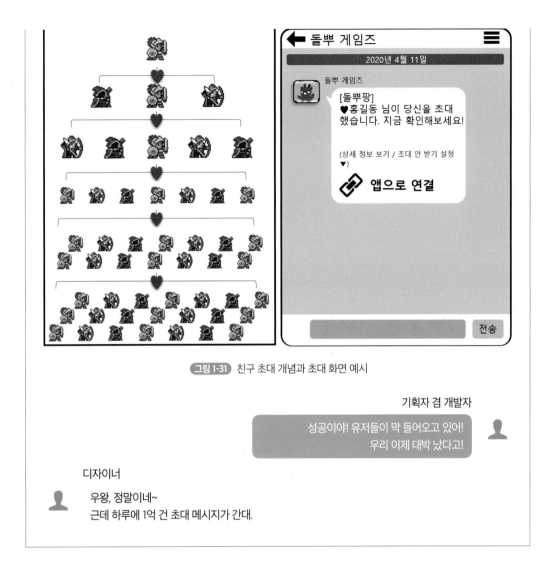

그림 1-31 친구 초대 개념과 초대 화면 예시

기획자 겸 개발자

성공이야! 유저들이 막 들어오고 있어!
우리 이제 대박 났다고!

디자이너

우왕, 정말이네~
근데 하루에 1억 건 초대 메시지가 간대.

동물팡은 앞서 말한 온라인 게임의 핵심 코어 3가지를 만족하며 기획되었다고 볼 수 있습니다.

## [온라인 게임의 핵심 코어 3가지]

1. 게임 플레이가 재밌다.
2. 즐길 수 있는 콘텐츠의 지속성과 유저 성장 (한 달 정도 가지고 놀 수 있다)
3. 부분유료화 모델이 잘 되어 있고, 재화 획득/소진의 경제 순환 구조가 잘 되어 있다.

앞의 내용을 만족하고 있는 동물팡의 시스템을 목차로 정리한다면 다음과 같습니다.

## [동물팡]

1.게임소개
2.로딩화면
2.게임 플레이 - 여기에 게임 룰과 UI가 들어감
3.랭킹 시스템
4.초대 시스템 / 하트 시스템
5.소모품 상점
6.옵션
7.수신함
8.출석 체크 이벤트
9.유료 상점 (코인 구매/토파즈 구매)

이해를 돕기 위해 온라인 게임의 핵심 코어 3가지부터 알려드렸습니다. 하지만 보통 게임 아이디어를 위와 같이 목차로 정리해놓고, 내용을 채우면 그것이 게임 기획서가 됩니다.

# 9

# 게임 UI를 기획할 때
# 고려할 점

## 1) UI기획

### 1. UI와 UX

UI는 스마트폰 게임에서 매우 중요합니다. 스마트폰 게임은 화면이 작은 만큼 플레이에 제약이 따르기 때문입니다. UX는 UI와 개념이 혼동되지만 쉽게 생각하면 User Experience, 즉 사용자 경험을 좋게 만드는 것일 뿐입니다. 한마디로 쓰기 편한 UI를 만들면 되는 것입니다. 쓰기 편한 UI를 만들면 어떻게 해야 할까요?

가장 좋은 방법은 이미 서비스되고 있는 다른 게임의 UI를 참고하는 것입니다.
많이 참고하다 보면 일정한 패턴을 발견할 수 있습니다. 즉 좋은 유저 경험을 주는 UI와 좋지 않은 유저 경험을 주는 불편한 UI를 가려낼 수 있습니다. 스마트폰 게임은 역사가 짧기 때문에 UI도 계속 진화하고 있습니다.

다음의 예를 살펴봅니다.

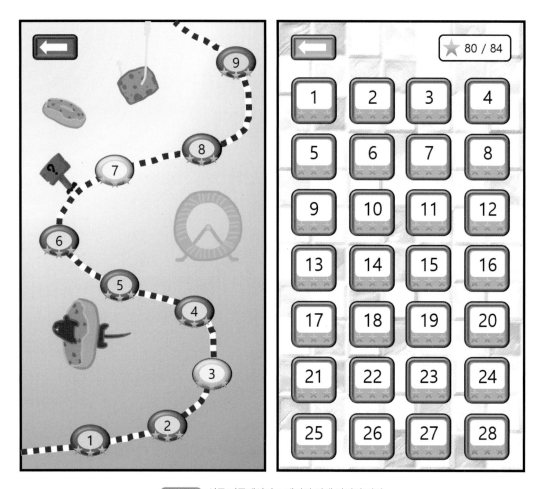

그림 1-32 싱글 퍼즐게임의 스테이지 선택 화면의 진화

2011년까지만 해도 스테이지 방식의 퍼즐 게임은 오른쪽의 스왐피와 같은 버튼식 UI를 많이 썼습니다. 앵그리버드가 스마트폰 초기 히트작이었기 때문에 많은 게임들이 앵그리버드의 스타일을 비슷하게 따라 했습니다. 우측 방식은 2011년의 트렌드였지만 최근의 스테이지 방식 퍼즐게임은 우측 방식을 잘 쓰지 않습니다.

왜냐하면 최근의 스테이지 방식 퍼즐게임은 싱글 플레이만 즐기는 기능이 들어가는 경우는 많이 없고, 대부분 페이스북 친구나, 카카오 친구, 라인 친구 등 소셜 플랫폼 친구와 경쟁하는 기능이 들어가서, 길 따라 길게 가는 스타일의 UI를 많이 쓰게 되었기 때문입니다.

버튼 형식의 UI에서 이미 쓰던 방식인 숫자나, 별1개 /2개/ 3개로 클리어하는 방식은 유지하고 있습니다. 하지만 추가된 것은 친구의 사진을 붙여서 친구보다 더 멀리 가고 싶은 목적성을 강화하였습니다.

아직 클리어하지 못한 스테이지는 좀 더 비주얼적으로 보여주고, 길 옆의 풍경을 통해 게임에 좀 더 감성적인 몰입을 할 수 있다는 점이 추가되었습니다.

이렇게 UI는 기능적인 면도 중요하지만, 감성적인 면을 어떻게 전달해야 하는 것도 중요하게

고려되어야 합니다. UI 기획이 아닌, 그래픽적인 영역 이야기를 좀 하자면, 게임 오브젝트와 UI 이미지와의 통일성, 어울림도 중요합니다.

그래서 경력이 있는 베테랑 UI 디자이너들은 게임에 들어가는 오브젝트 리소스에서 색을 추출해서 UI 디자인을 할 때 그 색을 그대로 쓰기도 합니다. 전체 디자인 측면에서 색감이 같아야 전체 게임이 어우러져 보이기 때문입니다. 따라서 UX는 편의성뿐만 아니라 감성적인 면도 고려되어야 한다고 생각합니다.


## [불필요한 클릭 수 , 뎁스(Depth)를 줄이자]

UI 기획에서 중요한 것이 불필요한 뎁스를 줄이는 일입니다. 뎁스(Depth)라는 것은 사용자가 원하는 기능을 접하기까지 UI 버튼을 누르는 횟수를 말합니다. 뎁스가 많다는 것은 UI버튼을 누르는 횟수가 많아서 너무 깊이 들어간다는 말과 비슷하게 쓰입니다.

유저가 원하는 기능을 접하기까지 최대한 터치 단계를 줄여야 편의성이 높아질 수 있습니다.

될 수 있으면 팝업을 최대한 덜 띄우는 것이 좋고, 하나하나씩 다 눌러서 피곤함을 느끼게 하는 것보다는 한 번에 편하게 할 수 있는 UI가 좋은 UI입니다.

예를 들어 팜빌과 Hay Day의 수확 시스템을 비교해봅니다.

작물 심기

수확

폐기

**그림 1-33** SNG의 초기의 수확 시스템. 하나하나 심고 하나하나 수확해야 한다

문질러서 한 번에 수확!

**그림 1-34** 진화한 수확 시스템. 화면에 낫이 하나 나오고 손가락으로 낫을 휙휙 긋기만 하면 된다

SNG의 초기 모델인 팜빌은 땅을 하나하나 클릭해서 수확하는 방식이었다면,
여기서 진화한 Hay Day는 농작물에 손가락을 갖다 대면 낫이 하나 나오는데, 화면을 쓱쓱 문
지르기만 해도 농작물이 후두둑 베어지며, 자동으로 밭에 떨어지고, 수확이 됩니다.

팜빌에서 밭이 100개이면 100번 클릭해야 할 것을 Hay Day에서는 1번으로 줄인 것입니다.
너무 복잡한 구조로 UI구조를 설계하면 유저가 쓸데없이 할 일이 많아집니다. 물론 반복 노가

다도 게임 재미의 하나이기도 하지만, 너무 큰 노가다가 이어지면 유저는 짜증을 냅니다. 이 때문에 최대한 팝업이 여러 개 뜨는 것을 막고 뎁스를 줄이려는 노력이 중요합니다.

한번 봤을 때 직관적으로 한눈에 기능을 파악할 수 있도록 합니다.

UI구성에서 중요한 것은 UI를 적게 터치하게 하는 것도 중요하지만, 각 게임 요소의 배치가 한눈에 알아보기 쉽게 되어야 한다는 점입니다.

굳이 튜토리얼이 필요 없어도, UI의 모양만 보고 짐작만으로 어떤 기능인지 유저가 쉽게 파악이 되고, 게임 플레이를 할 때 헤매지 않는 것이 가장 좋은 UI라고 할 수 있습니다.

아래는 같은 카드 합성 시스템을 가진 데빌메이커와 브레이브 프론티어의 예를 든 것입니다.

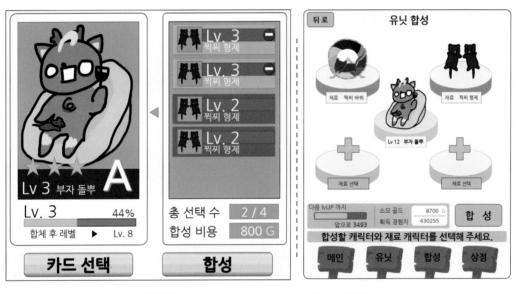

**그림 1-35** 카드 게임의 초기 합성 UI, 재료 카드는 사라진다

데빌메이커의 경우 확산성 밀리언 아서나 바하무트류의 정통 카드 게임이며, 카드게임의 초기의 카드 합성 UI가 들어가 있습니다. 개념은 카드를 합성하여 먹이로 먹이면 재료카드는 사라지고 기준이 되는 베이스 카드가 레벨이 올라 더 강해지는 개념입니다. 브레이브 프론티어의 경우 퍼즐앤 드래곤(퍼즐 도라)의 합성 시스템의 UI를 그대로 가져왔습니다. 퍼즐앤 드래곤 또한

일본식 카드 게임에서 진화했으므로 앞서 말한 모든 게임이 똑같은 카드 합성 시스템을 가지고 있다고 봐도 좋습니다.

하지만 두 UI구성은 큰 차이를 보입니다. 좌측 데빌메이커의 UI는 카드의 이미지를 크게 둬서 베이스 카드를 강조했고, 우측의 재료는 작게 보입니다. 또한 재료가 리스트 형태로 되어 있습니다.

우측의 브레이브 프론티어 합성 UI 는 가운데에 베이스 캐릭터가 자리 잡고 있고 빈 슬롯 5개가 있습니다. 필자는 개인적으로 브레이브 프론티어의 합성 UI가 더 직관적이라고 생각합니다.

왜냐하면 빈 슬롯 5개를 무의식적으로 채워야 한다고 생각하고, 눌러보기 때문이고, 똑같은 크기로 캐릭터가 존재하고 있기 때문에 이것이 합성하는 기능이구나(중심점으로 모이는구나!)라고 생각하기 더 쉽습니다. 스크롤 기능은 편의성이 높지만 잘못 쓸 경우에 좋지 않습니다.

스마트폰의 초기 RPG는 스크롤 기능을 많이 썼습니다. 터치로 스크롤하는 기능이라는 것 자체가 PC에서 쓸 수 없는 스마트폰 기능이었기 때문에 개발자들이 더 많이 쓰려고 노력한 점도 있습니다. 스크롤을 하면 작은 화면의 제약도 어느 정도 해결할 수 있기 때문입니다.

하지만 스크롤을 써서 좋을 때도 있지만 스크롤 기능을 잘못 쓰면 오히려 좋지 않을 때도 있습니다.

게임 시스템이 완벽하게 같지 않지만 초기 스마트폰 게임인 인피니티 블레이드는 장비의 장착과 해제, 되팔기를 심플하게 하려는 의도였는지, 상점의 모든 화면을 전체 스크롤 UI로 처리했습니다.

하지만 한 번에 1개씩의 장비만 보이게 되어서, 내가 어떤 장비를 보유하고 있는지 한눈에 알 수 없고, 한참 스크롤을 해서 찾아야 하는 불편함이 있었습니다.

그에 비해 최신 모바일 게임은 시스템이 복잡하지만 내가 어떤 것을 어디에 장착했는지 한눈에 볼 수 있고, 내가 가지고 있는 장비가 무엇인지 나옵니다. 또한 되팔기도 전체 팔기 버튼이 있어, 인피니티 블레이드처럼 하나하나 선택해서 팔아야 하는 불편함을 덜어주고 있습니다.

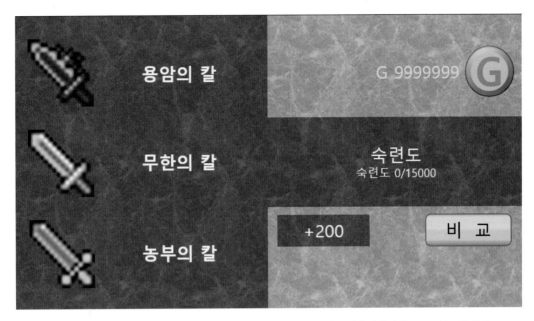

스마트폰 초기 인기 액션 게임이었던 인피니티 블레이드와 유사한 장비 관리 UI, 스크롤 UI를 썼다

또한 새로운 장비에 붙는 태그인 N이라는 표시를 통해 어떤 것이 새로 얻은 장비인지도 알려주고 있습니다. 이처럼 UI 설계는 많은 기능을 넣더라도 유저에게 어떻게 직관적이고 심플하게 정보를 전달하고, 게임 플레이 시, 불편하지 않게 하는 것을 고려해야 합니다.

가장 좋은 방법은 여러 가지 게임을 많이 플레이해 보고 많은 게임들의 UI의 스샷을 찍어두어, 각 게임의 장점을 파악하여 합치는 방법을 추천합니다.

# 10
# 게임 시스템, 룰 기획

**[게임 시스템 기획 VS 게임 콘텐츠 기획]**

게임 시스템, 룰 기획은 게임 기획에서 물고기의 뼈대를 세우는 것과 같습니다. 그만큼 중요하고 핵심적인 작업이라고 볼 수 있습니다. 게임 시스템, 룰 기획을 제대로 하면, 메인 기획을 할 수 있는 것과 같습니다.

그럼 본격적으로 들어가기 위해, 게임 시스템 기획, 게임 규칙 기획, 게임 콘텐츠 기획의 차이점을 알아봅니다.

## 1) 게임 시스템 기획

쉽게 말해 게임을 물고기에 비유하면 게임 시스템 기획은 물고기의 뼈대입니다. 그런데 게임 시스템 기획은, 게임 규칙 기획을 품고 있다고 할 수 있습니다.

1인 플레이의 액션 MO RPG게임을 예를 들어 보면 머리가 전투 시스템, 눈이 스테이지 구조, 잔뼈가 아이템 강화 시스템, 척추가 캐릭터 능력치와 성장 시스템, 꼬리가 친구/소셜 시스템 이라고 생각해봅니다.

이것들이 뼈대라고 한다면 각각의 머리 / 눈 / 척추 / 잔뼈 /꼬리들이 가만히 있는 것이 아니라 각각 잘 움직여야 합니다. 이것을 게임 규칙이라고 생각합니다.

또한 각각의 게임 시스템과 규칙들이 따로 노는 게 아니라, 전체 물고기의 모습에 맞게 유기적으로 잘 융합해야 할 것입니다. 이것을 게임 전체 구조라고 합니다.


### <물고기> - 게임

<게임 시스템> - 게임 시스템

1) 머리 - 전투 시스템
2) 눈 - 스테이지 구조
3) 잔 가시 - 아이템 강화 시스템
4) 척추 - 캐릭터 능력치와 성장 시스템
5) 꼬리 - 친구/소셜 시스템

<게임규칙> - 물고기 뼈대를 움직이게 하는 것
<전체 구조> - 전체 물고기의 모양

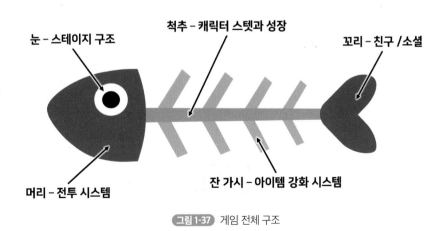

그림 1-37 게임 전체 구조

여기서 한 가지 더 알아둘 점이 있습니다. 앞에서 UI기획에 대해 설명하였는데, 게임 시스템 기획은UI 기획과 따로 떨어져 있는 것이 아닌 한 몸입니다. 굳이 억지로 비유하자면 게임 UI기획-물고기의 피부라고 합니다. 따라서 아래와 같은 그림이라고 생각하면 됩니다.

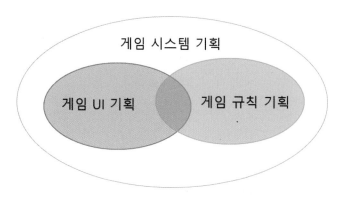

**그림 1-38** 게임시스템 기획은 게임 UI기획과 , 게임 규칙 기획을 품고 있는 것

게임 시스템 기획은 게임 UI기획과 , 게임 규칙 기획을 품고 있는 것이고, 게임 UI와 게임 규칙도 떨어져 있는 것이 아니라 밀접한 관련이 있습니다.

## 2) 게임 콘텐츠 기획

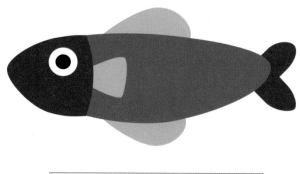

| &lt;게임 시스템&gt; | - 물고기 뼈대 |
| &lt;게임 규칙&gt; | - 물고기 뼈대를 움직이게 하는 것 |
| &lt;전체 구조&gt; | - 물고기의 모양 |

**그림 1-39** 시스템 기획이 물고기의 뼈대라면 콘텐츠 기획은 물고기의 살

그렇다면 게임 콘텐츠 기획은 도대체 무엇일까요?

앞서 게임 시스템, 게임 규칙들이 물고기의 뼈대와 그것을 움직이게 하는 것이라면, 게임 UI 기획을 물고기의 피부 (SKIN)라고 비유를 한다면,  게임의 시스템 기획은 물고기의 뼈, 콘텐츠 기획은 물고기의 살 부분이라고 할 수 있습니다.

가장 쉽게 이해하자면 퀘스트를 예를 들어 퀘스트 UI와 퀘스트 규칙 기획을 합치면 퀘스트 시스템 기획이 되고, 퀘스트 리스트를 여러 개 만들어내는 것은 콘텐츠 기획의 영역이라고 볼 수 있습니다.

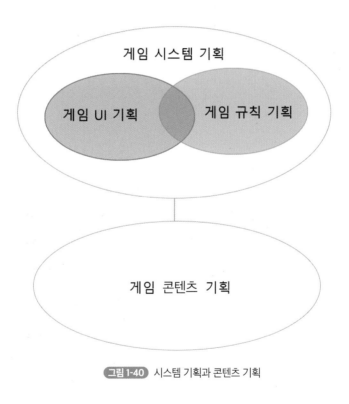

**그림 1-40** 시스템 기획과 콘텐츠 기획

게임 콘텐츠 기획이 뼈대가 아닌 살이긴 하지만 주의할 점은 게임 시스템 기획을 게임 콘텐츠 기획이 싸고 있는 것이 아니라, 게임 시스템이 부모, 게임 콘텐츠 기획이 자식의 관계라는 것입니다. 따라서 게임 시스템 기획이 먼저 잡혀야 그에 해당하는 게임 콘텐츠 기획을 할 수 있습니다.

## [미리 그려둔 UI에 게임 시스템을 그냥 합체시켜 보자]

어떻게 해야 할지 감이 오지 않는다면 생각한 게임 시스템을 그림으로 먼저 그려보고, 다시 생각해보고 발전시켜 보는 방법이 있습니다.

일단 무작정 생각하고 있는 UI를 손 그림으로 종이에 그려보고 파워포인트에 우선 넣어봅니다. 그림을 먼저 그리느냐, 텍스트로 게임 시스템 기획을 먼저 하느냐는 독자의 선택에 달려 있습니다.

처음부터 파워포인트에 본 작업을 하지 말고, 텍스트로 우선 이 시스템에 어떤 내용이 들어갈 것인지 간략하게 정리한 후 예시 UI를 손 그림으로 그려보고, 수정해간다면 본 작업을 하면서 수정해야 할 작업 공수를 크게 줄여 줍니다.

필자의 스타일은 그림을 먼저 그려 놓고 하는 편이 편해서, UI를 우선 손 그림으로 다 그려 놓고, 게임 규칙 기획을 따로 해서 두 가지를 합치는 것을 선호하는 편입니다. 나중에 게임 규칙을 만들고 정리하면서 UI를 다시 수정하기도 합니다. 이렇게 하는 이유는 UI를 먼저 그려 놓으면 게임 규칙을 생각하고 정리하는 것이 더 수월하기 때문입니다.

앞서 말했듯이 게임 시스템 기획 = 게임 UI 기획 + 게임 규칙 기획이므로 게임시스템 기획을 하려면 이 둘을 동시에 진행하든, 무엇을 먼저 하든 일단 2개를 다 만들어야 합니다.

일단 먼저 시스템 기획을 할 때의 순서 (꼭 이렇게 할 필요는 없지만 이렇게 하면 정리가 잘 되고 편합니다) 를 아래 그림을 통해 확인합니다.

게임 기획을 처음 하는 사람이라면 게임 규칙을 어떻게 기획해야 하는지 막막할 것입니다.

게임 규칙은

(1)  게임 시스템 정의
(2)  게임 시스템 구성
(3)  세부 내용 기획

으로 정리하면 편합니다.

게임 시스템 기획 = 게임 규칙 기획 + UI 기획

- 게임 규칙 기획을 미리 그려둔 UI 시안에 합체시키자!
- 게임 규칙 기획은 아래의 순서에 따른다
- 1) 정의 → 2) 구성 → 3)상세

그림 1-41 시스템 기획을 할 때의 순서

## (1) 게임 시스템 정의

정의란? 어떠한 개념의 의미를 규정하는 것을 뜻합니다. 게임 시스템 정의는 말 그대로 게임 시스템에 대한 개념의 의미를 규정하는 것입니다. 아래는 건물을 건설하고 자원을 생산시켜 아군 진영을 성장시키고 다른 진영과 전투해야 하는 웹 시뮬레이션 게임의 각 건물에 대한 정의 예시입니다.

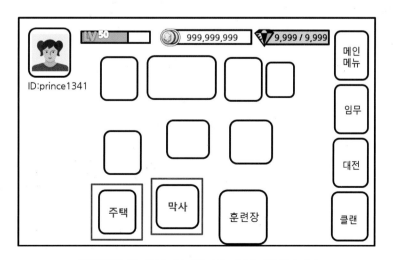

그림 1-42 웹 시뮬레이션 게임의 각 건물에 대한 정의 예시

(1) 막사: 막사는 레벨을 올리면 전체 레벨이 올라가게 됩니다. 막사에서는 일정 쿨타임을 가지고 세금 징수를 할 수 있고, 주택을 건설하면 세금을 더 많이 걸을 수 있습니다.

(2) 주택: 주택을 건설하면, 세금을 더 많이 징수할 수 있습니다. 주택 레벨을 올려도 세금을 더 많이 징수할 수 있습니다.

이런 식인 것입니다. 세세한 게임 규칙 레벨까지는 보통 들어가지 않고, 게임 소개하는 것처럼, 이 시스템이 어떤 개념인지 명확하게 정의하고, 설명해주는 것이 "정의"의 영역입니다. 만약 선풍기 설명서를 만든다면 "선풍기 소개"정도가 될 것입니다.

## (2) 게임 시스템 구성

게임 시스템 구성에서는 정의 레벨에서 한 단계 하위 개념으로 내려가서 막사라는 시스템에는 어떤 어떤 것들이 있는지에 대해 설명해줍니다. 상세한 게임 규칙과 UI에서 어떤 버튼을 터치하면 어떤 일이 일어나는지에 대한 화면의 기능을 설명하는 내용입니다.

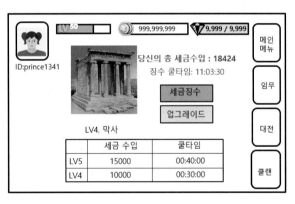

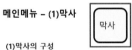

**메인메뉴 – (1)막사**

**(1)막사의 구성**

- 메인 메뉴에서 막사를 누르면 막사 메뉴로 이동할 수 있다.

- 막사는 레벨을 올리면 전체 레벨이 올라가게 된다.
  **(MAX 50LV)**
  막사에서는 일정 쿨타임을 가지고 세금 징수를 할 수 있고
  (최소 . 10분에 한번씩. 10분에 한번씩 실시간으로
  세금이 쌓이고 일정 금액이 쌓이면 더 올라가지 않음)
  주택을 건설하면 세금을 더 많이 걸을 수 있다.
  막사 업그레이드를 시행하면 경험치가 찬다.
  경험치는 임무와, 대전 업그레이드로 얻을 수 있다.

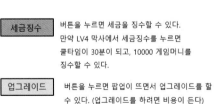

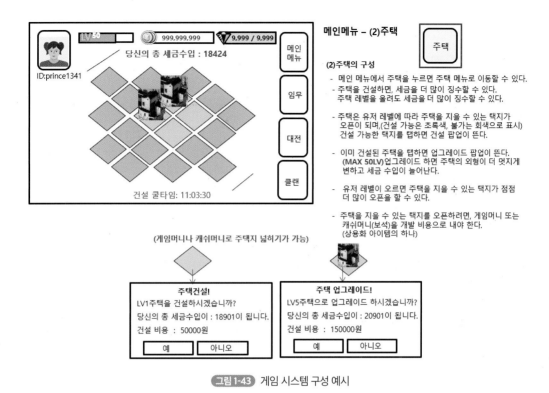

**그림 1-43** 게임 시스템 구성 예시

## (3) 세부 내용

세부 내용에서는 디테일 2단계에서 드러나지 않는 부분의 가장 하위 레벨까지 정리해 줍니다. 예를 들어 막사에서는 레벨에 따른 세금 수입과 쿨타임에 대한 수치 테이블이 기획서에는 없는데, 이것을 엑셀로 작업해서 데이터 테이블을 만들어서 문서에 첨부해 줍니다. 또한 앞서 설명했던, 화면 기능에 대해, 이해를 돕기 위한 플로우 차트를 작성합니다.

또한 네트워크가 WIFI환경과 셀룰러데이터 환경을 왔다 갔다 하다가 끊어지는 경우(예를 들어 지하철에서 역을 지나가는 경우)에 캐쉬 아이템 결제 실패나, 실시간 대전 중 네트워크 중단 현상이 일어났을 때 그 다음에는 어떻게 처리를 해주는지 예외 처리 정리에 대한 항목도 세부 내용에 해당합니다.

아래는 레벨에 따른 세금 수입과 쿨타임에 대한 수치 테이블의 예시입니다.

| 레벨 | 세금수입 | 쿨타임(분) |
|---|---|---|
| 1 | 10 | 1 |
| 2 | 12 | 1 |
| 3 | 14 | 2 |
| 4 | 17 | 2 |
| 5 | 21 | 3 |
| 6 | 25 | 4 |
| 7 | 30 | 5 |
| 8 | 36 | 6 |
| 9 | 43 | 8 |
| 10 | 52 | 11 |
| 11 | 62 | 14 |
| 12 | 74 | 18 |
| 13 | 89 | 23 |
| 14 | 107 | 30 |
| 15 | 128 | 39 |
| 16 | 154 | 51 |
| 17 | 185 | 67 |
| 18 | 222 | 87 |
| 19 | 266 | 112 |
| 20 | 319 | 146 |

[표 7 레벨에 따른 세금 수입과 쿨타임에 대한 수치 테이블의 예시]

만약 우리가 퀘스트 기획을 한다고 하면, 수백 개의 퀘스트를 만들어내기 위한 재료들, 즉 퀘스트 타입을 먼저 정리하고 구현해야 할 것입니다. 이렇게 퀘스트 타입을 정리하고, 퀘스트 UI를 작성하고, 퀘스트에서 구현되어야 하는 규칙과 기능을 기획하는 것이 시스템 기획입니다. 이것을 기반으로 이후에 퀘스트를 많이 만들어내는 것을 콘텐츠 기획이라고 합니다.

## 전체 퀘스트 타입

| 대분류 | 중분류 | 퀘스트 타입 |
|---|---|---|
| 전투 | 시나리오 모드 | N 에피소드 모든 스테이지 클리어 |
| | | N 에피소드 모든 스테이지 별등급 3으로 클리어 |
| | 대전 | 대전 N등 달성 |
| | | 대전 N승 달성 |
| | 몬스터 | 몬스터 N 마리 처치 |
| | | 보스 N 마리 처치 |
| | 추가 모드 | 요일 던전 N회 클리어 |
| | 튜토리얼 | 전투 튜토리얼 완료 |
| 성장 | 장비 | 장비 레벨업 N회 성공 |
| | | 특정 장비 한계돌파 N회 |
| 성장 | 캐릭터 | 캐릭터 진화 N회 성공 |
| | | 특정 캐릭터 한계돌파 N회 |
| | 아이템 획득 | 골드 N 획득 |
| | | N성 이상 무기 아이템 N개 획득 |
| 소셜 | 소셜 활동 | 친구 N명 초대 |
| | | 우정 포인트 N회 선물하기 |

## 보상 종류

| 분류 | 보상 |
|---|---|
| 재화 | 골드 (게임머니) |
| | 크리스탈 (유료재화) |
| | 스태미나 (입장재화) |
| | 1~3성 무기 뽑기권 |
| | 2~3성 무기 뽑기권 |

| | 1성 캐릭터 뽑기권 |
| :---: | :---: |
| | 2성 캐릭터 뽑기권 |
| | 3성 캐릭터 뽑기권 |
| 뽑기권 | 1~2성 캐릭터 뽑기권 |
| | 1~3성 캐릭터 뽑기권 |
| | 2~3성 캐릭터 뽑기권 |
| 레벨업 재료 | 방어구 레벨업 재료 1단계 |
| | 방어구 레벨업 재료 2단계 |

[표 8 퀘스트 타입과, 보상종류를 정리한 표 예시 - 시스템 기획]

## 퀘스트 리스트

| 퀘스트<br>번호 | 분류 | 타이틀 | 퀘스트 오픈 조건 | 퀘스트<br>오픈 조건 값 |
| :---: | :---: | :---: | :---: | :---: |
| 1001 | 전투 | 1 에피소드 모든 스테이지 클리어 | - | - |
| 1002 | 전투 | 2 에피소드 모든 스테이지 클리어 | 이전 퀘스트 클리어 | 1001 |
| 1003 | 전투 | 1 에피소드 모든 스테이지 3등급 으로 클리어 | - | - |
| 1004 | 전투 | 2 에피소드 모든 스테이지 3등급 으로 클리어 | 이전 퀘스트 클리어 | 1003 |
| 1005 | 전투 | 일반 스테이지 30회 클리어 | - | - |
| 1006 | 전투 | 일반 스테이지 50회 클리어 | 이전 퀘스트 클리어 | 1005 |
| 1007 | 전투 | 일반 스테이지 100회 클리어 | 이전 퀘스트 클리어 | 1006 |
| 1008 | 전투 | 몬스터 1000마리 처치 | - | - |
| 1009 | 전투 | 몬스터 5000마리 처치 | 이전 퀘스트 클리어 | 1008 |

## 퀘스트 리스트

| 퀘스트 번호 | 설명 텍스트 | 퀘스트 타입 | 달성 조건 수치 | 보상 종류 | 보상 수량 |
|---|---|---|---|---|---|
| 1001 | 1 에피소드의 모든 스테이지 클리어 | N 에피소드 모든 스테이지 클리어 | 10 | 크리스탈 | 5 |
| 1002 | 1 에피소드의 모든 스테이지 클리어 | N 에피소드 모든 스테이지 클리어 | 10 | 크리스탈 | 10 |
| 1003 | 1 에피소드의 모든 스테이지 3성 클리어 | N 에피소드 모든 스테이지 3성 클리어 | 10 | 크리스탈 | 10 |
| 1004 | 2 에피소드의 모든 스테이지 3성 클리어 | N 에피소드 모든 스테이지 3성 클리어 | 10 | 우정포인트 | 50 |
| 1005 | 스테이지 30회 클리어 | 스테이지 N회 클리어 | 30 | 무기 뽑기권 | 2 |
| 1006 | 스테이지 50회 클리어 | 스테이지 N회 클리어 | 50 | 방어구 뽑기권 | 2 |
| 1007 | 스테이지 100회 클리어 | 스테이지 N회 클리어 | 100 | 캐릭터 뽑기권 | 2 |
| 1008 | 몬스터를 1000마리 처치 | 몬스터 N 마리 처치 | 1000 | 크리스탈 | 3 |
| 1009 | 몬스터를 5000마리 처치 | 몬스터 N 마리 처치 | 5000 | 크리스탈 | 6 |
| 1010 | 보스를 25마리 처치 | 보스 N 마리 처치 | 25 | 크리스탈 | 4 |

[표 9 퀘스트 리스트의 데이터 테이블 구조를 정리한 예시]

## 대사 리스트

| 에피소드 번호 | 스테이지 번호 | 연결된 퀘스트 번호 | 대사 번호 | 캐릭터 이름 | 캐릭터 위치 | 감정 | 대사 | 배경 | 대사 등장 시점 |
|---|---|---|---|---|---|---|---|---|---|
| 1 | 1 | | 10001 | 캐릭터1 | 우측 상단 | 디폴트 | 좋은 날입니다! | 해변 | 전투 시작 시 |
| 1 | 1 | | 10005 | 캐릭터3 | 우측 상단 | 즐거움 | 내일의 날씨는 어떨까요? | 해변 | 보스 등장 시 |
| 1 | 1 | | 10006 | 캐릭터1 | 우측 상단 | 걱정 | 강적이군! | 해변 | 보스 등장 시 |

| | | | | | | | | | |
|---|---|---|---|---|---|---|---|---|---|
| 1 | 1 | | 10007 | 캐릭터2 | 좌측 하단 | 슬픔 | 기꺼이 묘지를 장식하지, | 해변 | 전투 끝날 때 |
| 1 | 2 | | 10008 | 캐릭터2 | 와측 하단 | 화남 | 오늘 날씨는 맑군요! | 해변 | 전투 시작 시 |
| 1 | 2 | | 10009 | 캐릭터3 | 우측 상단 | 즐거움 | 해변에서의 피크닉이군요! | 해변 | 전투 시작 시 |
| 1 | 2 | | 10010 | 캐릭터1 | 우측 상단 | 걱정 | 바비큐 거리인가? | 해변 | 보스 등장 시 |
| | | 1001 | 10012 | 캐릭터3 | 우측 상단 | 즐거움 | 오늘은 어떤 일이 일어날까요? | 깊은 숲 속 | 퀘스트 시작 시 |
| | | 1001 | 10013 | 캐릭터1 | 우측 상단 | 걱정 | 오늘 날씨는 맑군요! | 깊은 숲 속 | 퀘스트 시작 시 |
| | | 1001 | 10014 | 캐릭터2 | 좌측 하단 | 슬픔 | 내일의 날씨는 어떨까요? | 깊은 숲 속 | 퀘스트 시작 시 |

[표 10 대사 리스트의 데이터 테이블 구조를 정리한 예시. 대사가 퀘스트에도 쓰인다]

# 11

# 전체 구조도를 만들자

## 1) 전체 구조도 작성

지금까지 다룬 내용만 가지고도 기획서의 대부분의 일부를 쓸 수 있습니다. 그런데 이렇게 시스템 기획과 콘텐츠를 채워서 기획서를 완성했다고 치면, 화면이 많기 때문에 한눈에 들어오지 않을 수 있습니다. 이때 전체 시스템을 한눈에 볼 수 있도록 정리한 화면을 전체 구조도로 정리해 준다면, 문서를 보는 사람 입장에서 훨씬 더 이해하기 쉬울 것입니다.

사실 전체 구조도가 없어도 개발은 가능하고 그래픽 디자인은 가능하나, 사람의 기억이라는 게 그리 좋지 못합니다. 문서를 작성한 지 오래되고 양이 많아지면 쓴 사람도 어디에 무엇이 어떻게 있는지 기억을 잘 하지 못하기 때문입니다.

그렇다면 전체 구조도를 어떻게 만들어야 나도 기억하기 쉽고, 상대방(개발자, 디자이너, 투자자, 사장, 의사결정자)도 잘 알아보기 쉽게 만들 수 있을까요?

인간의 기억 영역은 보통 트리 구조로 되어 있다고 합니다. 그렇습니다. 바로 "트리 구조"입니다. 현재는 윈도우를 보편적으로 쓰고 있지만, 초기에 MS-DOS를 쓰던 시절에는 명령어를 타자로 쳐서, 직접 컴퓨터 시스템을 컨트롤해야 했습니다. 그때 자주 쓰던 명령어가 있습니다.

 c:/ ncd

C드라이브에서 ncd라는 명령어를 치면 다음과 같은 그림이 나왔습니다.

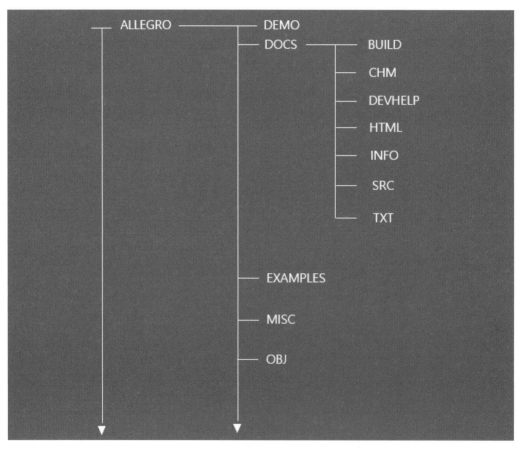

**그림 1-44** MS-DOS 시절에 NCD명령어를 치면 나오는 트리 구조

바로 이것이 트리 구조이고, 폴더와 파일의 구조로 되어 있습니다. 윈도우를 쓰는 지금도 사실 컴퓨터의 모든 저장 공간은 트리 구조로 되어 있습니다.

그림 1-45 컴퓨터를 트리 구조로 정리해보자

위의 그림은 컴퓨터의 구성요소를 트리 구조로 정리한 것입니다. 또한 사람의 머릿속 기억장치에는 여러 가지의 생각과 개념, 상상이 들어있을 것입니다. 이것들 또한 트리구조로 되어 있다고 볼 수 있습니다. 트리 구조는 큰 개념 - 중간 개념 - 하위 개념이 기억의 저장공간에 들어있다고 합니다.

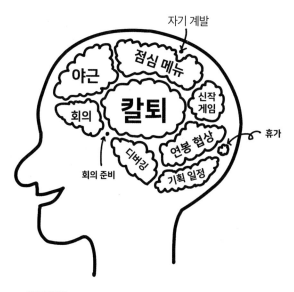

**그림 1-46** 개발자의 뇌에는 무슨 트리 구조가 들어있을까?

밀리언 체인 전투 시스템의 이미지입니다. 이와 마찬가지로 복잡하고 세세한 문서와 데이터를
트리 구조로 정리할 수 있습니다. 예를 하나 들 것인데, 일본에서 런칭한 "밀리언 체인"이라는
게임을 예를 들겠습니다. 먼저, 이 밀리언 체인이라는 게임의 시스템을 조금 살펴봅니다.

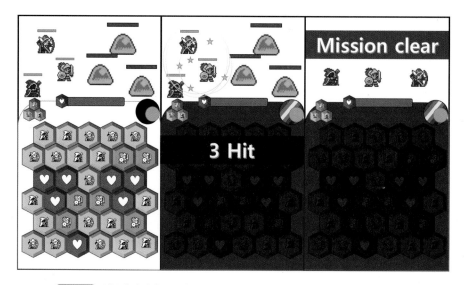

**그림 1-47** 일본에서 서비스 중인 포코팡과 같은 조작의 턴제 RPG게임 밀리언 체인- 전투

위와 같이 밀리언 체인은 아래에 나타나 있는 퍼즐을 한붓그리기로 이으면, 그 속성 색깔에 맞는 내 캐릭터가 공격하고, 상대방 캐릭터가 다시 공격하는 턴제 RPG게임입니다.

또한 밀리언 체인은 다른 일본향 카드 RPG시스템과 마찬가지로 베이스 캐릭터에 재료 캐릭터를 합성하여, 베이스 캐릭터의 레벨을 올리는 강화 합성 시스템이 있고, 캐릭터의 레벨이 일정 레벨(예를 들어 20)에 도달하여 진화 조건이 되면, 진화를 시켜 캐릭터의 별등급을 올리는 진화 시스템이 있습니다.

그렇게 강해지게 만든 캐릭터들 중에 가장 강한 5명을 선택하여 전투에 임하면 되는 게임입니다.

또한 일본게임에서 아주 일반적으로 통용되는 뽑기 시스템도 들어가 있습니다. 일본향 RPG의 시스템이 거의 천편일률적으로 위의 강화/합성, 진화, 뽑기 시스템을 많이 쓰고 있었고, 앞으로 계속해서 출시되는 게임들도 많이 쓰고 있습니다.

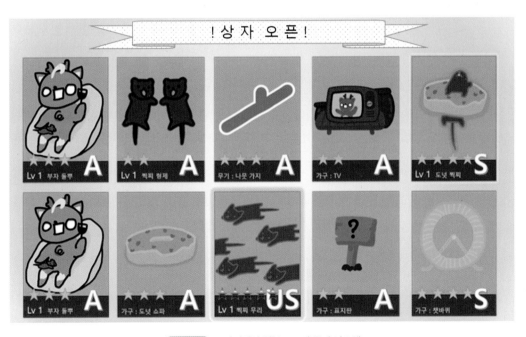

그림 1-48 교과서적인 일본 RPG의 뽑기 시스템

그렇다면, 밀리언 체인의 기획서를 모두 완성했다고 치고, 이것을 대략 구조도로 만들면 어떻게 만들 수 있을까요? 우선 큰 화면 위주로 정말 간단한 구조도를 그려 보았습니다.

**[게임구조]**

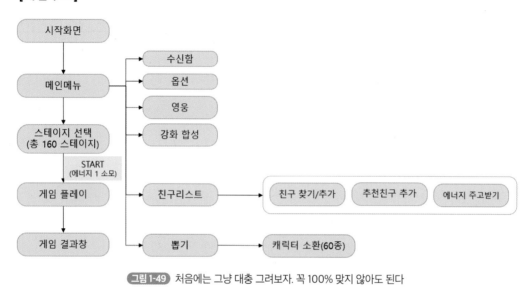

**그림 1-49** 처음에는 그냥 대충 그려보자. 꼭 100% 맞지 않아도 된다

일단 그려보니 간단하지만 그냥 대충 게임의 전체 모습이 머릿속에 그려집니다. 이 정도만 되어도 다른 사람에게 설명하기엔 무리가 없어 보입니다. 하지만 만약 개발자나 디자이너 등의 협업 실무자가 있다면, 이렇게 단순하게 그려 주는 것보다 이해를 돕기 위해서 좀 더 구조도를 세밀하게 그려 주면 좋겠습니다.

또한 재화의 흐름(재화를 어디에서 얻고, 어디에서 소모하는지)을 구조도에 포함시켜 주면 좋겠습니다. 그리고 이왕이면 각각의 구성요소가 무엇을 뜻하는지를 좀 정리를 해주면 더 좋지 않을까요?

그래서 다음과 같은 양식을 만들었습니다 . 이 양식은 필자가 스스로 고안해낸 필자만의 양식입니다.다른 분들은 꼭 이렇게 똑같이 따라 할 필요는 없습니다. 구조도를 그리는 데는 여러 가지 방법이 있습니다. 위와 같이 간단하게 웹의 사이트맵처럼 각 UI 화면만을 연결시키는 방법도 있고, 아래와 같이 유저의 행동과 UI의 상태, 유저의 행동으로 인해 변화가 있다면 그 결과물을 표현해주는 방법도 있습니다.

**그림 1-49** 위와 같이 각 박스의 상태를 존재, 상태, 행동, 결과로 나누었다. 존재라는 것은 게임 UI라고 봐도 무방하다

바로, 각 박스에 존재, 상태, 행동, 결과라는 상태값을 정의했습니다.

(1) 존재 : 해당 시스템이 존재한다는 것을 의미. 쉽게 생각하면 게임 UI라고 봐도 무방
(2) 상태 : 뭔가 행동을 해서 어떤 상태가 되었다.
(3) 행동 : 유저가 행동이 일어나는 경우
(4) 결과 : 결과가 어떻게 되었다.

그럼 이 양식을 가지고, 위의 게임 구조를 좀 더 고도화해 봅니다.

다음 그림처럼 만들면 완성입니다.

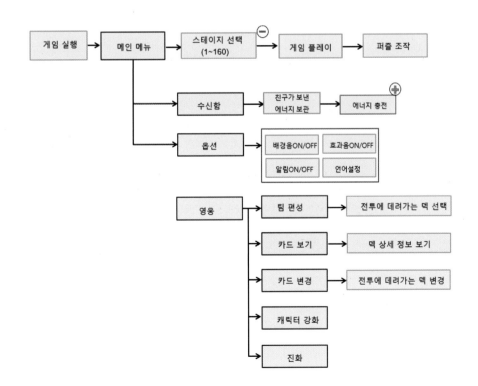

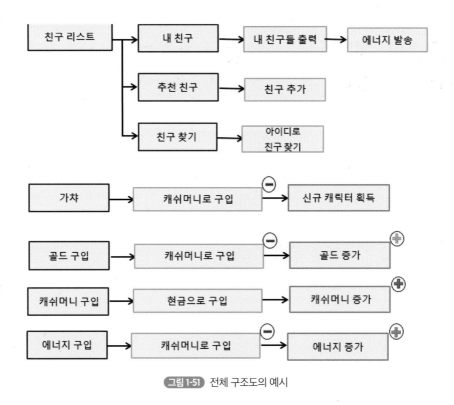

그림 1-51 전체 구조도의 예시

# 데이터 테이블,
# 밸런싱, 추가 기획

# 12

# 데이터 테이블
# 정의, 수치 작업

## 1. 데이터 테이블 정의, 수치 작업

앞에서 시스템 기획과, 전체 구조도에 대한 설명이 끝났습니다. 그런데 아직 콘텐츠 기획과 수치 작업이 남아 있습니다.

콘텐츠 기획에서는 아래와 같은 것들이 있습니다.

(1) 퀘스트 시스템에서 각 퀘스트 하나하나 네이밍, 조건, 보상 기획
(2) 각 캐릭터의 능력치와 수치 기획
(3) 장비 아이템의 수치 기획
(4) SNG에서 건물의 능력치와 수치 기획


언뜻 보기에 막막하지만 엑셀 데이터 형태로 만들면 되고, 막상 해보면 그리 어렵지 않습니다. 하지면 여기서 주의할 점이, 데이터 테이블 구조를 짤 때 최대한 관리하고 사용하기 효율적인 구조로 짜야 좋다는 것입니다. 예를 들어봅니다. 아래는 브레이브 프론티어라는 MORPG게임의 캐릭터 1명의 능력치 예시입니다.

구글에서 brave frontier wiki 라고 검색하면 http://bravefrontierglobal.wikia.com/wiki/
Brave_Frontier_Wiki 위 주소가 나오고 거기에서 캐릭터들을 선택하면 수치가 나옵니다.

부자 돌뿌

| NO | Element | Rarity | Max Lv. | Cost |
|----|---------|--------|---------|------|
| 1 | Fire | ★★ | 12 | 2 |

| | HP | ATK | DEF | REC |
|----------|------|-----|-----|-----|
| Base | 1030 | 500 | 410 | 320 |
| Lord | 1948 | 700 | 574 | 448 |
| Anima | 2031 | 700 | 574 | 426 |
| Breaker | 1948 | 722 | 552 | 448 |
| Guardian | 1948 | 678 | 596 | 448 |
| Oracle | 1915 | 700 | 574 | 481 |

| Leader Skill : Fire Spirit's Power |
|------------------------------------|
| 25% boost to Atk Power of Fire Types |

| Brave Burst : Flare Rids |
|--------------------------|
| 5 combo Fire element attack on all enemies |

| | nomal Attack | BB | SBB |
|-----------|--------------|----|-----|
| Hit Count | 3-Hit Combo | 5 | - |

Rich Dolpu, who brings up cute little
chicks. His wine is really delicious. Isn't
Dolpu really cute? Cute titles and cute
mice are truly the best. I like it very much

How to Obtain

● Starter Unit
● Honor summon
● **Bearer of the God Arms**
● **Hero of Agnl**

**그림 2-1** MORPG게임의 캐릭터 1명의 능력치 예시

위의 그림을 보면 캐릭터 1명의 HP(생명력), 공격력, 방어력, 회복력 등 능력치들이 나와 있고,
캐릭터 등급과 진화 정보, 스킬, 캐릭터 설명 등이 나와 있습니다. 캐릭터가 1명일 경우는 이렇
게 하나하나 써도 별 문제는 없습니다. 하지만 브레이브 프론티어는 캐릭터가 수십 명이 됩니
다. 캐릭터가 늘어날수록 페이지는 늘어날 것입니다. 만약 캐릭터가 수백 명이라면 수백 페이
지가 될 것입니다. 수백 페이지의 데이터를 엑셀로 작성한다고 생각해보면 매우 끔찍합니다.

따라서 다음과 같이 작성해본다면 훨씬 페이지 수를 줄이고 간결하게 작성할 수 있습니다.

왼쪽 행은 캐릭터명, 오른쪽 열은 능력치입니다.

| 번호 | 이름 | 등급 | 속성 | 최고레벨 | 코스트 | 치명타 | 골드획득 |
|---|---|---|---|---|---|---|---|
| 1 | 화검사 레이나 | 2 | 화 | 12 | 2 | 6 | 0 |
| 2 | 화검사 레이나 | 3 | 화 | 40 | 4 | 12 | 0 |
| 3 | 화검사 레이나 | 4 | 화 | 60 | 8 | 24 | 0 |
| 4 | 화검사 레이나 | 5 | 화 | 80 | 10 | 48 | 0 |
| 5 | 마법공주 아리엘 | 2 | 수 | 12 | 2 | 6 | 0 |
| 6 | 마법공주 아리엘 | 3 | 수 | 40 | 4 | 12 | 0 |
| 7 | 마법공주 아리엘 | 4 | 수 | 60 | 8 | 24 | 0 |
| 8 | 마법공주 아리엘 | 5 | 수 | 80 | 10 | 48 | 0 |

| 번호 | 이름 | 등급 | 체력 | 공격력 | 방어력 | 회복력 | 노말히트 카운트 |
|---|---|---|---|---|---|---|---|
| 1 | 화검사 레이나 | 2 | 2 | 501 | 410 | 323 | 3 |
| 2 | 화검사 레이나 | 3 | 2 | 656 | 576 | 505 | 3 |
| 3 | 화검사 레이나 | 4 | 2 | 808 | 796 | 608 | 4 |
| 4 | 화검사 레이나 | 5 | 3 | 975 | 879 | 779 | 6 |
| 5 | 마법공주 아리엘 | 2 | 1 | 505 | 335 | 499 | 2 |
| 6 | 마법공주 아리엘 | 3 | 1 | 608 | 576 | 593 | 2 |
| 7 | 마법공주 아리엘 | 4 | 2 | 837 | 644 | 860 | 4 |
| 8 | 마법공주 아리엘 | 5 | 2 | 969 | 806 | 1052 | 4 |

[표 11 유닛 테이블의 예시]

데이터를 정리할 때, 행에는 캐릭터 네이밍, 우측에는 속성으로 정리하면 캐릭터가 수백 명이 되어도 무리 없이 데이터 테이블로 정리할 수 있습니다.

이번에는 가상의 전투 공식을 만들고 대미지 처리를 어떻게 하는지 예시를 살펴봅니다.

## 전투 대미지 공식

(1) 첫 번째로 A라는 캐릭터가 B라는 캐릭터에게 대미지를 주는 것은
[(나의 공격력의 5% +(나의 공격력-상대방의 방어력)] 의 값을 적용합니다.
(여기서 나의 공격력-상대방의 방어력)값이 음수가 나올 경우 0대미지를 적용합니다.

(2) 속성 상성에 따라 (아래 표 참고) 기본 대미지에 20% 추가 대미지를 입힐 수 있습니다.(강할 경우 20% 추가 대미지, 약할 경우 기본 대미지의 80%만 들어감)

(3) 구슬 터뜨린 개수에 따라 추가 대미지가 들어갑니다. - 예를 들어 4개부터는 대미지에 계수를 곱해( 100 대미지에 1.07 곱하면 107) 계산합니다.

(4) 여기에 치명타 확률에 따라 2배 대미지가 들어갈 수도 있습니다.
(예를 들어 치명타 수치가 6이면 6% 확률로 2배 대미지가 터질 수 있음)

# 위의 공식은 이해를 돕기 위한 가상의 전투 공식이며, 실제로는 방어력과 방어율을 사용하는 전투 공식을 많이 사용합니다. 이 부분은 밸런스 부분에서 따로 설명합니다.

### 계산 순서 (1)->(2)->(3)->(4)

예를 들어 다음 표에서 화검사 레이나가 마법공주 아리엘에게 구슬 3개를 터뜨려서 노말 공격을 할 경우

### 대미지 계산은 {(700 *0.05) + 0 } = 35대미지

여기에 화속성은 수속성에 약하므로 35 대미지의 80%인 28 대미지입니다.
그런데 노말 공격에서 3번 히트를 하므로 28*3 총 84 대미지가 들어갑니다.
적의 체력이 2442이므로 2442에서 84 대미지를 빼면 적의 최종 HP가 됩니다.(2358)

| 이름 | 속성 | 치명타 | 체력 | 공격력 | 방어력 | 회복력 | 노말<br>히트<br>카운트 | 스킬<br>히트<br>카운트 |
|---|---|---|---|---|---|---|---|---|
| 화검사 레이나 | 화 | 6 | 1948 | 700 | 574 | 448 | 3 | 5 |
| 마법공주 아리엘 | 수 | 12 | 2442 | 850 | 806 | 824 | 2 | 5 |

[표 12 가상의 캐릭터 2명의 능력치 수치]

속성 상성 : 수＞화＞목＞풍＞수 , 광↔암

속성 상성(왼쪽부터) : 예- 풍은 화에 약하고, 수는 화에 강함

| | 화 | 목 | 풍 | 수 | 광 | 암 |
|---|---|---|---|---|---|---|
| 화 | - | 강함 | - | 약함 | - | - |
| 목 | 약함 | - | 강함 | - | - | - |
| 풍 | - | 약함 | - | 강함 | - | - |
| 수 | 강함 | - | 약함 | - | - | - |
| 광 | - | - | - | - | - | 강함 |
| 암 | - | - | - | - | 강함 | - |

#광과 암은 쌍 상성으로 서로에게 공격할 경우 서로 추가 대미지를 입힘

| | 계수 |
|---|---|
| 구슬 3개 | 1 |
| 구슬 4개 | 1.07 |
| 구슬 5개 | 1.09 |
| 구슬 6개 | 1.11 |
| 구슬 7개 | 1.13 |
| 8개 이상 | 1.15 |

#대미지에 위 계수를 곱합니다.

[표 13 구슬 터뜨린 개수에 따른 추가 대미지]

위와 같이 속성 상성표도 만들어주고, 전투 공식도 만들어서 계산하는 것을 예시로 들어봤습니다.

스토리 모드를 플레이한다고 했을 때, 여러 스테이지가 존재하게 될 것입니다. 각 스테이지 지역에 따른 여러 가지 수치가 필요합니다. 스테이지에 필요한 수치들을 데이터 테이블 형식으로 만들어볼 수 있습니다.

| 번호 | 지역 | 던전 | 스테이지 | 속성 | 에너지 소비 | 배틀횟수 | 경험치 |
|---|---|---|---|---|---|---|---|
| 1 | 에란스 | 모험의 시작 | 갑작스런 부탁 | 초급 | 3 | 5 | 20 |
| 2 | 에란스 | 모험의 시작 | 잃어버린 목걸이 | 초급 | 3 | 5 | 25 |
| 3 | 에란스 | 모험의 시작 | 타락한 요정들 | 초급 | 5 | 6 | 29 |
| 4 | 에란스 | 용암동굴 | 뜨거운 화염 | 화 | 3 | 5 | 32 |
| 5 | 에란스 | 용암동굴 | 이상한 표적 | 화 | 3 | 5 | 35 |
| 6 | 에란스 | 용암동굴 | 불길한 기운 | 화 | 4 | 5 | 50 |
| 7 | 에란스 | 용암동굴 | 메테오의 화신 | 화 | 5 | 6 | 65 |
| 8 | 에란스 | 키리네습지 | 숨결 얼어붙는 설원 | 수 | 3 | 5 | 35 |
| 9 | 에란스 | 키리네습지 | 물을 조종하는 자 | 수 | 3 | 5 | 40 |
| 10 | 에란스 | 키리네습지 | 얼음 위의 해적 | 수 | 4 | 5 | 53 |
| 11 | 에란스 | 키리네습지 | 용을 잡는 얼음 기사 | 수 | 5 | 6 | 83 |
| 12 | 에란스 | 미케네초원 | 어슴푸레한 숲 | 목 | 3 | 3 | 36 |
| 13 | 에란스 | 미케네초원 | 나무를 조종하는 자 | 목 | 3 | 3 | 42 |
| 14 | 에란스 | 미케네초원 | 숲의 산적 | 목 | 4 | 4 | 57 |
| 15 | 에란스 | 미케네초원 | 위험한 숲의 사냥꾼 | 목 | 5 | 5 | 84 |
| 16 | 에란스 | 바람의 언덕 | 천둥소리 들리는 습지 | 풍 | 3 | 3 | 41 |
| 17 | 에란스 | 바람의 언덕 | 번개를 조종하는 자 | 풍 | 3 | 3 | 47 |
| 18 | 에란스 | 바람의 언덕 | 습지의 공적 | 풍 | 4 | 4 | 59 |
| 19 | 에란스 | 바람의 언덕 | 천둥소리의 군사 | 풍 | 5 | 5 | 87 |
| 20 | 에란스 | 빛의 신전 | 성스러운 유적 | 광 | 4 | 4 | 44 |

| 21 | 에란스 | 빛의 신전 | 빛을 조정하는 자 | 광 | 4 | 4 | 57 |
|---|---|---|---|---|---|---|---|
| 22 | 에란스 | 빛의 신전 | 빛의 백마 | 광 | 5 | 5 | 62 |
| 23 | 에란스 | 빛의 신전 | 달밤의 춤 | 광 | 7 | 7 | 89 |
| 24 | 에란스 | 암흑의 동굴 | 사악한 저택 | 암 | 4 | 4 | 46 |
| 25 | 에란스 | 암흑의 동굴 | 어둠을 조종하는 자 | 암 | 4 | 4 | 57 |
| 26 | 에란스 | 암흑의 동굴 | 저주받은 뱀 | 암 | 5 | 5 | 65 |
| 27 | 에란스 | 암흑의 동굴 | 악마를 쓰러트리는 검 | 암 | 7 | 7 | 91 |
| 28 | 에란스 | 에란스 성 | 하늘 높이 솟은 탑 | 보스 | 5 | 7 | 90 |
| 29 | 에란스 | 에란스 성 | 화랑의 마물 | 보스 | 5 | 7 | 105 |
| 30 | 에란스 | 에란스 성 | 시련의 계단 | 보스 | 6 | 7 | 110 |
| 31 | 에란스 | 에란스 성 | 네 기둥의 압력 | 보스 | 6 | 7 | 130 |
| 32 | 에란스 | 에란스 성 | 창조된 기계의 신 | 보스 | 8 | 8 | 180 |
| 33 | 루나이 | 카간 사막 | 작렬하는 사막 | 화 | 5 | 7 | 180 |
| 34 | 루나이 | 카간 사막 | 사막의 도적 | 화 | 5 | 7 | 230 |
| 35 | 루나이 | 카간 사막 | 위험한 짐승술사 | 화 | 7 | 8 | 280 |
| 36 | 루나이 | 카간 사막 | 불꽃의 화신 | 화 | 7 | 8 | 300 |
| 37 | 루나이 | 카간 사막 | 힘을 갈구하는 검호 | 화 | 9 | 9 | 600 |
| 38 | 루나이 | 바닷바람의 해변 | 롱 비치 | 수 | 5 | 7 | 220 |
| 39 | 루나이 | 바닷바람의 해변 | 얕은 여울의 해적 | 수 | 5 | 7 | 260 |
| 40 | 루나이 | 바닷바람의 해변 | 잔물결의 기사 | 수 | 7 | 8 | 310 |
| 41 | 루나이 | 바닷바람의 해변 | 물의 화신 | 수 | 7 | 8 | 380 |
| 42 | 루나이 | 바닷바람의 해변 | 빙검의 공주님 | 수 | 9 | 9 | 650 |
| 43 | 루나이 | 영원한 밤의 숲 | 어두컴컴한 숲 | 목 | 5 | 7 | 240 |
| 44 | 루나이 | 영원한 밤의 숲 | 숲에 숨은 도적 | 목 | 5 | 7 | 280 |
| 45 | 루나이 | 영원한 밤의 숲 | 시간의 사냥꾼 | 목 | 7 | 8 | 330 |
| 46 | 루나이 | 영원한 밤의 숲 | 숲의 화신 | 목 | 7 | 8 | 410 |
| 47 | 루나이 | 영원한 밤의 숲 | 대지를 뚫는 창 | 목 | 9 | 9 | 700 |
| 48 | 루나이 | 아섹트 황야 | 번개에 불탄 대지 | 풍 | 5 | 7 | 280 |

| 49 | 루나이 | 아섹트 황야 | 강림한 도적 | 풍 | 5 | 7 | 350 |
| 50 | 루나이 | 아섹트 황야 | 요염한 책사 | 풍 | 7 | 8 | 390 |
| 51 | 루나이 | 아섹트 황야 | 번개의 화신 | 풍 | 7 | 8 | 450 |
| 52 | 루나이 | 아섹트 황야 | 일섬 | 풍 | 9 | 9 | 760 |

[표 14 스테이지 데이터 테이블의 예시]

스테이지에 배치할 적 유닛도 데이터 테이블로 만들어봅니다.

| 번호 | 적유닛 | 속성 | 체력 | 공격력 | 방어력 |
|---|---|---|---|---|---|
| 1 | 모엘스 | 화 | 800 | 320 | 50 |
| 2 | 미즐스 | 수 | 780 | 330 | 20 |
| 3 | 모릴스 | 목 | 830 | 340 | 90 |
| 4 | 라일스 | 풍 | 760 | 370 | 0 |
| 5 | 히칼스 | 광 | 850 | 340 | 60 |
| 6 | 아클스 | 암 | 760 | 370 | 0 |
| 7 | 라일스 킹 | 풍 | 2500 | 470 | 30 |
| 8 | 고블린 | 화 | 1000 | 370 | 90 |
| 9 | 머먼 | 수 | 950 | 360 | 90 |
| 10 | 히칼스 킹 | 광 | 3300 | 450 | 80 |

[표 15 적 유닛 종류, 수치 정의]

아군 캐릭터는 1성부터 5성까지 등급이 있습니다. 아군 캐릭터별 등급별 수치도 정의해봅니다. 많은 캐릭터 컬렉션 게임은 강화 합성을 통한 레벨업 시스템을 가지고 있습니다. 강화 합성의 개념은 캐릭터 1명을 베이스로 해서 다른 캐릭터를 재료로 넣으면 경험치를 얻고 레벨업을 하는 것입니다. 레벨업을 하면 능력치가 올라갑니다.

그러기 위해서는 유닛 등급별 다음 레벨업에 필요한 경험치와 (예를 들어 차량에 기름을 넣는다고 하면 기름통의 크기), 유닛 등급별로 재료 캐릭터를 희생시켰을 때 올라가는 경험치의 표(예를 들어 차량에 기름을 넣는다고 하면 들어가는 기름의 양)가 필요합니다.

또한 캐릭터별 되팔기 가격과 레벨업을 위해 강화 합성 시 필요한 게임머니의 수치가 필요합니다.

| 레벨 | 캐릭터 등급별 다음 레벨업에 필요한 경험치 | | | | | 캐릭터 등급별 되팔기 가격 | | | | |
|---|---|---|---|---|---|---|---|---|---|---|
| | 1 | 2 | 3 | 4 | 5 | 1 | 2 | 3 | 4 | 5 |
| 1 | 10 | 10 | 15 | 15 | 20 | 3 | 3 | 5 | 5 | 6 |
| 2 | 48 | 48 | 72 | 72 | 96 | 3 | 3 | 5 | 5 | 6 |
| 3 | 102 | 102 | 153 | 153 | 204 | 14 | 14 | 22 | 22 | 29 |
| 4 | 169 | 169 | 254 | 254 | 338 | 31 | 31 | 46 | 46 | 61 |
| 5 | 245 | 245 | 368 | 368 | 490 | 51 | 51 | 76 | 76 | 101 |
| 6 | 331 | 331 | 497 | 497 | 662 | 74 | 74 | 110 | 110 | 147 |
| 7 | 425 | 425 | 638 | 638 | 850 | 99 | 99 | 149 | 149 | 199 |
| 8 | 527 | 527 | 791 | 791 | 1054 | 128 | 128 | 191 | 191 | 255 |
| 9 | 636 | 636 | 954 | 954 | 1272 | 158 | 158 | 237 | 237 | 316 |
| 10 | 751 | 751 | 1127 | 1127 | 1502 | 191 | 191 | 286 | 286 | 382 |
| 11 | 872 | 872 | 1308 | 1308 | 1744 | 225 | 225 | 338 | 338 | 451 |
| 12 | 1001 | 1001 | 1502 | 1502 | 2002 | 262 | 262 | 392 | 392 | 523 |
| 13 | 1133 | 1133 | 1700 | 1700 | 2266 | 300 | 300 | 450 | 450 | 601 |
| 14 | 1272 | 1272 | 1908 | 1908 | 2544 | 340 | 340 | 510 | 510 | 680 |
| 15 | 1417 | 1417 | 2126 | 2126 | 2834 | 382 | 382 | 572 | 572 | 763 |

[표 16 캐릭터 등급별 다음 레벨업에 필요한 경험치와 되팔기 가격]

| 레벨 | 캐릭터 등급별 재료로 사용되어 강화 합성 시 오르는 경험치 | | | | | 캐릭터 등급별 강화 합성 시 필요 게임머니 | | | | |
|---|---|---|---|---|---|---|---|---|---|---|
| | 1 | 2 | 3 | 4 | 5 | 1 | 2 | 3 | 4 | 5 |
| 1 | 50 | 50 | 75 | 75 | 100 | 9 | 9 | 14 | 14 | 18 |
| 2 | 240 | 240 | 360 | 360 | 480 | 9 | 9 | 14 | 14 | 18 |
| 3 | 510 | 510 | 765 | 765 | 1020 | 43 | 43 | 65 | 65 | 86 |
| 4 | 845 | 845 | 1268 | 1268 | 1690 | 92 | 92 | 138 | 138 | 184 |
| 5 | 1225 | 1225 | 1838 | 1838 | 2450 | 152 | 152 | 228 | 228 | 304 |
| 6 | 1655 | 1655 | 2483 | 2483 | 3310 | 221 | 221 | 331 | 331 | 441 |
| 7 | 2125 | 2125 | 3188 | 3188 | 4250 | 298 | 298 | 447 | 447 | 596 |
| 8 | 2635 | 2635 | 3953 | 3953 | 5270 | 383 | 383 | 574 | 574 | 765 |
| 9 | 3180 | 3180 | 4770 | 4770 | 6360 | 474 | 474 | 711 | 711 | 949 |
| 10 | 3755 | 3755 | 5633 | 5633 | 7510 | 572 | 572 | 859 | 859 | 1145 |
| 11 | 4360 | 4360 | 6540 | 6540 | 8720 | 676 | 676 | 1014 | 1014 | 1352 |
| 12 | 5005 | 5005 | 7508 | 7508 | 10010 | 785 | 785 | 1177 | 1177 | 1570 |
| 13 | 5665 | 5665 | 8498 | 8498 | 11330 | 901 | 901 | 1351 | 1351 | 1802 |
| 14 | 6360 | 6360 | 9540 | 9540 | 12720 | 1020 | 1020 | 1530 | 1530 | 2039 |
| 15 | 7085 | 7085 | 10628 | 10628 | 14170 | 1145 | 1145 | 1717 | 1717 | 2290 |

[표 17 캐릭터 등급별 재료로 사용되어 강화 합성 시 오르는 경험치, 필요 게임머니]

전체 레벨 변화에 따른 수치 테이블도 필요합니다.

누적 필요경험치, 레벨업 시 올라가는 친구 수, 보유 에너지 수, 덱을 보유할 수 있는 최대 코스트가 레벨별로 변한다면 해당 정보 등, 레벨업에 따라 바뀌는 수치를 표로 표현해줍니다.

| 전체 레벨 | 에너지 | 최대 코스트 | 친구 수 | 필요 경험치 |
|---|---|---|---|---|
| 1 | 15 | 15 | 10 | 20 |
| 2 | 16 | 16 | 10 | 40 |
| 3 | 16 | 17 | 11 | 70 |
| 4 | 16 | 18 | 11 | 110 |
| 5 | 17 | 19 | 12 | 160 |
| 6 | 17 | 20 | 12 | 219 |
| 7 | 17 | 20 | 13 | 290 |
| 8 | 18 | 21 | 13 | 370 |
| 9 | 18 | 21 | 14 | 460 |
| 10 | 18 | 26 | 14 | 690 |
| 11 | 19 | 26 | 15 | 966 |
| 12 | 19 | 27 | 15 | 1,256 |
| 13 | 19 | 27 | 16 | 1,570 |
| 14 | 20 | 28 | 16 | 1,899 |
| 15 | 25 | 28 | 17 | 2,241 |
| 16 | 25 | 29 | 17 | 2,585 |
| 17 | 26 | 29 | 18 | 2,933 |
| 18 | 26 | 30 | 18 | 3,285 |
| 19 | 26 | 30 | 19 | 3,685 |
| 20 | 27 | 35 | 19 | 4,089 |
| 21 | 27 | 35 | 20 | 4,497 |
| 22 | 27 | 36 | 20 | 4,909 |
| 23 | 28 | 36 | 21 | 5,325 |
| 24 | 28 | 37 | 21 | 5,745 |
| 25 | 33 | 37 | 22 | 6,169 |
| 26 | 34 | 38 | 22 | 6,541 |
| 27 | 34 | 38 | 23 | 6,978 |
| 28 | 34 | 39 | 23 | 7,407 |
| 29 | 35 | 39 | 24 | 7,872 |
| 30 | 35 | 44 | 24 | 8,367 |

[표 18 레벨별 필요 경험치와, 레벨별로 변화하는 수치를 정리한 표]

이와 같이 데이터 테이블 작성의 예시를 들어보았습니다. 실제로 작성을 하실 때는 데이터를 영문으로 작성해야 프로그래머가 읽어들일 수 있으므로, 열의 내용을 영문으로 정리하고, 이 데이터 테이블이 어떤 것을 뜻하는지 설명을 써줍니다.

| 열의 내용 | | 설명 |
|---|---|---|
| 인덱스 | Index | 유닛 고유 코드 (1001~1999) |
| 워드인덱스 | WordIndex | 다국어 키 코드 값 |
| 유닛이름 | UnitName | 유닛 고유 이름 |
| 레벨 | Level | 유닛 레벨 |
| 체력 | HitPoint | 유닛 체력 |
| 공격력 | Damage | 유닛 공격력 |
| 유닛시야 | SensoryRange | 유닛 시야 범위 |
| 공격범위 | AttackRange | 유닛 공격 범위 |
| 유닛타깃 | TargetUnit | 유닛을 타깃으로 공격하는지 (True : 공격함 / False : 공격하지 않음) |
| 빌딩타깃 | TargetBUIlding | 빌딩을 타깃으로 공격하는지 (True : 공격함 / False : 공격하지 않음) |
| 공격속도 | AttackSpeed | 공격 속도 |
| 이동속도 | Movespeed | 이동 속도 |
| 이동방법 | MoveType | 이동 방법 (Ground : 지상 / Air : 공중) |

[표 19 데이터 테이블에 들어가는 항목을 정리한 표]

이후에 한글은 지우고, 영문의 제목으로 데이터 테이블을 만들어줍니다. 또한 데이터 타입을 정리해줘야 합니다. 많이 쓰이는 데이터 타입은 다음과 같습니다.

int : 정수형 타입입니다. 0,1,2,3,4,5와 같은 숫자를 표현합니다.

float : 소수점을 표현할 수 있는 타입. 3.14와 같은 소수점이 필요한 숫자를 입력할 때 씁니다.

string : 문자열 데이터를 표현할 수 있는 타입. 캐릭터 제목이나 설명 등 한글이 UI에 노출되는 데이터를 입력
해야 할 때 많이 씁니다.

Bool 또는 Boolean : 참과 거짓을 표현할 때 씁니다. 1이면 참, 0이면 거짓, TRUE면 참,
FALSE이면 거짓입니다. 이 캐릭터는 공중 공격을 할 수 있나요?
TRUE를 입력하면 참이 되어 공중 공격을 할 수 있습니다.


list<int> : 정수로 된 여러 숫자를 입력할 때 씁니다.
1, 3, 4 식으로 여러 숫자를 한 번에 입력 가능합니다.
자주 변하지 않는 값을 입력할 때 사용합니다.


list<float> : 소수점으로 된 여러 숫자를 입력할 때 씁니다.

| Index | WordIndex | UnitName | Level | HitPoint | Damage | SensoryRange |
|---|---|---|---|---|---|---|
| Int | String | String | Int | Int | Int | Int |
| 1001 | unit_babarian | 바바리안 | 1 | 200 | 8 | 400 |
| 1001 | unit_babarian | 바바리안 | 2 | 220 | 10 | 400 |
| 1001 | unit_babarian | 바바리안 | 3 | 250 | 13 | 400 |
| 1001 | unit_babarian | 바바리안 | 4 | 290 | 17 | 400 |
| 1001 | unit_babarian | 바바리안 | 5 | 340 | 22 | 400 |
| 1001 | unit_babarian | 바바리안 | 6 | 400 | 28 | 400 |
| 1001 | unit_babarian | 바바리안 | 7 | 470 | 35 | 400 |
| 1001 | unit_babarian | 바바리안 | 8 | 550 | 43 | 400 |
| 1001 | unit_babarian | 바바리안 | 9 | 640 | 54 | 400 |
| 1001 | unit_babarian | 바바리안 | 10 | 740 | 64 | 400 |
| 1002 | Unit_archer | 아처 | 1 | 100 | 5 | 600 |
| 1002 | Unit_archer | 아처 | 2 | 110 | 10 | 600 |
| 1002 | Unit_archer | 아처 | 3 | 120 | 15 | 600 |
| 1002 | Unit_archer | 아처 | 4 | 130 | 20 | 600 |
| 1002 | Unit_archer | 아처 | 5 | 140 | 25 | 600 |
| 1002 | Unit_archer | 아처 | 6 | 150 | 30 | 600 |

| 1002 | Unit_archer | 아처 | 7 | 160 | 35 | 600 |
| 1002 | Unit_archer | 아처 | 8 | 170 | 40 | 600 |
| 1002 | Unit_archer | 아처 | 9 | 180 | 45 | 600 |
| 1002 | Unit_archer | 아처 | 10 | 190 | 50 | 600 |

| UnitName | Level | AttackRange | TargetUnit | AttackSpeed | Movespeed | MoveType |
|---|---|---|---|---|---|---|
| String | Int | Int | Boolean | Int | Int | String |
| 바바리안 | 1 | 250 | TRUE | 1200 | 60 | Ground |
| 바바리안 | 2 | 250 | TRUE | 1200 | 60 | Ground |
| 바바리안 | 3 | 250 | TRUE | 1200 | 60 | Ground |
| 바바리안 | 4 | 250 | TRUE | 1200 | 60 | Ground |
| 바바리안 | 5 | 250 | TRUE | 1200 | 60 | Ground |
| 바바리안 | 6 | 250 | TRUE | 1200 | 60 | Ground |
| 바바리안 | 7 | 250 | TRUE | 1200 | 60 | Ground |
| 바바리안 | 8 | 250 | TRUE | 1200 | 60 | Ground |
| 바바리안 | 9 | 250 | TRUE | 1200 | 60 | Ground |
| 바바리안 | 10 | 250 | TRUE | 1200 | 60 | Ground |
| 아처 | 1 | 370 | TRUE | 1000 | 60 | Ground |
| 아처 | 2 | 370 | TRUE | 1000 | 60 | Ground |
| 아처 | 3 | 370 | TRUE | 1000 | 60 | Ground |
| 아처 | 4 | 370 | TRUE | 1000 | 60 | Ground |
| 아처 | 5 | 370 | TRUE | 1000 | 60 | Ground |
| 아처 | 6 | 370 | TRUE | 1000 | 60 | Ground |
| 아처 | 7 | 370 | TRUE | 1000 | 60 | Ground |
| 아처 | 8 | 370 | TRUE | 1000 | 60 | Ground |
| 아처 | 9 | 370 | TRUE | 1000 | 60 | Ground |
| 아처 | 10 | 370 | TRUE | 1000 | 60 | Ground |

[표 20 캐릭터 데이터 테이블의 예시]

실제 게임에서 쓰이는 캐릭터 데이터 테이블을 만들고 싶다면, 앞서 제시한 데이터 테이블 예시처럼 열의 이름을 영문명으로 수정하고, 데이터 타입을 정리해준다면 무리 없이 서버 프로그래머가 해당 데이터를 읽어들일 수 있게 됩니다.

# 밸런싱 기획

밸런싱은 게임에서 가장 중요한 부분입니다. 밸런싱을 잘 못하면 잘 짜인 게임 시스템도 무용지물이 될 수 있습니다. 잘된 게임 밸런싱은 게임의 재미뿐만 아니라 수명도 연장시킬 수 있습니다.

게임 밸런싱의 영역을 다음과 같이 나눠 보았습니다. 이해를 돕기 위해서 MORPG장르의 게임을 가지고 밸런싱을 해본다고 가정했습니다.

다음 그림을 봅니다.

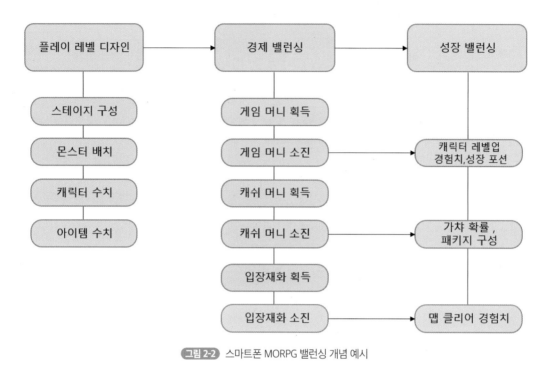

그림 2-2 스마트폰 MORPG 밸런싱 개념 예시

이해를 돕기 위해서 간단하게 작성했지만, 사실은 위에서 제시한 것보다 목록이 더 세분화되어야 합니다. 위에서는 스테이지 방식의 MORPG게임이고, 스테이지를 클리어하거나 , 아이템을 상점에서 구매하면 전체 경험치를 얻는다고 가정했습니다.

또한 아이템은 게임에서 얻는 게임머니와, 현금으로 살 수 있는 캐쉬머니로 얻을 수 있다고 가정했고, 스테이지를 입장할 때는 에너지라는 필요한 재화를 소모한다고 가정했습니다.

이런 식으로 밸런싱을 할 요소들을 정리하면 되고, 각 수치를 어떻게 조정할지 콘셉트를 잡으면 됩니다. 아래와 같은 순서로 밸런싱 콘셉트를 잡아봅니다.


## [MORPG 밸런싱 순서]

1) 플레이 레벨디자인 : 먼저 재미있는 플레이를 위해 플레이 레벨디자인 요소의 콘셉트를 잡고

조정합니다.

2) 경제 밸런싱 : 플레이 레벨디자인 요소가 정해지면, 그에 맞춰서 보상 수준, 아이템 가격 등을 조정하여 재화의 획득, 소진 밸런싱을 조정합니다.

3) 성장 밸런싱 : 재화의 획득 , 소진 밸런싱에 따라 성장 속도에 영향을 미치므로, 경제 밸런싱 이 정리되면, 그에 맞춰 전체 레벨 경험치, 각 캐릭터 경험치의 밸런싱을 조정합니다.


가장 먼저 플레이 레벨디자인을 합니다. 맵툴을 이용해서 맵을 구성하고, 몬스터 툴을 이용해서 몬스터를 배치하는 레벨디자인은 전투 밸런싱과 밀접한 관련이 있습니다. 어떤 식으로 스테이지를 배치할 것인가? 몬스터는 어떻게 배치할 것인가? 몬스터는 약한 몬스터 3마리, 센 몬스터 1마리 이렇게 할 것인가? 플레이어와 몬스터 간의 상성에 따른 고려는 어떻게 하지? 등등의 의사결정을 해야 합니다.

플레이 레벨디자인이란 MORPG를 예를 들면, 스테이지 구성, 스테이지 몬스터 배치, 각 캐릭터 능력치, 아이템 수치 등에 대한 것입니다. 몬스터를 배치하면서, 몬스터가 몇 대 맞으면 죽게할 것인지, 플레이어 캐릭터는 몬스터에게 몇 대 맞아야 생존하게 할 것인지? 전투 중 회복은 얼마나 하게 할 것인지의 요소를 생각하고, 어떻게 수치를 맞춰야 재미있는 전투가 될 것인지 결정합니다.

만약 퍼즐게임이라면 '각 퍼즐을 어떻게 배치해야 재미있을 것인지?'를 고민해봐야 합니다. 경제 밸런스와 (재화 획득 소진), 성장 밸런스 (게임 콘텐츠의 소진 컨트롤)를 하기 전에 일단 게임이 재미있어야 합니다. 그러므로 우선 플레이 레벨디자인과 전투 밸런스를 해놓고, 경제 밸런스와 성장 밸런스를 이 전투 밸런스에 맞추면 자연스럽게 구성됩니다.

하지만 꼭 이렇게 순서대로 되는 경우는 이상적이며, 밸런스를 하다 보면 3가지 요소를 동시에 조정하는 경우도 많습니다.

한 가지 더 중요한 것은 컴퓨터 앞에서 수치 계산식만으로 밸런싱을 하면 안 된다는 점입니다. 밸런스 수치를 입력해놓고, 수많은 테스트 플레이를 통해 실제 기획 의도에 맞춰서 난이도나 플레이의 재미 등이 나타나는지 게임 플레이를 많이 해봐야 합니다.

책상 앞에서만 하는 밸런싱은 틀리기가 쉽습니다. 장르에 따라 다르겠지만 액션 RPG의 경우 플레이어의 이동, 공간, 조작 숙련도 등에 의해서 예상치 못한 변수가 클 수 있어서 계산식에 의한 밸런스와 편차가 많이 벌어지는 경우가 존재합니다. 따라서 직접 플레이를 통한 밸런싱 검증은 꼭 필요하며, 반드시 직접 플레이 테스트를 많이 해봐야 합니다.

이번에는 예시로 퍼즐 게임의 레벨디자인 요소입니다. 아래는 KING의 펫 레스큐 사가라는 퍼즐 게임입니다.

KING의 펫 레스큐 사가라는 퍼즐게임은 2개 이상 터치하면 블록이 터지고 위에 있는 펫을 맨 아래까지 이동시켜서 구해주는 규칙의 게임입니다.

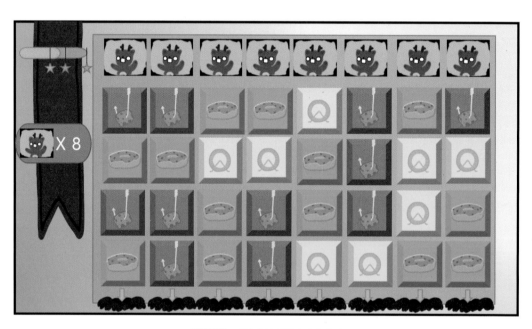

**그림 2-3** 퍼즐 게임 레벨디자인 예시

**[플레이 레벨디자인 요소]**

| 항목 | 난이도 |
|---|---|
| (1) 등장하는 블록의 종류(핑크,노랑,초록,파랑,보라) 총 5종 중 | |
| - 블록 5종이 모두 등장한다. | 5 |
| - 블록 4종이 등장한다. | 4 |
| - 블록 3종이 등장한다. | 3 |
| - 블록 2종이 등장한다. | 2 |
| - 블록 1종이 등장한다. | 1 |
| (2) 맵의 길이 | |
| - 맵이 위아래로 아주 길다. [기본 맵 X 51배 이상] | 5 |
| - 맵이 위아래로 길다. [(기본 맵 X (21~50배)] | 4 |
| - 맵이 위아래로 보통으로 늘어남 [(기본 맵 X (11~20배)] | 3 |
| - 맵이 위아래로 조금 늘어남 [(기본 맵 X (5~10배)] | 2 |
| - 맵이 짧다. [(기본 맵 X (1~4배)] | 1 |
| (3) 구해야 하는 캐릭터의 수 | |
| - 구해야 하는 캐릭터가 아주 많이 등장한다. (13마리 이상) | 5 |
| - 구해야 하는 캐릭터가 많이 등장한다. (8~12마리) | 4 |
| - 구해야 하는 캐릭터가 보통 등장한다.(4~7마리) | 3 |
| - 구해야 하는 캐릭터가 조금 등장한다.(2~3마리) | 2 |
| - 구해야 하는 캐릭터가 아주 조금 등장 한다.(1마리) | 1 |
| (4) 얼음 블록의 등장 수 | |
| - 얼음 블록이 아주 많이 등장한다. (31개 이상) | 5 |
| - 얼음 블록이 많이 등장한다. (21~30개) | 4 |
| - 얼음 블록이 보통 등장한다.(11~20개) | 3 |
| - 얼음 블록이 조금 등장한다.(1~10개) | 2 |
| - 얼음 블록이 등장하지 않는다.(0개) | 1 |
| (5) 파괴 불가 블록의 등장 수 | |
| - 파괴 불가 블록이 아주 많이 등장한다. (31개 이상) | 5 |
| - 파괴 불가 블록이 많이 등장한다. (21~30개) | 4 |
| - 파괴 불가 블록이 보통 등장한다.(11~20개) | 3 |
| - 파괴 불가 블록이 조금 등장한다.(1~10개) | 2 |
| - 파괴 불가 블록이 등장하지 않는다.(0개) | 1 |

| (6) 얼음에 쌓여 있는 캐릭터 블록의 등장 수 | |
|---|---|
| - 얼음에 쌓여 있는 캐릭터 블록이 아주 많이 등장한다. (31개 이상) | 5 |
| - 얼음에 쌓여 있는 캐릭터 블록이 많이 등장한다. (21~30개) | 4 |
| - 얼음에 쌓여 있는 캐릭터 블록이 보통 등장한다.(11~20개) | 3 |
| - 얼음에 쌓여 있는 캐릭터 블록이 조금 등장한다.(1~10개) | 2 |
| - 얼음에 쌓여 있는 캐릭터 블록이 등장하지 않는다.(0개) | 1 |
| (7) 폭탄 블록의 등장 수 | |
| - 폭탄 블록이 아주 많이 등장한다. (13개 이상) | 1 |
| - 폭탄 블록이 많이 등장한다. (8~12개) | 2 |
| - 폭탄 블록이 보통 등장한다.(4~7개) | 3 |
| - 폭탄 블록이 조금 등장한다.(1~3개) | 4 |
| - 폭탄 블록이 등장하지 않는다.(0개) | 5 |
| (8) 스테이지 클리어 목표(점수) | |
| - 스테이지 클리어 목표 점수가 아주 높다. (스테이지별로 수치 다름) | 5 |
| - 스테이지 클리어 목표 점수가 조금 높다. (스테이지별로 수치 다름) | 4 |
| - 스테이지 클리어 목표 점수가 보통이다. (스테이지별로 수치 다름) | 3 |
| - 스테이지 클리어 목표 점수가 조금 낮다. (스테이지별로 수치 다름) | 2 |
| - 스테이지 클리어 목표 점수가 아주 낮다. (스테이지별로 수치 다름) | 1 |
| (9) 스테이지 클리어 목표(캐릭터 구하기) | |
| - 스테이지 클리어 목표 캐릭터 수가 아주 높다. (스테이지별로 수치 다름) | 5 |
| - 스테이지 클리어 목표 캐릭터 수가 조금 높다. (스테이지별로 수치 다름) | 4 |
| - 스테이지 클리어 목표 캐릭터 수가 보통이다. (스테이지별로 수치 다름) | 3 |
| - 스테이지 클리어 목표 캐릭터 수가 조금 낮다. (스테이지별로 수치 다름) | 2 |
| - 스테이지 클리어 목표 캐릭터 수가 아주 낮다. (스테이지별로 수치 다름) | 1 |
| (10) MOVE횟수 - 캐릭터 구하기 모드1 | |
| - MOVE횟수가 아주 많다. (스테이지별로 수치 다름) | 1 |
| - MOVE횟수가 조금 많다. (스테이지별로 수치 다름) | 2 |
| - MOVE횟수가 보통이다. (스테이지별로 수치 다름) | 3 |
| - MOVE횟수가 조금 적다. (스테이지별로 수치 다름) | 4 |
| - MOVE횟수가 아주 적다. (스테이별로 수치 다름) | 5 |

[표 21 플레이 레벨디자인 요소]

이런 식으로 플레이 레벨디자인 요소를 뽑을 수 있습니다. 먼저 플레이 레벨디자인 요소를 정리한 후 이 각각의 요소를 기획자가 기획 의도를 가지고 배치하고 수치를 조정한다고 생각하면 됩니다.

레벨디자인이 끝나면 이제 경제 밸런싱을 해야 합니다. 경제 밸런싱은 위에서 언급한 것처럼 플레이 레벨디자인 요소가 정해지면, 그에 맞춰서 보상 수준, 아이템 가격 등을 조정하여 재화의 획득, 소진 밸런싱을 조정하는 것을 이야기합니다.

게임머니는 어디서 얼마나 얻고, 어디서 얼마나 소진하는지, 캐쉬머니는 필요하고, 현금을 쓰면 얼마나 얻을 수 있고, 그것은 플레이 시간 가치로 환산하면 얼마인지, 이런 것들을 정합니다.

이해를 돕기 위해 클래시 오브 클랜의 재화 밸런싱 표를 예시로 들어봅니다.
(클래시 오브 클랜 위키 : http://clashofclans.wikia.com/wiki/Clash_of_Clans_Wiki)

다음 표는 클래시 오브 클랜의 건물별로 얼마나 재화가 필요한지, 이것을 캐쉬머니로 환산하면 어느 정도 재화의 가치인지 또한 이것을 현금으로 환산하면 얼마나 돈이 드는지 계산한 것입니다.

## Gold Costs

This informaion is based on the number available to bUIld and max level of each structure at each town hall level. See the individual pages for a cost break down.

| | 1 | 2 | 3 | 4 | 5 | 6 | 7 | 8 | 9 | Total Per | Total |
|---|---|---|---|---|---|---|---|---|---|---|---|
| Cannon | 2,500 | 8,000 | 32,000 | 100,000 | 371,250 | 600,000 | 1,971,250 | 9,600,000 | 19,171,250 | 6,371,250 | 31,856,250 |
| Archer | - | 3,000 | 5,000 | 48,000 | 808,000 | 1,080,000 | 3,528,000 | 21,368,000 | 5,368,000 | 5,368,000 | 32,208,000 |
| Mortar | - | - | 8,000 | 32,000 | 120,000 | 960,000 | 2,960,000 | 4,800,000 | 9,600,000 | 6,160,000 | 18,480,000 |
| Wizard | - | - | - | - | 540,000 | 1,980,000 | 2,560,000 | 16,460,000 | 16,080,000 | 12,540,000 | 37,620,000 |
| Air Defense | - | - | - | 112,500 | 270,000 | 540,000 | 3,082,500 | 4,320,000 | 4,162,500 | 4,162,500 | 12,487,500 |
| Hidden | - | - | - | - | - | - | 3,750,000 | 30,000,000 | 11,250,000 | 11,250,000 | 45,000,000 |
| Bow | - | - | - | - | - | - | - | - | 3,000,000 | 3,000,000 | 3,000,000 |
| Walls | - | 30,000 | 280,000 | 905,000 | 3,405,000 | 10,530,000 | 33,030,000 | 116,060,000 | 20,530,000 | 821,200 | 184,770,000 |
| Elixir | 450 | 4,650 | 32,550 | 180,550 | 754,550 | 194,550 | 1,008,000 | - | - | 362,550 | 2,175,300 |
| Town hall | 1,000 | 4,000 | 25,000 | 150,000 | 750,000 | 1,200,000 | 2,000,000 | 4,000,000 | - | 8,130,000 | 8,130,000 |
| Clan | - | 3,700,000 | | | | | - | - | - | - | 3,700,000 |
| Total | 3,950 | 3,749,650 | 382,550 | 1,528,050 | 7,018,800 | 17,084,550 | 53,889,750 | 206,608,000 | 89,161,750 | | 379,427,050 |
| Gems | 12 | 1334 | 319 | 807 | 2592 | 6076 | 17943 | 67509 | 28782 | | 125,374 |
| Cost | $4.99 | $14.98 | $4.99 | $9.98 | $24.98 | $49.99 | $134.96 | $499.94 | $209.96 | | $899.91 |

[표 22 건물별 필요재화]

클래시 오브 클랜의 경우 건물을 지으면 시간이 오래 걸리는데 얼마만큼의 시간이 걸리는지 또한 이것을 캐쉬머니(즉시 완료)로 환산하면 얼마나 비용이 들어가는지 계산했습니다.

## Time Costs

The calculations for time costs are somewhat different. You can't simply add up all the times and calculate the gem cost. Since you can't buy extra time, that means the gem cost for each individual upgrade must be calculated and then summed together. This will cause the gem cost to be more expensive then simply putting the times into the time to gem calculator would indicate. Research times are being separated from bUIld times because there is only one lab. That means you can't speed up overall research times by buying more bUIlders.

| | 3 | 4 | 3 | 4 | 5 | 6 | 7 | 8 | 9 | 12 | 13 | Total | Gems |
|---|---|---|---|---|---|---|---|---|---|---|---|---|---|
| Barbarian | - | - | 6h | - | 1d | - | 2d | 3d | 4d | 12d | - | 35d 6h | 1,591 |
| Archer | - | - | 12h | - | 1d | - | 2d | 3d | 4d | - | - | 23d 12h | 1,776 |
| Giant | - | - | - | 12h | - | 1d 12h | 2d | 3d | 5d | 14d | - | 42d | 1,776 |
| Goblin | - | - | 12h | - | 1d 12h | - | 2d | 3d | 5d | 12d | - | 31d | 1,902 |
| Wall Breaker | - | - | - | 12h | - | 1d 12h | 2d | 3d | - | 14d | 15d | 49d | 1,902 |
| Balloon | - | - | - | 12h | - | 1d 12h | 2d | 3d | 5d | 14d | 16d | 52d | 1,902 |
| Wizard | - | - | - | - | 12h | 1d 12h | 2d | 3d | 5d | 14d | - | 42d | 1,902 |
| Healer | - | - | - | - | - | - | 2d | 3d | 5d | - | 15d | 39d | 1,259 |
| Dragon | - | - | - | - | - | - | 4d | 5d | 6d | 14d | 16d | 62d | 2,370 |
| P.E.K.K.A | - | - | - | - | - | - | - | 9d | 6d | 14d | - | 54d | 2,986 |
| Lightning Spell | - | - | - | - | 6d | - | - | 4d | 6d | - | - | 26d | 1,779 |
| Healing Spell | - | - | - | - | - | 3d | 3d | 4d | 6d | - | 16d | 42d | 1,902 |
| Rage Spell | - | - | - | - | - | - | 9d | 5d | - | 11d 12h | - | 25d 12h | 2,642 |
| Jump Spell | - | - | - | - | - | - | - | - | 4d | - | 15d | 26d | 763 |
| Total | - | - | 1d 6h | 1d 12h | 4d 6h | 9d | 24d | 51d | 61d | 119d 12h | 96d | 369d | |

[표 23 건물별 필요시간]

예를 들어 플레이어가 하루에 2시간씩 매일 플레이를 하면 하루에 얼마의 게임머니를 얻게 되고, 콘텐츠를 소모하는 데 얼마의 게임머니와 얼마의 캐쉬머니를 소모하게 할 것인지 표를 작성해서 계산식을 만듭니다.

경제 밸런싱이 끝나면 이제 성장 밸런싱을 합니다. 경제 밸런싱을 성장 밸런싱보다 먼저 하는 이유는 재화의 획득 소진이 플레이어 성장에도 영향을 미치기 때문입니다.

장르에 따라서는 성장 밸런싱을 먼저 하고 그 이후에 보상과 경제 밸런싱을 하는 방법도 있습니다. 게임의 장르와 방식에 따라 밸런싱 순서는 달라질 수 있습니다.

재화의 획득 , 소진 밸런싱에 따라 성장 속도에 영향을 미칩니다. 따라서 경제 밸런싱이 정리되면, 그에 맞춰 전체 레벨 경험치,각 캐릭터 경험치의 밸런싱을 조정합니다.

| 레벨 | 필요 경험치 | 누적 경험치 | 무과금 플레이 일수 | 경험치 가중치 |
|---|---|---|---|---|
| 1 | 100 | 100 | 0.0 | 1.15 |
| 2 | 115 | 215 | 0.0 | 1.15 |
| 3 | 132 | 347 | 0.1 | 1.15 |
| 4 | 152 | 499 | 0.1 | 1.15 |
| 5 | 175 | 674 | 0.1 | 1.15 |
| 6 | 201 | 875 | 0.1 | 1.15 |
| 7 | 231 | 1,107 | 0.1 | 1.15 |
| 8 | 266 | 1,373 | 0.1 | 1.15 |
| 9 | 306 | 1,679 | 0.1 | 1.15 |
| 10 | 352 | 2,030 | 0.1 | 1.15 |
| 11 | 405 | 2,435 | 0.2 | 1.15 |
| 12 | 465 | 2,900 | 0.2 | 1.15 |
| 13 | 521 | 3,421 | 0.2 | 1.12 |
| 14 | 584 | 4,005 | 0.2 | 1.12 |
| 15 | 654 | 4,658 | 0.3 | 1.12 |
| 16 | 732 | 5,391 | 0.3 | 1.12 |
| 17 | 820 | 6,210 | 0.3 | 1.12 |
| 18 | 918 | 7,129 | 0.4 | 1.12 |
| 19 | 1,028 | 8,157 | 0.4 | 1.12 |
| 20 | 1,152 | 9,309 | 0.5 | 1.12 |
| 21 | 1,290 | 10,599 | 0.5 | 1.12 |
| 22 | 1,445 | 12,044 | 0.6 | 1.12 |
| 23 | 1,618 | 13,663 | 0.6 | 1.12 |
| 24 | 1,813 | 15,475 | 0.7 | 1.12 |
| 25 | 2,030 | 17,505 | 0.8 | 1.12 |
| 26 | 2,274 | 19,779 | 0.9 | 1.12 |
| 27 | 2,547 | 22,325 | 1.0 | 1.12 |
| 28 | 2,852 | 25,178 | 1.1 | 1.12 |
| 29 | 3,194 | 28,372 | 1.3 | 1.12 |
| 30 | 3,578 | 31,950 | 1.4 | 1.12 |

총 31,950 경험치 (무과금으로 총 12.8일 - 하루에2시간 플레이했을 때)

[표 24 레벨별 필요 경험치]

각 레벨 구간의 경험치를 세팅하고, 각 스테이지 클리어 시 경험치를 알고 있다고 가정합니다.

또한 하루에 2시간 정도 플레이를 한다고 가정합니다. 하루에 2시간 정도 플레이를 해서 일정 경험치를 얻는 값을 구할 수 있으면 각 구간별 레벨업에 걸리는 예상 일수를 뽑아볼 수 있습니다. (캐쉬를 쓰지 않고 오로지 무과금 플레이로만 했을 경우)

또한 재화 밸런싱에서 게임 플레이 시간이 각 재화로 따지면 얼마나 가치 있는지 정리해보고 전체적인 균형을 맞출 수 있습니다.

예를 들어 1시간 플레이하면 캐쉬머니로 100원의 가치가 있고, 이것이 게임머니로는 1,000 게임머니의 가치가 있다고 기준 표를 작성하면, 유저가 캐쉬를 써서 플레이했을 때,

돈을 쓰면 얼마나 빨리 성장하는지 예상이 가능하고, 1시간은 가치가 얼마나 가지고 있는지 재화와 시간의 균형을 맞춰볼 수 있습니다.


## [액션 MORPG게임의 밸런스 기획-1]

이제부터 액션 MORPG게임의 밸런스 기획에 대해 설명합니다.

액션RPG게임의 전투부터 재미있게 밸런스를 잡고, 그 이후에 그에 맞춰 성장 밸런스를 맞추고, 성장 밸런스에 맞게 보상과 경제 밸런스를 맞추는 순서로 진행하겠습니다.


### [전투 밸런스] > [성장 밸런스] > [보상과 경제 밸런스]

우선 전투 밸런스를 하기 위해서는 아군과 적군에 관해 이해해야 합니다.

아군이 1명밖에 없고, 칼을 휘둘러서 화려한 액션으로 몬스터들을 물리치고, 몬스터들을 물리치면 보스를 만나 전투하고, 보스를 잡으면 한 스테이지가 끝나는 게임이라고 가정해봅니다.


### [액션 버튼을 터치해서 공격] > [몬스터들과 전투] > [보스와 전투] > [스테이지 클리어]

전투가 재미있게 되려면 몇 가지를 정해야 합니다.

우선 적을 조우하게 되면, 몬스터가 플레이어의 공격을 몇 번 맞고 죽어야 플레이어는 재미를 느낄까요?

예를 들어봅니다.

**[몬스터가 플레이어의 기본 공격을 몇 번 맞고 죽어야 재미있나요?]**

1) 1대            2) 4대
3) 30대           4) 100대

많은 경험에서 알 수 있지만, 몬스터가 플레이어의 공격을 1번만 맞고 죽어 버린다면, 너무 허무하게 게임이 끝나서 재미가 없을 것이고, 반대로 30번이나 100번을 맞고 죽는다면, 몬스터 한 명은 너무 지루할 수 있다고 생각할 수 있습니다.

다른 상용화된 액션 RPG 들을 조사해보면 경험적으로 3 ~10번 정도가 적당한 몬스터의 피격 횟수라고 짐작할 수 있을 것입니다.

지금 왜 이런 이야기를 하고 있는가 하면, 밸런스를 잡을 때는 무엇을 기준으로 할 것인지가 중요합니다.

여러 가지의 요소들을 기준으로 잡을 수 있지만, 우선 게임을 재미있게 만든 다음에 성장과 보상 지급을 맞춰나가는 게 자연스럽습니다.

이 때문에 전투에서 재미있을 만한 수치의 기준을 먼저 잡아 놓고 나머지를 그것에 맞추어봅니다.

만약 몬스터를 때려서, 몬스터가 4대 맞으면 죽는 것이 자연스럽게 생각된다면, 일단 그 기준으로 전투의 기준을 잡아봅니다. 나중에 이 기준은 바뀔 수 있고 전체를 조율하면서 바꾸면 되므로, 일단 이 기준을 잡는 것에 대해 두려워하지 맙시다.

**[전투 밸런싱 - 첫 번째 기준]**

**(1) 몬스터가 플레이어의 기본 공격을 몇 번 맞고 죽어야 재미있나요?**

정답 : 우리는 "4번"을 기준으로 잡습니다.

**[액션 MORPG게임의 밸런스 기획-2]**

앞서서 몬스터를 한번 때리면 4타에 죽는다를 1차 기준으로 세웠습니다. 이제 다른 기준도 정해봅시다.

이 게임은 플레이어 혼자서 기본 공격 버튼을 터치하면, 3-4타의 기본 공격을 하고, 스킬 버튼을 터치하면 스킬이 시전되는 게임이라고 합니다. 스킬 같은 경우는 한번 사용하면 몇 초의 쿨타임이 생깁니다.

이런 상태일 때, 일반 몬스터와 보스 처치까지 전투 한 판의 적당한 시간은 어느 정도가 적당할까요?

**[플레이어가 전투 한 판을 플레이하는 데 평균 시간이 얼마나 되면 좋을까요?]**
1) 30초
2) 1분
3) 3분
4) 30분
5) 1시간

이렇게 선택지가 주어졌을 때, 우리는 실제 유저가 플레이하는 것처럼 생각해서, 적절한 경험의 기준을 만들어야 합니다.

다른 MORPG게임의 사례를 보면 초반 스테이지에서 1 ~2분 정도의 클리어 시간이 걸리고, 후반 스테이지에서는 7~8분 정도의 클리어 시간이 걸리는 것을 확인했습니다.

우리는 지금 기준을 정하고자 하므로 평균적으로 3분의 클리어 시간이 걸리면 좋겠다고 설정합니다.

기준 스테이지 클리어 시간 : 3분

**몬스터를 4대 때린다고 하면, 몬스터를 4대 때리는 데 몇 초가 걸릴까요?**

1초 또는 2초가 걸릴 수 있습니다. 플레이어의 이동 시간까지 고려해서 2초라고 생각해봅니다.

그렇다면 일반 몬스터 30명을 처치하는 데 1분이 걸릴 것입니다.

평타로만 상대한다고 했을 때, 그렇게 계산이 되죠.

그렇다면 스킬을 20초마다 쓸 수 있고, 스킬을 한번 쓰면 3명의 몬스터를 물리칠 수 있다고 하면 어떨까요? 1분 동안에 몬스터를 추가로 9명을 물리칠 수 있습니다.

이런 식으로 플레이어가 1분 동안에 기본 공격으로 줄 수 있는 대미지와, 스킬 공격으로 줄 수 있는 대미지를 계산해봅니다.

이전에 기본 공격과 스킬 공격으로 발현되는 대미지의 기준을 정해봅니다.

적 일반 몬스터 : 체력 100 을 가지고 있습니다.

기본 공격 : 2초에, 4타 공격을 하고, 1타마다 대미지 25씩 들어갑니다. 따라서 1초에는 50 대미지를 주는 셈입니다.

기본 공격의 대미지를 더미 데이터로 정해보았습니다. 이때 1초당 들어가는 대미지를 DPS (Damage Per Second)라고 하며, 여러 대미지 계산의 기준이 됩니다.

스킬 공격 : 20초의 쿨타임을 가지는 마법 스킬이며, 한번 공격할 때마다 유도되는 매직 미사일을 날려 3명을 공격합니다.

매직 미사일 1개는 100 대미지를 가집니다. 따라서 20초마다 총 300 대미지를 줍니다. 이것을 1초로 계산하면 15 대미지를 주는 셈입니다.

여기까지 정리하면 1초당 플레이어가 줄 수 있는 대미지의 총량이 나올 수 있습니다. 기본 공격과 스킬 공격을 동시에 쓸 수 있다고 가정합니다.

**플레이어가 1초에 줄 수 있는 총 대미지 : 기본 공격(50) + 스킬 공격 (15) = 총 대미지 (65)**

이와 같이 나올 것입니다. 그렇다면 아까 정했던 기준시간인 3분 동안 플레이어가 줄 수 있는 총 대미지를 구해볼까요?

**3분 동안 플레이어가 줄 수 있는 총 대미지 = 1초당 총 대미지(65) X 180 = 11700**

이렇게 역산해보면 3분 동안 적이 받는 총 대미지가 나옵니다. 여기서는 방어력을 빼고, 플레이어의 대미지를 적이 모두 받는다고 가정하면, 3분 동안 적의 총 체력은 11700이 됩니다.

그렇다면, 이것을 일반 몬스터와 보스 몬스터로 나눠볼까요?

플레이 시간 3분 동안 50%인 1분 30초는 일반 몬스터를 사냥하고, 나머지 50%인 1분 30초는 보스전을 한다고 가정해봅니다.


## [1차 체력 배분]

일반 몬스터 무리의 총 체력 : 5850
보스 몬스터의 총 체력 : 5850

여기서, 이전에 일반 몬스터의 체력이 100이라고 했으니, 보스 몬스터에게 체력 50을 이동해서 맞춰줍니다.


## [2차 체력 배분]

일반 몬스터 무리의 총 체력 : 5800
일반 몬스터 는 총 58명이 등장, 일반 몬스터 1명당 체력은 100
보스 몬스터의 총 체력 : 5900

이렇게 기준을 맞추면 몇 가지 기준에 의한 수치 조정이 이루어졌습니다.


## [수치 조정 1차 정리]

몬스터는 4대 맞으면 죽는다.
기본 공격은 2초에 4타 발현되고, 1타마다 25 대미지
스킬 공격은 20초에 한번 3개의 매직미사일이 나가고 1개 발사체마다 100 대미지
일반 몬스터의 체력은 100

일반 몬스터의 숫자는 58명
보스 몬스터의 체력은 5850
플레이어가 1초에 줄 수 있는 총 대미지 65
플레이어가 3분에 줄 수 있는 총 대미지 11700
한 판의 전투가 끝나는 시간 3분

이렇게 기준을 잡을 수 있습니다. 만약 이 게임의 전투 규칙이 턴제 전투라면 이동과 액션이라는 변수가 없기 때문에 비슷할 것입니다.

하지만 이 게임은 액션 RPG이기 때문에 플레이어의 이동, 회피, 기본 공격을 한번 휘두를 때 대미지를 받는 몬스터 수(몬스터의 배치 간격에 따라 달라진다) 등 여러 변수가 많습니다.

이런 변수 때문에 플레이어가 1분당 줄 수 있는 총 대미지와, 몬스터가 동시에 피격을 받는 조건 등이 달라질 수 있습니다.

하지만 아무 기준도 없다면, 초기 밸런스를 맞출 수 없으므로 처음에 이런 식으로 기준을 맞춰보는 것은 중요합니다.

조작에 따라 결과가 달라지는 액션 RPG이므로, 아주 조작을 잘 하는 유저와, 아주 조작을 못하는 유저 중 중간 정도 조작할 수 있는 유저를 가정하여 자동전투 AI를 만듭니다. 자동전투 AI가 완성되면, 1차로 정리한 수치를 플레이어와 몬스터의 스탯에 반영하여, 가정한 수치와 실제 수치가 얼마나 차이가 있는지 검증합니다.

"우리가 설정했던 몬스터는 4대 맞으면 죽는다"와 "한 판의 전투가 끝나는 시간은 3분"의 기준을 그대로 두고 나머지 수치를 맞춰나갑니다. 다시 조정하면, 어디에서 변화가 생겼는지 원인을 파악할 수 있고, 처음에 세웠던 가정을 수정합니다.

예를 들어 플레이어가 3분에 줄 수 있는 총 대미지가 실제로는 몬스터를 동시에 때려서 15200 수준이라고 합니다. 다음번에 밸런스 계산할 때는 총 대미지를 구하는 계산식에 1.3의 계수를 곱해서 계산하면, 차이가 난 부분을 보정하여 보다 정확한 계산식을 만들어낼 수 있습니다.

여기까지 전투밸런스에서 아군 공격력과 적군 체력에 관한 기준을 세우고 계산하는 방법의 예시 설명이었습니다.

## 액션 MORPG게임의 밸런스 기획-3 전투 공식

### [수치 조정 1차 정리]

몬스터는 4대 맞으면 죽는다.

기본 공격은 2초에 4타 발현되고, 1타마다 25 대미지

스킬 공격은 20초에 한번 3개의 매직미사일이 나가고 1개 발사체마다 100 대미지

일반 몬스터의 체력은 100

일반 몬스터의 숫자는 58명

보스 몬스터의 체력은 5850

플레이어가 1초에 줄 수 있는 총 대미지 65

플레이어가 3분에 줄 수 있는 총 대미지 11700

한 판의 전투가 끝나는 시간 3분

지금까지 예시를 통해 아군 공격력과 적군 체력을 정하고, 기준 플레이 시간과 기준 타격 횟수를 조정해보는 연습을 했습니다.

전투밸런스에서 이것만으로는 충분치 않습니다. 큰 개념에서 전투밸런스를 맞춰야 할 항목을 정리해봅니다.

### 전투밸런스 맞춰야 할 것

아군 총 공격력

적군 총 체력

적군 총 공격력

아군 총 체력

대미지 공식 : 방어력과 방어율

일반 스테이지의 스테이지별

몬스터 기준 공격력, 체력, 방어력 (스테이지는 100개로 가정)

액션 MORPG게임에서 전투가 일어나는 일반 스테이지가 100개가 있다고 가정합니다. 우리는 이 100개 스테이지에 존재하는 몬스터의 기준 공격력, 체력, 방어력을 설정하고, 그에 맞춘 적당한 아군 캐릭터의 공격력, 체력, 방어력을 균형적인 수치로 조정하는 것이 목표입니다.

이것을 진행하기 위해서는 우선 몇 가지 기본 개념 학습이 필요합니다. 바로 방어력이 들어가면 어떻게 대미지가 계산되는지 알 수 있는 전투 공식 (대미지 공식)에 대해 이해해야 합니다.

자, 그럼 전투 공식 (대미지 공식)에 대해 지금부터 살펴봅시다. 지금은 가장 쉽고 대중적인 전투 공식에 대해 설명합니다. 전투 공식을 읽기 전에 우리는 먼저 방어력과 방어율 개념에 대해 이해해야 합니다. 많은 게임에서 게임 내 다양한 상황과 변수를 만들기 위해서, 공격력과 체력 이외에 방어율이라는 개념을 씁니다. 이 방어력이라는 수치는 여러 방법으로 계산될 수 있습니다.

단순하게 방어력만큼의 공격력을 흡수한다고 가정해봅니다.

**아군 공격력은 100 , 적 방어력은 50, 상대방 체력은 100입니다.**

그렇다면 아군이 공격을 1번 하면 다음과 같이 됩니다.

**아군이 공격 1번으로 주는 대미지 = (아군 공격력 - 적 방어력) = 100 - 50 = 50**
**아군이 공격 1번 하면 변화하는 상대방 체력 = 100 - 50 = 50**

이런식으로 단순 계산이 될 수 있습니다. 하지만 적 방어력이 50이 아니라 아군 공격력과 같은 100이 되면 어떻게 될까요, 아군이 공격을 해도 0 대미지가 들어갈 것입니다.

이렇게 하면 플레이어는 공격을 아무리 해도 0 대미지밖에 들어가지 않게 되므로 허무한 기분을 느낄 수도 있겠죠.

그래서 더하기 빼기 방식의 방어력이 개념이 아닌, 방어력의 수치에 따라서 상대방의 공격을 흡수하는 비율(%)이 변하는 방어율 개념의 공식을 많이 쓰고 있습니다.


## 전투 공식 : 방어율 공식

**피해 흡수량 (방어율) = 방어력 / 방어력 + 방어 상수 (방어 상수는 여기서 1000을 사용합니다)**

위 공식이 바로 그것입니다.

"피해 흡수량"이란 개념은 상대방이 공격하면 얼마나 피해를 흡수하는지 정도입니다. 만일 피해 흡수량이 0.8 이라고 하면 상대방 공격력의 80%를 흡수한다는 뜻입니다. 상대방의 공격력이 100이고, 피해 흡수량이 0.8이면, 80 대미지를 흡수하여, 실제 대미지는 20이 들어가게 됩니다.

"방어력"이란 말 그대로 방어력 수치이며, 임의의 값을 입력하면 공식에 따라 피해 흡수량이 도출됩니다.

"방어 상수"는 공식을 사용하는 사람이 자유롭게 입력할 수 있는 값으로 어떤 값을 입력하느냐에 따라 그래프의 민감도가 달라집니다. 우리는 여기서 평균적인 수치인 1000이라는 값을 방어 상수로 입력합니다.

방어 상수 "100", "1000". "5000"을 각각 입력했을 때, 방어력과 피해 흡수량이 변화하는 표와 그래프입니다. "방어율" = "피해 흡수량"과 같은 뜻입니다.

| 방어력 | 방어율(1번) | 방어율(2번) | 방어율(3번) |
|---|---|---|---|
| 0 | 0.000 | 0.000 | 0.000 |
| 100 | 0.020 | 0.091 | 0.600 |
| 1000 | 0.167 | 0.500 | 0.909 |
| 1500 | 0.231 | 0.600 | 0.938 |
| 2000 | 0.286 | 0.667 | 0.952 |
| 3000 | 0.375 | 0.750 | 0.968 |
| 4000 | 0.444 | 0.800 | 0.976 |
| 5000 | 0.500 | 0.833 | 0.980 |
| 6000 | 0.545 | 0.857 | 0.984 |
| 7000 | 0.583 | 0.875 | 0.986 |
| 8000 | 0.615 | 0.889 | 0.988 |
| 9000 | 0.643 | 0.900 | 0.989 |
| 10000 | 0.667 | 0.909 | 0.990 |
| 15000 | 0.750 | 0.938 | 0.993 |

1번 계산식 : 방어율 = 방어력/ (방어력 + 5000)
2번 계산식 : 방어율 = 방어력/ (방어력 + 1000)
3번 계산식 : 방어율 = 방어력/ (방어력 + 100)

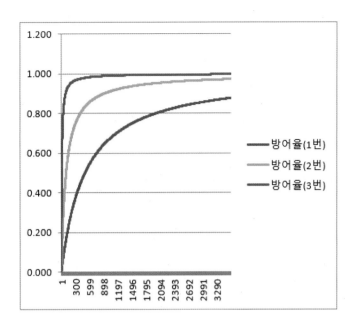

**1번 계산식 : 방어율 = 방어력/ (방어력 + 5000)**
**2번 계산식 : 방어율 = 방어력/ (방어력 + 1000)**
**3번 계산식 : 방어율 = 방어력/ (방어력 + 100)**

피해 흡수량 = 방어력 / (방어력 + 방어 상수)
피해 받는 비율 = 1 - (피해 흡수량)
피해 받는 비율 = {(방어력 + 방어 상수) / (방어력 + 방어 상수)} - {방어력 / (방어력 + 방어 상수)}
피해 받는 비율 = 방어 상수 / 방어력 + 방어 상수
(피해 받는 비율) * (방어력 + 방어 상수) = 방어 상수
(방어력 + 방어 상수) = 방어 상수 / 피해 받는 비율
방어력 = (방어 상수 / 피해 받는 비율) - 방어 상수
유효 체력 = 체력 / 피해받는 비율

또한 방어력과 방어율 공식은 계산을 통해서 다양한 공식으로 변환이 될 수 있습니다.

피해 받는 비율은 피해 흡수량의 반대 개념으로 "피해 받는 비율=1-(피해 흡수량)"으로 계산합니다. 피해 흡수량이 0.8 즉 80%를 흡수하면 피해 받는 비율은 0.2 즉 20%의 피해를 받습니다. 간단하죠?

방어력이라는 수치가 어떻게 구해지는지 추가 공식을 구하기 위해서, 1이라는 값을 "{(방어력+방어 상수)/(방어력+방어 상수)}"라는 값으로 만들어서 계산했습니다.

그 결과 "방어력=(방어 상수/피해 받는 비율) - 방어 상수"라는 추가 공식을 구할 수 있습니다.

| 방어 상수 | 1000 |
|---|---|
| 체력 | 100 |

방어력 체력 환산 공식

| 피해 받는 비율 | 방어력 | 유효 체력 |
|---|---|---|
| 1 | 0 | 100 |
| 0.95 | 53 | 105 |
| 0.9 | 111 | 111 |
| 0.85 | 176 | 118 |
| 0.8 | 250 | 125 |
| 0.75 | 333 | 133 |
| 0.7 | 429 | 143 |
| 0.65 | 538 | 154 |
| 0.6 | 667 | 167 |
| 0.55 | 818 | 182 |
| 0.5 | 1000 | 200 |
| 0.45 | 1222 | 222 |
| 0.4 | 1500 | 250 |
| 0.35 | 1857 | 286 |
| 0.3 | 2333 | 333 |
| 0.25 | 3000 | 400 |
| 0.2 | 4000 | 500 |
| 0.15 | 5667 | 667 |
| 0.1 | 9000 | 1000 |
| 0.05 | 19000 | 2000 |

[표 25 방어력-체력 환산]

체력이 100이고, 방어 상수가 1000일 경우, 피해 받는 비율, 방어력, 그리고 유효 체력을 표시한 표입니다.

"유효 체력"이란 개념은 "피해 받는 비율"이 0.1 이면, 즉 10%의 피해만 받는다면 실제 10배의 체력을 가지고 있는 것과 마찬가지라는 개념입니다. "유효 체력 = 체력 / 피해 받는 비율"로 계산됩니다.

여기서 중요한 사실이 등장합니다. 우리가 이렇게 힘든 계산을 한 이유가 밝혀집니다. "방어력은 체력이라는 수치로 환산이 될 수 있다."

그렇습니다. 바로 방어력을 체력이라는 수치로 환산하기 위해서 이 길고 어려운 과정을 거친 것입니다. 방어력을 체력으로 환산하는 이유는 밸런스의 편의성을 위해서입니다.

아군과 적군이 체력과 공격력만 있다면, 아군 공격력에 맞춘 적군의 체력, 적군 공격력에 맞춘 아군의 체력만 구하면 쉽게 밸런스를 할 수 있습니다.

전투 밸런스의 기본은 바로 "공격 펙터"의 수치를 정리하고 "방어 펙터"의 수치를 정리해서 서로 균형을 맞추는 것입니다.

따라서 모든 수치를 "공격력"과 "체력"으로 환산하면, 용이하게 밸런스를 할 수 있습니다.


## [액션 MORPG게임의 밸런스 기획-4 스테이지 몬스터 기준 수치]

앞서 전투 밸런스를 맞추기 위해서, "1)아군 총 공격력 2)적군 총 체력 3)적군 총 공격력 4)아군 총 체력 5)대미지 공식 : 방어력과 방어율 6)일반 스테이지의 스테이지별 몬스터 기준 공격력, 체력, 방어력"을 맞춰야 한다고 했습니다.

5) 대미지 공식은 다음과 같이 정했습니다.

**피해 흡수량 = 방어력 / (방어력 + 1000)**
1000이라는 값은 방어 상수입니다. 우리는 여기서 1000으로 정했습니다.

다음 순서로 "6)일반 스테이지의 스테이지별 몬스터 기준 공격력, 체력, 방어력"을 만들어봅니다. 우선 엑셀로 1부터 100 스테이지까지 공격력, 체력, 방어력을 만들어 넣습니다. 예시이므로 표에서는 50스테이지까지만 표시하고, 수치 수정 방법을 설명하겠습니다.
(100스테이지의 수치 수정 방법도 동일합니다)

| 레벨 | 기준체력 | 기준 초당 공격력 | 기준방어력 |
|---|---|---|---|
| 1 | 4129 | 208 | 20 |
| 2 | 4152 | 210 | 28 |
| 3 | 4187 | 212 | 37 |
| 4 | 4235 | 215 | 45 |
| 5 | 4294 | 219 | 54 |
| 6 | 4365 | 223 | 62 |
| 7 | 4448 | 228 | 71 |
| 8 | 4543 | 234 | 80 |
| 9 | 4649 | 241 | 89 |
| 10 | 4766 | 249 | 97 |
| 11 | 4895 | 257 | 106 |
| 12 | 5035 | 266 | 115 |
| 13 | 5187 | 276 | 125 |
| 14 | 5349 | 287 | 134 |
| 15 | 5522 | 299 | 143 |
| 16 | 5706 | 311 | 152 |
| 17 | 5901 | 324 | 162 |
| 18 | 6106 | 339 | 171 |
| 19 | 6322 | 353 | 181 |
| 20 | 6548 | 369 | 277 |
| 21 | 6785 | 386 | 286 |
| 22 | 7032 | 403 | 296 |
| 23 | 7289 | 422 | 306 |
| 24 | 7556 | 441 | 316 |
| 25 | 7832 | 461 | 326 |
| 26 | 8119 | 482 | 336 |
| 27 | 8415 | 503 | 346 |
| 28 | 8721 | 526 | 356 |
| 29 | 9037 | 550 | 366 |
| 30 | 9361 | 574 | 472 |
| 31 | 9695 | 600 | 482 |
| 32 | 10038 | 626 | 493 |
| 33 | 10391 | 653 | 503 |
| 34 | 10752 | 681 | 513 |
| 35 | 11122 | 710 | 524 |
| 36 | 11501 | 740 | 535 |
| 37 | 11888 | 771 | 545 |
| 38 | 12284 | 803 | 556 |
| 39 | 12689 | 835 | 567 |
| 40 | 13102 | 869 | 683 |
| 41 | 13523 | 904 | 694 |
| 42 | 13952 | 939 | 704 |
| 43 | 14389 | 976 | 715 |
| 44 | 14834 | 1014 | 726 |
| 45 | 15287 | 1052 | 737 |
| 46 | 15748 | 1092 | 748 |
| 47 | 16216 | 1132 | 759 |
| 48 | 16692 | 1174 | 770 |
| 49 | 17176 | 1216 | 781 |
| 50 | 17666 | 1260 | 901 |

[표 26 스테이지별 몬스터 체력, 공격력, 방어력 기준]

1 스테이지부터, 50 스테이지까지의 몬스터 기준 체력, 기준 초당 공격력, 기준 방어력의 수치표가 만들어졌습니다. 안에 있는 데이터는 점점 증가하는 형식으로 입력하였는데, 어떤 식으로 데이터를 만들어 넣는지는 이후에 설명합니다.

우선, 3차 방정식의 그래프 수식을 입력한 기준 체력을 살펴봅니다.

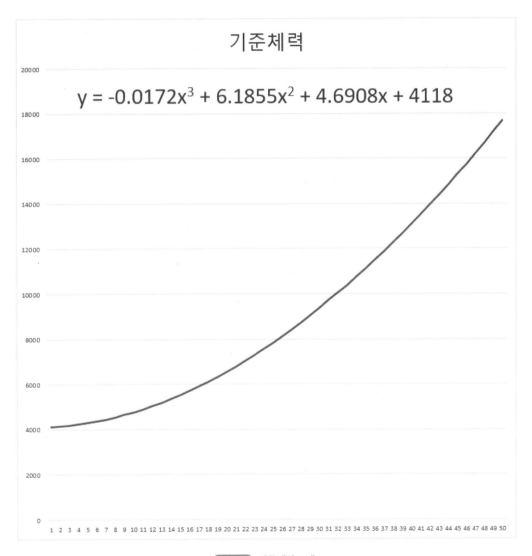

**그림 2-4** 기준체력 그래프

## [기준 체력의 3차 방정식 추세선]

y = -0.0172x3 + 6.1855x2 + 4.6908x + 2

스테이지가 뒤로 갈수록 몬스터의 체력이 계속 증가하는 것을 볼 수 있습니다.

이 기준 체력이란, 1스테이지에서는 일반 몬스터의 체력이 4129 정도 수준이 되고, 50스테이지에서는 일반 몬스터의 수준이 17,666 정도 된다는 것입니다. 마찬가지로, "기준 초당 공격력"과 "기준 방어력"도 1스테이지부터 50 스테이지까지 일반 몬스터가 가지는 평균적인 공격력과 방어력이라고 생각하면 됩니다.

우리가 우선 스테이지별 몬스터 수치의 기준을 그렇게 정하고, 전투 밸런스의 나머지 수치를 맞춰나가는 것입니다.

이런 수치들을 처음에는 임의값을 감에 의해서 입력해도 되지만, 추후에 수치를 관리하려면 수식으로 만들어놓는다면, 수식의 숫자를 조정하는 것만으로도 쉽게 전체 수치들을 변경시킬 수 있습니다.

여기에서는 엑셀의 기능인 "추세선 추가"기능을 이용해서, 계속 증가하는 형식의 임의 숫자에 추세선을 그리고, 3차 방정식으로 수식화하는 방법을 배워봅니다.

현재, 기준체력의 경우 3차 방정식 형식으로 수식화되어 있지만, "기준 초당 공격력"과 "기준 방어력"은 임의값이 입력되어 있기 때문에 아직 3차 방정식 형식으로 수식화되어 있지 않습니다.

엑셀 추세선에서 3차 방정식을 쓰는 이유는 2차 방정식보다 더 급격하게 증가하기 때문입니다. 경우에 따라서 급격하게 증가시키길 원하지 않는다면 2차 방정식을 써도 됩니다.

또한 꼭 2차 방정식, 3차 방정식이 아니라 원하는 그래프의 모양을 만들기 위해서는 다양한 수식이 있으니, 필요한 수식을 가져다 쓰면 됩니다.

현재는 가장 쉽게 할 수 있는 "임의값을 엑셀 추세선 추가 기능으로 3차 방정식으로 추세선을 표시하고, 이를 수식화하는 법"에 대해 설명합니다.

우선 마이크로소프트 엑셀에서 기준 초당 공격력을 마우스로 드래그해서 값 50개를 선택합니다.

| 레벨 | 기준체력 | 기준 초당 공격력 | 기준방어력 |
|---|---|---|---|
| 1 | 4129 | 208 | 29 |
| 2 | 4152 | 210 | 33 |
| 3 | 4187 | 212 | 37 |
| 4 | 4235 | 215 | 42 |
| 5 | 4294 | 219 | 48 |
| 6 | 4365 | 223 | 55 |
| 7 | 4448 | 228 | 63 |
| 8 | 4543 | 234 | 72 |
| 9 | 4649 | 241 | 82 |
| 10 | 4766 | 249 | 92 |
| 11 | 4895 | 257 | 103 |
| 12 | 5035 | 266 | 115 |
| 13 | 5187 | 276 | 128 |
| 14 | 5349 | 287 | 141 |
| 15 | 5522 | 299 | 155 |
| 16 | 5706 | 311 | 170 |
| 17 | 5901 | 324 | 185 |
| 18 | 6106 | 339 | 201 |
| 19 | 6322 | 353 | 218 |
| 20 | 6548 | 369 | 235 |
| 21 | 6785 | 386 | 252 |
| 22 | 7032 | 403 | 270 |
| 23 | 7289 | 422 | 288 |
| 24 | 7556 | 441 | 307 |
| 25 | 7832 | 461 | 326 |
| 26 | 8119 | 482 | 346 |
| 27 | 8415 | 503 | 365 |
| 28 | 8721 | 526 | 385 |
| 29 | 9037 | 550 | 406 |
| 30 | 9361 | 574 | 426 |

엑셀에서 "삽입 - 차트 - 2차원 꺾은선형 차트"를 선택합니다.

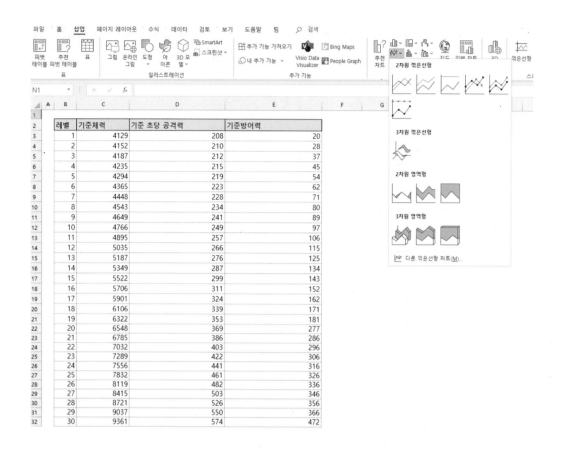

차트가 나오면 마우스로 그래프를 직접 클릭하면 "점"표시가 나옵니다. 이 상태에서 마우스를 오른쪽 클릭하면 나오는 팝업에서 "추세선 추가"를 누릅니다.

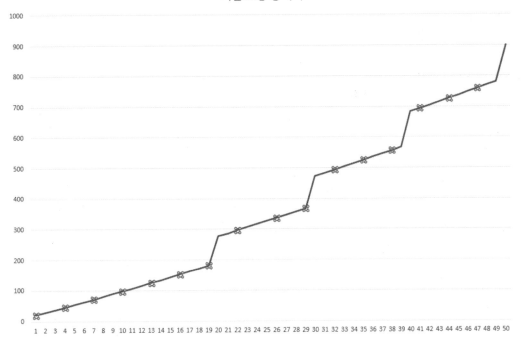

기준 초당 공격력

추세선 추가를 누르면 우측에 여러 가지 "추세선 옵션"이 나옵니다. "추세선 옵션"에서 "다항식"
을 선택하고, 차수에 "3"을 입력합니다.

이렇게 되면 추세선이 3차 방정식 형식으로 변환하게 됩니다.

또한 맨 아래 체크박스에 "수식을 차트에 표시"라는 체크박스를 체크하면 3차 방정식으로 된 수
식이 그래프에 표시됩니다. 수식이 표시되더라도 글자가 작으니 글자를 키우면 좀 더 쉽게 알아
볼 수 있습니다.

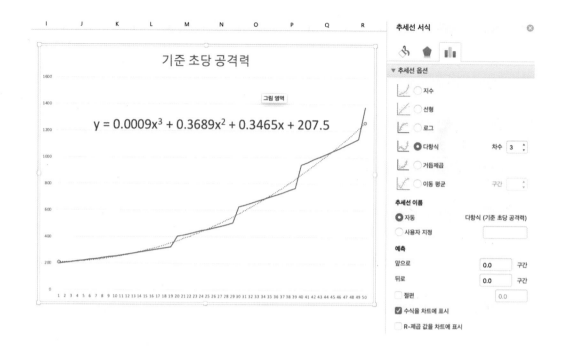

이렇게 임의로 입력한 값(더미 데이터)을 추세선으로 변환하여, 3차 방정식의 수식을 만들어냈습니다. 그렇다면 이것을 가지고, 값으로 변환해봅니다.

우선 종이에 구한 수식을 잘 적어둡니다.

## [기준 초당 공격력의 3차 방정식 추세선]

y = 0.0009x3 + 0.3689x2 + 0.3465x + 207.5
엑셀을 열고, 기존에 입력되었던 "기준 초당 공격력"에 입력된 임의값을 삭제합니다.

| | VLOOKUP ⇕ | ✕ ✓ | fx | =(0.0009*B3^3)+(0.3689*B3^2)+(0.3465*B3)+207.5 | |
|---|---|---|---|---|---|

| | A | B | C | D | E |
|---|---|---|---|---|---|
| 1 | | | | | |
| 2 | | 레벨 | 기준체력 | 기준 초당 공격력 | 기준방어력 |
| 3 | | =(0.0009*B3^3)+(0.3689*B3^2)+(0.3465*B3)+207.5 | | | 20 |
| 4 | | 2 | 4152 | | 28 |
| 5 | | 3 | 4187 | | 37 |
| 6 | | 4 | 4235 | | 45 |
| 7 | | 5 | 4294 | | 54 |
| 8 | | 6 | 4365 | | 62 |
| 9 | | 7 | 4448 | | 71 |
| 10 | | 8 | 4543 | | 80 |
| 11 | | 9 | 4649 | | 89 |
| 12 | | 10 | 4766 | | 97 |
| 13 | | 11 | 4895 | | 106 |
| 14 | | 12 | 5035 | | 115 |
| 15 | | 13 | 5187 | | 125 |
| 16 | | 14 | 5349 | | 134 |
| 17 | | 15 | 5522 | | 143 |
| 18 | | 16 | 5706 | | 152 |
| 19 | | 17 | 5901 | | 162 |
| 20 | | 18 | 6106 | | 171 |

엑셀 시트의 "D3"셀에 종이에 적어뒀던 3차 방정식을 이용해서, 수식으로 입력합니다.

=(0.0009*B3^3)+(0.3689*B3^2)+(0.3465*B3)+207.5

여기에서 "B3"셀은 X 값의 역할을 하며, B3, B4, B5 가 1, 2 , 3 식으로 1씩 증가하므로, X값이 1 씩 증가하게 됩니다. 이 X 값의 증가값에 따라 Y값이 결정되는 식입니다. 곱하기는" * "를 입력 하면 되고, 꺽쇠 " ^ " 기호를 입력하면, 제곱을 표현할 수 있습니다. 엔터를 치면 "208"이라는 값 이 구해집니다. 여기에서 이 값을 아래 셀에 드래그해서 채웁니다.

| | D3 | | $f_x$ | =(0.0009*B3^3)+(0.3689*B3^2)+(0.3465*B3)+207.5 | |
|---|---|---|---|---|---|

| | A | B | C | D | E |
|---|---|---|---|---|---|
| 1 | | | | | |
| 2 | | 레벨 | 기준체력 | 기준 초당 공격력 | 기준방어력 |
| 3 | | 1 | 4129 | 208 | 20 |
| 4 | | 2 | 4152 | 210 | 28 |
| 5 | | 3 | 4187 | 212 | 37 |
| 6 | | 4 | 4235 | 215 | 45 |
| 7 | | 5 | 4294 | 219 | 54 |
| 8 | | 6 | 4365 | 223 | 62 |
| 9 | | 7 | 4448 | 228 | 71 |
| 10 | | 8 | 4543 | 234 | 80 |
| 11 | | 9 | 4649 | 241 | 89 |
| 12 | | 10 | 4766 | 249 | 97 |
| 13 | | 11 | 4895 | 257 | 106 |
| 14 | | 12 | 5035 | 266 | 115 |
| 15 | | 13 | 5187 | 276 | 125 |
| 16 | | 14 | 5349 | 287 | 134 |
| 17 | | 15 | 5522 | 299 | 143 |
| 18 | | 16 | 5706 | 311 | 152 |
| 19 | | 17 | 5901 | 324 | 162 |
| 20 | | 18 | 6106 | 339 | 171 |
| 21 | | 19 | 6322 | 353 | 181 |
| 22 | | 20 | 6548 | 369 | 277 |
| 23 | | 21 | 6785 | 386 | 286 |
| 24 | | 22 | 7032 | 403 | 296 |
| 25 | | 23 | 7289 | 422 | 306 |
| 26 | | 24 | 7556 | 441 | 316 |
| 27 | | 25 | 7832 | 461 | 326 |
| 28 | | 26 | 8119 | 482 | 336 |
| 29 | | 27 | 8415 | 503 | 346 |
| 30 | | 28 | 8721 | 526 | 356 |
| 31 | | 29 | 9037 | 550 | 366 |
| 32 | | 30 | 9361 | 574 | 472 |

값이 아래로 채워지면서 3차 방정식의 수식이 적용되어 값이 변환됩니다.

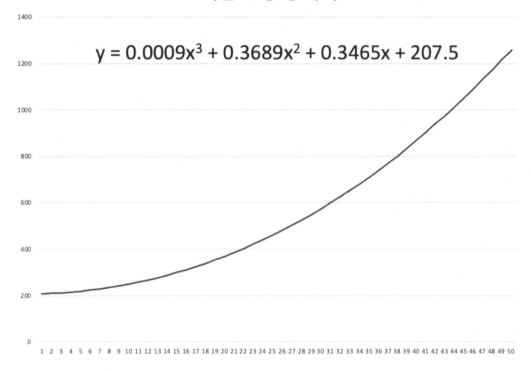

기준 초당 공격력

$$y = 0.0009x^3 + 0.3689x^2 + 0.3465x + 207.5$$

이렇게 더미 데이터의 값이 자연스러운 3차 방정식의 그래프로 변환되었습니다. 만약 그래프의 기울기 값을 바꾸고 싶다면, 앞서 입력했던 수식의 값을 조금씩 변화시켜 보면, 그래프의 기울기와 시작값, 끝값이 변화되는 것을 볼 수 있습니다.

따라서 앞으로 밸런싱을 할 때도 이 수식에 입력된 숫자만 조금 바꾼다면, 전체 수치를 수동으로 입력하지 않아도 쉽게 전체 수치를 바꿀 수 있습니다.

이렇게 기준 테이블을 만드는 이유는 이 "기준 테이블"에서 실제 "몬스터 데이터"와 연결시키거나, "캐릭터 데이터"와 연결시켜 놓고, 기준 테이블의 수식만 바꾸면 전체 밸런스를 짧은 시간에 한 번에 자동 계산되어 바꿀 수 있기 때문입니다.

밸런스 구조를 처음에 구축하기가 어려울 뿐이지, 기준 테이블을 만들고, 기준 테이블의 수치를 수식화하고, 다른 테이블을 기준 테이블에 연결시키면 그 다음에는 매우 쉽게 전체 수치가 조정이 됩니다. 마찬가지로 기준 방어력도 수식화해 봅니다.

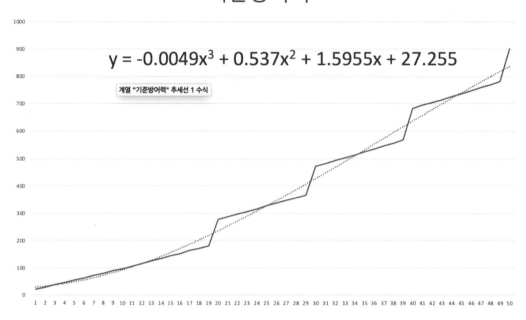

## [기준 방어력의 3차 방정식 추세선]

y = -0.0049x3 + 0.537x2 + 1.5955x + 27.255

VLOOKUP  ✕  ✓  $fx$   =(-0.0049*B3^3)+(0.537*B3^2)+(1.5955*B3)+27.255

| 레벨 | 기준체력 | 기준 초당 공격력 | 기준방어력 |
|---|---|---|---|
| 1 | 4129 | =(-0.0049*B3^3)+(0.537*B3^2)+(1.5955*B3)+27.255 | |
| 2 | 4152 | 210 | 33 |
| 3 | 4187 | 212 | 37 |
| 4 | 4235 | 215 | 42 |
| 5 | 4294 | 219 | 48 |
| 6 | 4365 | 223 | 55 |
| 7 | 4448 | 228 | 63 |
| 8 | 4543 | 234 | 72 |
| 9 | 4649 | 241 | 82 |
| 10 | 4766 | 249 | 92 |
| 11 | 4895 | 257 | 103 |
| 12 | 5035 | 266 | 115 |
| 13 | 5187 | 276 | 128 |
| 14 | 5349 | 287 | 141 |
| 15 | 5522 | 299 | 155 |
| 16 | 5706 | 311 | 170 |
| 17 | 5901 | 324 | 185 |
| 18 | 6106 | 339 | 201 |
| 19 | 6322 | 353 | 218 |
| 20 | 6548 | 369 | 235 |
| 21 | 6785 | 386 | 252 |
| 22 | 7032 | 403 | 270 |
| 23 | 7289 | 422 | 288 |
| 24 | 7556 | 441 | 307 |
| 25 | 7832 | 461 | 326 |
| 26 | 8119 | 482 | 346 |
| 27 | 8415 | 503 | 365 |
| 28 | 8721 | 526 | 385 |
| 29 | 9037 | 550 | 406 |
| 30 | 9361 | 574 | 426 |

**[엑셀 "E3"셀에 입력하는 수식]**

=(-0.0049*B3^3)+(0.537*B3^2)+(1.5955*B3)+27.255

# 기준방어력

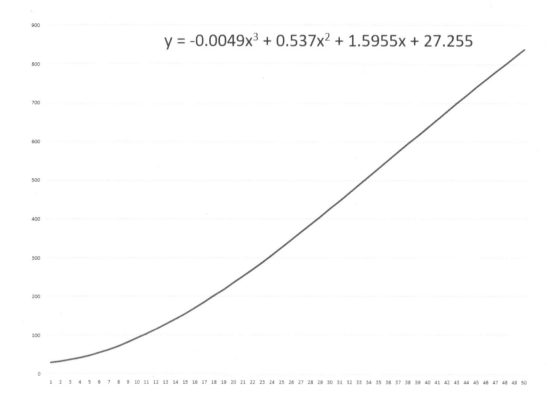

$$y = -0.0049x^3 + 0.537x^2 + 1.5955x + 27.255$$

기준 방어력도 마찬가지로 3차 방정식으로 수식화하고, "E3"셀을 선택하고, 마우스로 아래로 드래그하면, 수식이 적용된 값이 채워지게 됩니다.

1차로 1~50스테이지까지 몬스터의 "기준 체력", "기준 초당 공격력", "기준 방어력"의 기준 테이블이 각각 3차 방정식으로 수식화되어 입력이 완료되었습니다.

## 액션 MORPG게임의 밸런스 기획-5 아군 스탯 기준

지금까지 액션RPG게임의 스테이지별로 몬스터들의 강함을 설정하는 작업을 했습니다.

더불어서 적군 일반 몬스터를 기본 공격으로 몇 대 때리면 죽게 만들 것인가(예를 들어 4대),

각 스테이지를 몇 분에 클리어하게 만들 것인가, 일반 몬스터는 몇 명이나 배치할 것인가에 따라 적군 일반 몬스터의 체력과 보스 몬스터의 체력이 정해졌습니다.

또한 방어력을 방어율(피해 흡수 비율)로 환산하는 공식을 써서, 적군의 방어력을 체력으로 환산하여 유효 체력(방어력을 반영한 실제 체력)을 구할 수 있었습니다.

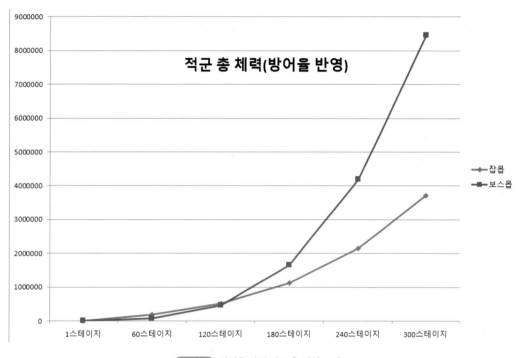

**그림 2-5** 방어율 반영 적군 총 체력 그래프

이제부터는 적군의 공격력을 구해야 하고, 그에 맞춘 아군의 공격력 수준과 체력 수준도 정해야 합니다. 적군의 경우에는 장비를 차거나 강화 요소와 같은 것들이 없기 때문에 수치 구성이 복잡하지 않습니다. 따라서 적군의 체력과 공격력을 임의로 설정해놓고, 아군의 수치를 맞추는 것이 더 쉽습니다.

왜냐하면 아군의 경우 레벨업이나 장비 착용 등 추가 성장요소가 많아 수치를 나눠주는 작업이 더 복잡하기 때문입니다.

몬스터의 공격력도 체력과 마찬가지로 스테이지별로 기준 공격력을 정해줍니다. 몬스터별로 한번 때리는 타수나 공격속도가 다를 수 있습니다. 그러므로 이 몬스터의 기준 공격력은 초당 공격력(DPS: damage per second)으로 일괄적으로 정하고 공격애니메이션과 스킬을 이 기준 공격력(DPS)에 맞추는 것이 쉽습니다.

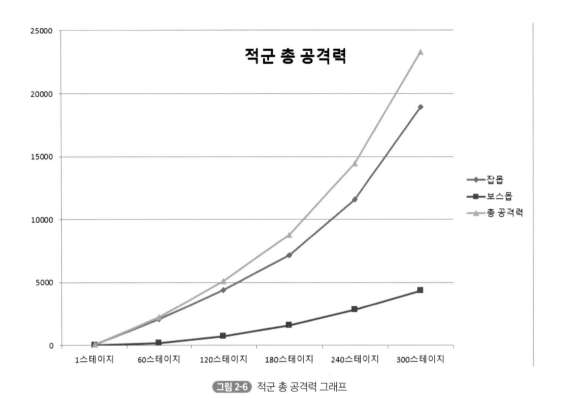

**그림 2-6** 적군 총 공격력 그래프

스테이지에 등장하는 일반 몬스터 전부가 가지고 있는 초당 공격력의 합과 보스가 가지고 있는 초당 공격력의 합이 적군 총 공격력입니다. 이 초당 공격력에 60을 곱하면 1분당 적군 총 공격력이 되며, 120을 곱하면 2분당 적군 총 공격력이 됩니다.

만약 우리가 2분 동안 적군을 물리치는 것을 가정하고 아군 총 공격력과 적군 총 체력을 맞췄다면, 마찬가지로 2분 동안 몬스터들이 아군에게 가할 수 있는 총 공격력을 계산해서, 아군의 체력을 설정해줍니다.

레벨별로 아래 무기와 방어구를 찬다고 기준을 잡습니다. 등급 숫자가 높을 수록 좋은 아이템입니다.

| 1레벨 | 20레벨 | 40레벨 | 60레벨 | 80레벨 | 100레벨 | 120레벨 |
|---|---|---|---|---|---|---|
| 기본무기-1등급 | 기본무기-2등급 | 기본무기-3등급 | 기본무기-4등급 | 기본무기-5등급 | 기본무기-6등급 | 기본무기-6등급 40LV |
| 스킬무기1-1등급 | 스킬무기1-2등급 | 스킬무기1-3등급 | 스킬무기1-4등급 | 스킬무기1-5등급 | 스킬무기1-6등급 | 스킬무기1-6등급 40LV |
| 스킬무기2-1등급 | 스킬무기2-2등급 | 스킬무기2-3등급 | 스킬무기2-4등급 | 스킬무기2-5등급 | 스킬무기2-6등급 | 스킬무기2-6등급 40LV |
| 스킬무기3-1등급 | 스킬무기3-2등급 | 스킬무기3-3등급 | 스킬무기3-4등급 | 스킬무기3-5등급 | 스킬무기3-6등급 | 스킬무기3-6등급 40LV |
| 방어구상의-1등급 | 방어구상의-2등급 | 방어구상의-3등급 | 방어구상의-4등급 | 방어구상의-5등급 | 방어구상의-6등급 | 방어구상의-6등급 40LV |
| 방어구하의-1등급 | 방어구하의-2등급 | 방어구하의-3등급 | 방어구하의-4등급 | 방어구하의-5등급 | 방어구하의-6등급 | 방어구하의-6등급 40LV |
| 방어구머리-1등급 | 방어구머리-2등급 | 방어구머리-3등급 | 방어구머리-4등급 | 방어구머리-5등급 | 방어구머리-6등급 | 방어구머리-6등급 40LV |
| 방어구신발-1등급 | 방어구신발-2등급 | 방어구신발-3등급 | 방어구신발-4등급 | 방어구신발-5등급 | 방어구신발-6등급 | 방어구신발-6등급 40LV |
| 장신구-1등급 | 장신구-2등급 | 장신구-3등급 | 장신구-4등급 | 장신구-5등급 | 장신구-6등급 | 장신구-6등급 40LV |

[표 27 레벨별 기준 장비]

이렇게 클리어 시간, 기본 공격 타수에 따라 아군과 적군의 기준 공격력을 맞춰나갑니다.

이때 아군의 공격력과 체력은 어떤 기준으로 맞춰야 할까요? 아군은 성장요소가 있기 때문에 단계별로 시간의 흐름에 따른 임의의 성장치를 샘플로 만들어서, 적군의 스테이지 수준과 맞춰 봅니다.

예를 들어 10레벨 아군이 기본 무기 2등급을 착용하고, 룬 2등급 3개를 착용하고, 방어구와 장신구 2등급을 착용한 상태에서 , 적군 20스테이지를 클리어하게 하고 싶다고 가정합니다.

적군 20스테이지의 적군 총 공격력과 총 체력은 정했으므로, 2분 스테이지 클리어와 기본 공격 4타에 의해 아군 총 공격력과 아군 총 체력의 수준도 정할 수 있습니다. 이렇게 아군의 큰 수치를 먼저 정하고, 그것을 장비에도 수치를 나눠줍니다.

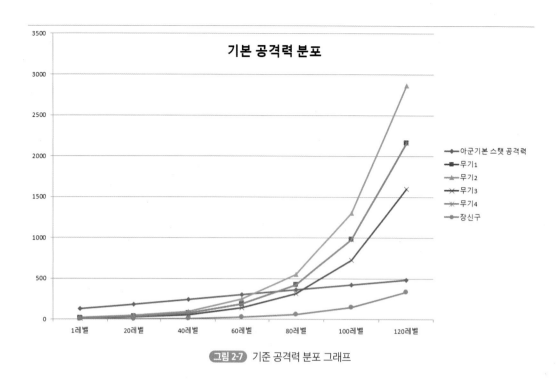

그림 2-7  기준 공격력 분포 그래프

예를 들어 아군 10레벨에 장비를 아무것도 차지 않은 맨몸의 공격력과 체력은 전체의 20% 할당하고, 방어구와 장신구에는 30% , 무기에는 30%, 룬에는 20% 나눠준다고 가정하면 상용화를 위한 스탯 분배를 완료할 수 있습니다.

이와 같이 진행해서 스테이지별 적군 공격력과 체력, 레벨별로 특정 장비를 찬 아군의 가상 프로필 여러 개와, 그 가상 프로필이 특정 스테이지를 클리어할 수 있도록 설정, 아군의 장비별로 스탯 배분 작업이 모두 끝났습니다.

다만 이 게임은 턴제 RPG게임이 아닌 액션RPG게임이기 때문에 아군 스탯과 적군 스탯 설정에서 조작에 따른 어느 정도의 오차가 발생할 수 있습니다. 이를 보정하기 위해서는 실제 게임 테스트를 통한 수치 보정이 필요합니다. 평균 정도 조작 숙련도를 가진 인공지능을 탑재한 자동전투를 만들어서 스테이지를 클리어해 가며 수치를 보정합니다.

지금까지 전투 밸런스와 성장 밸런스를 진행했습니다.

여기까지 하면, 아군 몇 레벨 캐릭터가 어떤 수준 장비를 착용하면 스테이지 몇을 도전하는데 적합한지 수치를 맞췄습니다.

이것을 역으로 생각해보면 특정 스테이지를 클리어하기 위해 어느 정도 성장한 캐릭터와 어떤 무기가 있으면 된다는 것을 알 수 있습니다.

예를 들어 50번째 스테이지를 클리어하려면, 30레벨 캐릭터를 가지고 있어야 하고, 4등급에 해당하는 무기와 방어구, 룬을 모두 착용해야 적합한 전투력이 나온다고 가정합니다.

그렇다면 우리가 이에 해당하는 장비를 유저가 얼마나 플레이해야, 또는 얼마나 현금 결제를 해야 얻을 수 있는지를 설정한다면, 보상 밸런스와 상용화 아이템의 가격 수준을 맞출 수 있을 것입니다.

장비를 성장시키려면, 성장시키려고 하는 목표 장비에 다른 장비를 재료로 넣고 합성하면 목표 장비가 레벨업을 하고 성장하는 게임 시스템이 있다고 가정합니다.

이럴 경우, 낮은 특정 등급의 장비를 몇 개 모으면 높은 특정 등급의 장비를 얻을 수 있습니다.

**[장비의 가치 계산 예시]**

3성 1레벨 1개
= 2성 30레벨 1개
= 2성 1레벨(베이스) 1개+2성 1레벨(재료) 8개
= 2성 1레벨 9개

4성 1레벨 1개
= 3성 30레벨 1개
= 3성 1레벨(베이스) 1개+2성 1레벨(재료) 26개
= 2성 1레벨 35개

5성 1레벨 1개
= 4성 30레벨 1개
= 4성 1레벨(베이스) 1개+2성 1레벨(재료) 65개
= 2성 1레벨 100개

6성 1레벨 1개
= 5성 30레벨 1개
= 5성 1레벨(베이스) 1개+2성 1레벨(재료) 129개
= 2성 1레벨 229개

6성 30레벨 1개 6성 1레벨 1개(베이스)+ 2성 1레벨(재료) 516개
= 2성 1레벨(재료) 745개

6성 40레벨 1개
= 6성 30레벨 1개(베이스)
　　+6성 1레벨 5개(초월 재료)+2성 1레벨 178개(30-40 성장 재료)
= 2성 1레벨 745개(베이스)+2성 1레벨 1145(229*5)개(한계돌파 재료)
　　+2성 1레벨 178개(30-40 성장 재료)
= 2성 1레벨 2068개

*최고 레벨 도달 1레벨 재료 소모 개수 　　　　최고 레벨: 30 기준 　　　　단위:개

| | (재료)1성 | 2성 | 3성 | 4성 | 5성 | 6성 |
|---|---|---|---|---|---|---|
| (목표)1성 | 5.3 | 1.9 | 0.6 | 0.2 | 0.1 | 0.0 |
| 2성 | 20.3 | 7.2 | 2.5 | 0.6 | 0.5 | 0.0 |
| 3성 | 72.5 | 25.8 | 8.8 | 2.1 | 1.6 | 0.1 |
| 4성 | 181.2 | 64.4 | 22.0 | 5.2 | 4.1 | 0.3 |
| 5성 | 362.5 | 128.9 | 43.9 | 10.4 | 8.1 | 0.6 |
| 6성 | 1450.0 | 515.7 | 175.8 | 41.4 | 32.6 | 2.5 |

*재료 1개당 레벨업 횟수[1레벨 재료] 　　　　단위:회

| | (재료)1성 | 2성 | 3성 | 4성 | 5성 | 6성 |
|---|---|---|---|---|---|---|
| (목표)1성 | 5.5 | 15.4 | 45.1 | 191.5 | 243.4 | 3172.6 |
| 2성 | 1.4 | 4.0 | 11.8 | 50.1 | 63.7 | 830.5 |
| 3성 | 0.4 | 1.1 | 3.3 | 14.0 | 17.8 | 232.1 |
| 4성 | 0.2 | 0.4 | 1.3 | 5.6 | 7.1 | 92.8 |
| 5성 | 0.1 | 0.2 | 0.7 | 2.8 | 3.6 | 46.4 |
| 6성 | 0.02 | 0.1 | 0.2 | 0.7 | 0.9 | 11.6 |

그렇다면 우리가 스테이지에 뿌려주는 보상을 설계할 때, 낮은 장비를 어느 정도의 빈도로 몇 개 뿌려주면, 목표하는 높은 등급의 장비를 얻기 위해서는 플레이 타임이 몇 시간이 걸릴 것인지 계산할 수 있습니다.

예를 들어 100시간을 플레이하여 전설 장비를 얻게 하고 싶다면, 스테이지 클리어 시간을 시뮬레이션해서 전설 장비를 만들기 위한 재료 장비의 수를 계산해서 적정히 뿌려주면 보상 밸런스가 완료됩니다.

이 경우에 전설 장비는 100시간의 가치를 가지게 되는 것이죠.

만약 뽑기에서 전설 장비를 유저가 뽑아야 하는데 10만 원 정도의 가치를 가지게 하고 싶다면, 또한 뽑기 수행 1회 차에 1000원의 금액이 든다면 전설 장비의 확률을 1% 정도로 설정하면 적당할 것입니다.

또한 100시간 = 10만 원 정도의 가치로 환산될 수 있으므로, 1시간은 1000원의 가치를 가지게 됩니다.

이와 같이 시간 기준으로 각 보상을 얻을 수 있는 시간을 계산하고, 그것을 현금 가치로 환산해서 캐쉬숍의 여러 아이템 가격을 설정할 수 있습니다.

# 사운드 기획

재미있는 게임과 재미없는 게임을 구분하려면 , 여러 가지 방법이 있지만, 사운드를 꺼보고 플레이를 해보라는 말이 있습니다. 사운드를 꺼도 게임 플레이 진행과 이펙트, 전투 시스템 등 핵심재미가 재미가 있으면 훌륭한 게임이라는 뜻인데, 역으로 생각하면 사운드가 좋은 게임은 재미가 조금 없더라도 재미있게 느낄 수 있다는 말도 됩니다.

그만큼 게임에 사운드라는 요소는 재미를 살려주는 매우 중요한 요소라고 볼 수 있습니다.

필자의 경우 마비노기라는 게임의 OST가 너무 듣기가 좋아서 게임에 몰입을 했었던 기억이 있습니다. 마비노기를 처음 설치했을 때 로고와 나오는 오프닝 음악 때문에 게임에 매력을 느꼈고, 그 매력적인 사운드 덕분에 2년 정도 계속 플레이를 하게 되었습니다.

또한 칸노 요코의 대항해 시대2도 당시 OST가 엄청난 반향을 일으킬 만큼 게이머들에게 명작으로 기억되고 있습니다. 이처럼 좋은 사운드는 스토리와 함께 게임의 감성적 만족과 상상력을 극대화시키는 효과가 있습니다.

어쨌든 이런 사운드를 일단 기획자가 정리해야 할 텐데, 어떤 식으로 정리하면 되는지 예를 들어보고자 합니다.

전체 구조도를 만듭니다. 1파트에서 잠깐 언급했었던, 일본 퍼즐 RPG게임 밀리언 체인을 예시로 다시 듭니다.

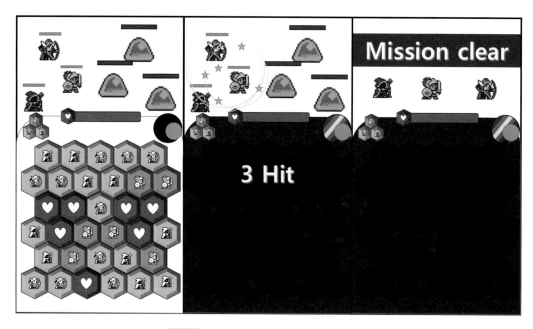

**그림 2-8** 일본의 퍼즐 RPG게임 밀리언 체인, 예시

밀리언 체인은 퍼즐을 한붓그리기로 이으면, 그 속성 색깔에 맞는 내 캐릭터가 공격하고, 상대방 캐릭터가 공격을 다시 하는 턴제 RPG게임입니다.

또한 밀리언 체인은 다른 일본향 카드 RPG시스템과 마찬가지로 베이스 캐릭터에 재료 캐릭터를 합성하여, 베이스 캐릭터의 레벨을 올리는 강화 합성 시스템이 있고, 캐릭터의 레벨이 일정레벨 (예를 들어 20)에 도달하여 진화 조건이 되면, 진화를 시켜 캐릭터의 별등급을 올리는 진화 시스템이 있습니다.

그렇게 강해지게 만든 캐릭터들 중에 가장 강한 5명을 선택하여 전투에 임하면 되는 게임입니다.

밀리언 체인의 상용화 시스템으로 일본 게임에서 아주 일반적으로 통용되는 뽑기 시스템도 들어가 있습니다. 일본향 RPG의 경우에 전체 성장과 상용화 시스템이 거의 천편일률적으로 위의 강화/합성, 진화, 뽑기 시스템을 많이 쓰고 있습니다. 앞으로 계속해서 나오는 게임들도 많이 쓰고 있는 실정입니다.

그 이유는 해당 비즈니스 모델이 검증되었고, 여전히 매출이 잘 발생하고 있기 때문입니다.

현재 밀리언 체인이라는 RPG게임에 대해 이 정도 정보가 있다고 생각하고, 배경음악의 콘셉트와 리스트를 정해봅니다. 아래와 같이 작성하기로 합니다.

**사운드 효과음 / 배경음 리스트**
콘셉트: 배경음은 웅장한 판타지 세계의 서사를 느낄 수 있는. 중세 분위기의 행진곡풍 / 효과음은 배경음과 어울리게
배경음악

| 번호 | 이름 | 설명 |
|---|---|---|
| 1 | 배경음1(메인테마) | 게임 플레이 배경음1. 로딩 신과 메인화면에서 나옴 |
| 2 | 배경음2 | 게임 플레이 배경음2. 게임 플레이 시 나옴 (전투 신에서 나옴) |
| 3 | 배경음3 | 게임 플레이 배경음3. 보스 스테이지에서 나옴 |
| 4 | 배경음4 | 게임 플레이 배경음4. 친구의 마을에 놀러가면 나옴 |
| 5 | 이벤트 | 이벤트 스테이지에서 나오는 배경음악 |
| 6 | 레이드 | 레이드 스테이지에서 나오는 배경음악 |

[표 28 밀리언 체인 배경음 콘셉트/리스트]

게임에서는 배경음이 1가지만 필요한 것이 아니라, 로딩 화면, 진입 화면, 플레이 화면. 이벤트 스테이지에서 나오는 배경음, 레이드 스테이지에서 나오는 배경음 등 다양한 배경음이 등장합니다. 이것을 분류해서 몇 가지로 나눕니다.

스마트폰 게임은 PC게임보다 사이즈가 작고, 배경음이 늘어날수록 사운드 제작 비용이 증가하니 보통 3-4개 정도에서 타협하기도 합니다.

다음에는 효과음 리스트를 작성해봅니다.

효과음

| 번호 | 이름 | 활용도 |
|---|---|---|
| 1 | 버튼1 | 버튼을 눌렀을 때 나오는 버튼음1. 게임 플레이 버튼을 누르면 나옴 |
| 2 | 버튼2 | 버튼을 눌렀을 때 나오는 버튼음2. 게임 플레이 버튼 외에 다른 메뉴 버튼음 |
| 3 | 버튼3 | 버튼을 눌렀을 때 나오는 버튼음2. 합성, 진화 시의 버튼음 |
| 4 | 퍼즐1 | 퍼즐을 터뜨렸을 때 효과음 |
| 5 | 퍼즐2 | 퍼즐을 이을 때 효과음 |
| 6 | 공격1 | 공격 타입 1의 효과음 |
| 7 | 공격2 | 공격 타입 2의 효과음 |
| 8 | 공격3 | 공격 타입 3의 효과음 |
| 9 | 스킬1 | 스킬 타입1의 효과음 |
| 10 | 스킬2 | 스킬 타입2의 효과음 |
| 11 | 스킬3 | 스킬 타입3의 효과음 |
| 12 | 경고음 | 서버 접속이 끊겼을 때나, 여러 경고 상황에서 나오는 경고음 |
| 13 | 합성 성공 | 합성에 성공했을 때 나오는 효과음 |
| 14 | 진화 성공 | 진화에 성공했을 때 나오는 효과음 |
| 15 | 게임머니 획득 | 게임머니를 획득했을 때 동전이 상단의 게임머니 표시 UI로 들어가는 소리 |
| 16 | 스테이지 클리어 | 스테이지를 클리어 했을 때 효과음 |
| 17 | 스테이지 실패 | 스테이지를 실패했을 때 효과음 |
| 18 | 퀘스트 완료 팝업 | 퀘스트 완료 조건이 되어서 팝업이 뜰 때 효과음 |
| 19 | 전체 레벨업 | 전체 레벨업 시 효과음 |
| 20 | 캐릭터 레벨업 | 캐릭터 레벨업 시 효과음 |
| 21 | 가챠 돌리기 | 가챠 돌릴 시 나오는 효과음 |
| 22 | 가챠 성공 | 가챠 뽑기 성공했을 때 효과음 |
| 23 | 팝업 공통 | 팝업이 뜰 때 공통으로 나오는 효과음 |
| 24 | 푸쉬 알람 | 푸쉬 알람이 뜰 때 나오는 효과음 |
| 25 | 이벤트 발생1 | 시나리오상 새로운 이벤트 발생할 때 나오는 효과음1 |
| 26 | 이벤트 발생2 | 시나리오상 새로운 이벤트 발생할 때 나오는 효과음2 |
| 27 | 이벤트 발생3 | 시나리오상 새로운 이벤트 발생할 때 나오는 효과음3 |
| 28 | 호감도 상승 | 호감도가 상승할 때 나오는 효과음 |

[표 29 밀리언 체인 효과음 리스트]

위와 같이 작성하였습니다. 스마트폰 게임에서는 각 UI를 넘어갈 때 버튼을 눌러서 넘어가므로 각 버튼을 터치할 때 효과음이 있어야 합니다.

그리고 물론 가장 중요한 게임 플레이에서 나오는 효과음도 다 설정해야 합니다. 공격, 스킬 , 이펙트, 보상 획득, 스테이지 클리어, 레벨업 등 여러 가지가 있을 것입니다.

또한 합성/진화 시스템이 있다면 여기서 합성할 때나 진화할 때 나오는 소리가 있을 것이고, 뽑기 시스템에도 뽑기를 돌릴 때 나오는 효과음이 있습니다.

이 외에도 공통 팝업 사운드, 푸쉬 사운드, 시나리오상 새로운 인물이 등장할 때 나오는 컷신 이벤트 발생 시 효과음 등도 있습니다.

캐릭터 대사

| 번호 | 이름 | 스크립트 |
|---|---|---|
| 1 | 화검사 벨루타 | 나를 이길 수 있으리라 생각했나? |
| 2 | 마법공주 아리엘 | 얼음의 화살은 누구든 뚫을 수 있어. |
| 3 | 대사제 파레이라 | 천지 만물의 질서를 바로잡는 자. 아수르의 영광을 위하여! |
| 4 | 도적 미미르 | 후훗~뭘 그렇게 겁을 내고 있는 거야? |
| 5 | 똘똘이 임프 | 엄마가 공부 못하면 나가라고 했어. |

[표 30 밀리언 체인 캐릭터 대사 리스트]

마지막으로 캐릭터 대사가 있는 게임의 경우 캐릭터 대사도 성우가 육성 녹음을 할 수 있게 대사를 써줍니다. 실제 성우 녹음에서 쓰인 대사와 100% 똑같이 발음하지 않고, 어느 정도 애드립은 허용하는 경우가 많습니다.

15

# 스펙리스트와 체크리스트

## 1) 스펙리스트

### 스펙이란?

스펙은 무엇일까요? SPEC(Specification), 스펙의 사전적 의미는 자세한 설명서, 또는 사양을 뜻합니다.

모든 기획서가 준비가 끝났다면, 실제 구현을 위해서는 버전 스펙을 잡고, 진행해야 합니다. 버전은 예전에 개발 기간이 3 ~5년 정도로 길었던 PC 온라인 게임에서는 프로토 타입-알파 버전-클로즈 베타 버전-오픈베타 버전 - 상용화 버전, 이렇게 나누어 잡았습니다. 그러나 최근 스마트폰 게임은 개발기간이 6 - 12개월 정도로 굉장히 짧아졌기 때문에 보통 프로토 타입-알파 버전 - 오픈베타/상용화 버전으로 간략화하는 추세입니다.

다음에 가상의 MORPG게임을 가지고 버전 예시를 잡아보았습니다.

# [버전 단계별 스펙 기준의 정의]

## 프로토 타입 버전

목적 : 게임의 핵심재미 구현을 체크하고, 알파 버전으로의 프로젝트 진행 가/부 결정

- 기본 게임 플레이 가능, 게임의 핵심재미 구현
  (기본 캐릭터 2개 / 몬스터 2개 / 전투 애니메이션 캐릭터, 몬스터 별 2개 /
  스킬 애니메이션 캐릭터, 몬스터 별 1개, 타격 / 죽음 / 스테이지 클리어 / 실패

- 기본적인 GUI 구현 (메인 메뉴, 게임 플레이 진입)

## 알파 버전

목적 : 게임의 핵심재미와 전체 시스템의 완성을 체크, 오픈베타 버전으로의
　　　프로젝트 진행 가/부 결정

1. 기본 게임 플레이의 전체 구조를 완성
2. 게임의 기본 상용화 시스템을 완성
3. FGT를 통해 유저에게 향후 개발에 의견과 아이디어를 받음
　　위 요소의 체크를 통해 오픈베타 서비스를 준비
　　(양적인 부분을 제외하고, 핵심 시스템의 뼈대 완성)

- 게임의 핵심재미 완성 (조작의 깊이 개선, 액션 다양화)
- 게임 모드 별 콘텐츠 시스템 완성 (PVP, PVE, 레이드 모드)
- PVP : 개인전(1:1) 가능 - 비 실시간 네트워크
- PVE : 1인 플레이, 총 20개 스테이지
- 레이드 : 5개의 가장 어려운 난이도의 보스 스테이지
- Mode별 콘텐츠의 양 - 30분 이상의 물리적 플레이 타임을 보장
  (PVP Mode 10분, PVE Mode 20분)
- PVP Mode Map 1종
- PVE Mode 스테이지 4종
- UI 시스템 완성 (아이템 장착 / 강화 , 합성 시스템)
- 상점 기능 구현
- 총 5종의 캐릭터 구현
- 총 5종의 몬스터 구현
- 총 10종의 코스튬 구현
- 총 6종의 무기 구현
- 총 5종의 캐릭터 스킬 구현
- 총 5종의 기본 공격 구현
- 캐릭터 능력치 구현 (총 5종 공격력/방어력/생명력/크리티컬/속도)
- 레벨업 시스템 구현
- 재화 3종 구현 (골드, 캐쉬머니, 에너지)
- 웹 서버 기능 구현 (게임 플레이 데이터 저장, 재화 저장, 아이템 정보 저장 기능)

## 오픈베타 /상용화 버전

목적 : 정식 서비스 게임 플레이 버전

- 알파 버전에서 완성된 게임의 핵심재미를 가지고, 콘텐츠의 양을 늘려
  유저들이 충분히 플레이 타임을 가져갈 수 있게 하고, 상용화 아이템도 같이 포함하여,
  정식 서비스를 위한 버전

[PVP Mode , PVE Mode ,레이드]
- PVE Mode 스테이지 100종
- PVP Mode 1종 / 랭킹 시스템 / PVP 보상 시스템
- 레이드 : 30개 스테이지
- 총 10종의 캐릭터 구현
- 총 80종의 몬스터 구현
- 총 30종의 코스튬 구현
- 총 50종의 무기 수현
- 총 10종의 캐릭터 스킬 구현
- 총 10종의 기본 공격 구현
- 밸런스 완성

[기타 시스템]
1. 튜토리얼 : 1개의 맵과 플래시 애니메이션으로 구성된 조작, 플레이 튜토리얼
2. 게임 내 도움말 : 게임의 조작과 규칙을 인게임에서 알려주는 도움말 기능
3. 퀘스트 : 다음 판을 계속 플레이하게 하는 목적을 부여하는 퀘스트 기능
4. 상점 아이템 구성 : 게임머니를 통해 능력치가 붙은 옷, 무기 구매,선물 가능
5. 착용 레벨 제한 : 캐릭터 레벨업에 따라, 맵, 스킬, 아이템, 옷, 무기를 사용 가능
6. 아이템 조합 : 게임 플레이 보상으로 재료를 얻고, 모아서 아이템(옷,무기)을 조합 가능
7. 메신저 : 친구와 함께 플레이 가능.메신저로 친구 초대, 1:1대화, 따라가기,쪽지 가능.
8. 스킬, 특수 아이템 구성 : 게임머니 루이스를 통해 스킬, 특수 아이템 구매 가능
9. PVP 모드 아이템 : PVP 모드에서만 얻을 수 있는 PVP전용 아이템 구현
10. PVE 모드 아이템 : : PVE 모드에서만 얻을 수 있는 PVE전용 아이템 구현

- 서버에 유저 로그 남김 : 유저 DB 분석을 통해 콘텐츠 유지력을 측정 가능
- 운영 툴: 게임 통계 (동시접속, 잔존율, 신규 계정, 액티브 유저, 체류시간, 레벨업 , 재화)
  운영 통계 (유저 정보, 아이템 정보, 재화 획득/차감)

[QA]
- 1급,2급 버그 0개 (1급 버그 서버 크래시, 2급 버그 기능 미구현/오동작)

[네트워크]
- 20000명 규모의 동시접속자를 감당할 수 있는 네트워크 구조 최적화
- 클라이언트의 경제성 ( 40메가 이하의 작은 클라이언트 Size )
- 서버 대수 최적화 (적은 서버 대수로도 서비스 구축 가능)
[보안]
- 클라이언트 암호화
- 모든 데이터 서버에 저장
- 어뷰징 정책 수립

# 2) 체크리스트

체크리스트는 게임 개발 도중에 현재 프로젝트가 얼마나 진행되고 있는지 실시간으로 체크하면서 진행사항을 파악하기 위해 작성합니다. 아래와 같이 1Step / 2Step / 3Step의 트리 구조로 작성할 수 있습니다. 체크리스트 작성으로 어떤 리소스가 얼마나 나와 있는지, 기획과 개발 그래픽의 진행 수준을 전체적으로 알 수 있어 편리합니다.

| STEP1 | STEP2 | STEP3 | 디자인 소스 | 개발 적용 | 수정 사항 | 수정사항 설명 |
|---|---|---|---|---|---|---|
| 로딩화면 | 로딩바 | | O | O | O | 로딩바 스타일 변경 |
| | 한줄팁 | | | | | |
| | 게임제목 | | | | | |
| | 로고이미지 | | | | | |
| 게임 플레이화면 | 공지사항 | | | | | |
| | 이벤트 팝업 | | | | | |
| | 메인화면 | 내 아이디와/사진 | | | | |
| | | 레벨상태 표시 | | | | |
| | | 게임머니 표시 | | | | |
| | | 캐쉬 머니 표시 | | | | |
| | | 에너지 표시 | | | | |
| | | 옵션버튼 | | | | |
| | | 캐릭터 관리 버튼 | | | | |
| | | 소셜 기능 버튼 | | | | |
| | | 퀘스트 버튼 | | | | |
| | 게임 플레이 필드 | 스테이지 선택화면 | | | | |
| | | 게임 플레이 배경 맵 | | | | |

| | | | | | | |
|---|---|---|---|---|---|---|
| | | 퍼즐 판 | | | | |
| | | 퍼즐 조작 기능 구현 | | | | |
| | | 전투기능<br>(공격/피격/죽음) | | | | |
| | | 스테이지 클리어 | | | | |
| | | 스테이지 실패 | | | | |
| | | 보스 구현 | | | | |
| | | 보상 획득 | | | | |
| | | 경험치 획득 | | | | |
| | | 재화 획득 | | | | |
| | | 레벨업 | | | | |
| 영웅 | 팀편성 | 전투덱 선택 | | | | |
| | | 카드 보기 | | | | |
| | | 카드 변경 | | | | |
| | 캐릭터 강화 | 베이스카드<br>/재료카드 선택 | | | | |
| | | 강화성공 상태 처리 | | | | |
| | 캐릭터 진화 | 진화 조건 만족 처리 | | | | |
| | | 진화 카드 선택 | | | | |
| | | 진화 성공 상태 처리 | | | | |

[표 31 체크리스트 샘플]

| STEP1 | STEP2 | STEP3 | 디자인<br>소스 | 개발<br>적용 | 수정<br>사항 | 수정사항 설명 |
|---|---|---|---|---|---|---|
| 캐릭터 | 풍천사 데이지 | 1단계 | O | O | O | 애니메이션 기본 공격<br>상태 변경 |
| | 풍천사 데이지 | 2단계 진화 | | | | |
| | 풍천사 데이지 | 3단계 진화 | | | | |
| | 풍천사 데이지 | 4단계 진화 | | | | |

| | | | | | |
|---|---|---|---|---|---|
| | 광법사 루미니 | 1단계 | | | |
| | 광법사 루미니 | 2단계 진화 | | | |
| | 광법사 루미니 | 3단계 진화 | | | |
| | 광법사 루미니 | 4단계 진화 | | | |
| | 여도적 나츠미 | 1단계 | | | |
| | 여도적 나츠미 | 2단계 진화 | | | |
| | 여도적 나츠미 | 3단계 진화 | | | |
| | 여도적 나츠미 | 4단계 진화 | | | |
| | 코볼트 | 1단계 | | | |
| | 코볼트 | 2단계 진화 | | | |
| | 코볼트 | 3단계 진화 | | | |
| | 코볼트 | 4단계 진화 | | | |
| | 머메이드 | 1단계 | | | |
| | 머메이드 | 2단계 진화 | | | |
| | 머메이드 | 3단계 진화 | | | |
| | 머메이드 | 4단계 진화 | | | |
| | 고블린 | 1단계 | | | |
| | 고블린 | 2단계 진화 | | | |
| | 고블린 | 3단계 진화 | | | |
| | 고블린 | 4단계 진화 | | | |
| | 스켈레톤 | 1단계 | | | |
| | 스켈레톤 | 2단계 진화 | | | |
| | 스켈레톤 | 3단계 진화 | | | |
| | 스켈레톤 | 4단계 진화 | | | |

[표 32 캐릭터 체크리스트 샘플]

# 16
# 필요 인력 계획과
# 개발 일정

## 1) 필요 인력 계획

인력 계획은 예산과 직결되어 있는 문제이기 때문에, 인력과 예산을 어떻게 효율적으로 배치하느냐가 투입 비용 관리 면에서는 중요한 부분입니다. 아래는 스마트폰 게임 장르별로 샘플 인력 계획을 뽑아 보았습니다.

2D보다는 3D가 디자인 인력이 많이 필요해, 개발 비용이 훨씬 증가하고, 캐주얼·게임보다 RPG 게임이 리소스가 많기 때문이 인력이 더 많이 필요합니다. 아래는 최소인원의 예시를 든 것입니다.

### 샘플 1 : 한 줄로 잇기 로직의 기록경쟁 퍼즐

개발 스펙: 게임 플레이 화면 / 잇기 퍼즐 로직 / 랭킹 / 소모품 상점
디자인 스펙: 2D블록 20종 / UI 리소스 / 게임 플레이 이펙트

예상하는 개발 기간: 4~5개월(QA제외)
기획: 게임 기획 1명
디자인: UI / 이펙트 1명
개발: 클라 1명, 서버 1명(DBA겸)

예상 최소 인원: 4명

## 샘플 2 : 구슬을 튕겨서 대미지를 입히는 게임 플레이 + 턴제 MORPG + 카드합성

개발 스펙: 게임 플레이 화면 / 구슬 튕겨서 대미지 입히는 전투로직 / 카드합성 / 진화 / 임무 리스트 화면 / 팀 세팅 / 친구 리스트-친구 도움 기능

디자인 스펙: 캐릭터모양 2D구슬 60종/몬스터30종 / 카드리소스 60종 * 4베리에이션 /UI리소스/게임 플레이 이펙트

예상하는 개발 기간: 8~10개월(QA제외)
기획: 게임 기획 1명
디자인: UI 1명, 2D캐릭터 / 이펙트 2명
개발: 클라 2명, 서버 1명(DBA겸)

예상 최소 인원: 7명

## 샘플 3 : 세로뷰 턴제 MORPG + 카드합성

개발 스펙: 게임 플레이 화면 / 턴제 전투로직 / 카드합성,진화 / 임무 리스트 화면 / 팀 세팅 / 친구리스트-친구도움 기능

디자인 스펙: 2D캐릭터 60종 / 카드리소스 60종 * 4베리에이션 / UI리소스 / 게임 플레이 이펙트

예상하는 개발 기간: 8~10개월(QA제외)
기획: 게임 기획 1명
디자인: UI 1명, 2D캐릭터/이펙트 2명
개발: 클라 2명, 서버 1명(DBA겸)

예상 최소 인원: 7명

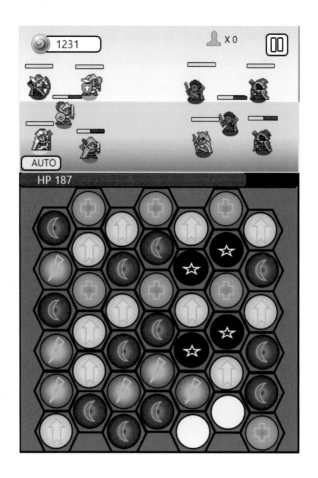

## 샘플4: 자동 전투 액션 RPG + 카드합성

개발 스펙: 게임 플레이 화면 / 액션 전투로직/ 카드합성, 진화 / 200개의 스테이지 / 임무 리스트 화면
　　　　　 / 팀 세팅 / 친구리스트-친구도움 기능

디자인 스펙: 3D캐릭터 200종 / UI리소스 / 게임 플레이 이펙트 / 3D 애니메이션 / 3D모델링,
　　　　　　 텍스처링

예상하는 개발 기간: 10~12개월(QA제외)
기획: 게임 기획 1명
디자인: UI 1명, 3D 모델러 2명 / 애니메이터 2명 / 원화, 배경 1명
개발: 클라 2명, 서버 1명(DBA겸)

예상 최소 인원: 10명

## 샘플5: 캐릭터 컬렉션 SNG + 캐릭터 합성

개발 스펙: 게임 플레이 화면 /합성 시스템 / 성장 시스템 / 상점 / 건설, 이동, 판매 / 생산-즉시완료

디자인 스펙: 2.5D 캐릭터 30종 * 4단계 진화, 배경맵 1종, 건물 20종

예상하는 개발 기간: 6~8개월(QA제외)
기획: 게임 기획 1명
디자인: UI 1명, 캐릭터 원화 1명, 배경/건물 1명, 애니메이터 1명
개발: 클라 2명, 서버 1명(DBA겸)

예상 최소 인원: 8명

## 2) 개발 일정

인력 배치가 끝나면 개발 일정을 잡아야 합니다. 앞에서 만들었던 스펙 리스트를 기준으로 담당자별 업무를 나눕니다. 개발자가 여러 명이라면 기능을 나누어 개발하고 중간에 합치는 과정을 거칩니다. 디자이너별로 담당 업무와 디자인 리소스 작업량을 정하고, 일정을 짭니다.

아래는 일정표의 예시입니다.

**개발 일정**

| 개발 일정 | 완료일 | 담당자 | 8월3주 | | | | | | | 8월4주 | | | | | | |
|---|---|---|---|---|---|---|---|---|---|---|---|---|---|---|---|---|
| | | | 17 | 18 | 19 | 20 | 21 | 22 | 23 | 24 | 25 | 26 | 27 | 28 | 29 | 30 |
| **3D / 애니메이션 디자인** | | | | | | | | | | | | | | | | |
| 배경 3종 (숲 속, 폐허가 된 황야, 공장 지대) | 10월 13일 | 홍길동 | ■ | | | | | | | | | | | | | |
| 주인공 캐릭터 1종 모델링 | 08월 26일 | 홍길동 | | | ■ | ■ | ■ | | | ■ | ■ | | | | | |
| 주인공 캐릭터 애니메이션 (5종) | 09월 02일 | 홍길동 | | | | | | | | | | | ■ | ■ | | |
| 주인공 무기 10종 모델링 | 11월 10일 | 홍길동 | | | | | | | | | | | | | | |
| 적 보스 캐릭터 10종 모델링 | 09월 29일 | 홍길동 | | | | | | | | | | | | | | |
| 적 보스 캐릭터 애니메이션 (10종 X 4 = 40종) | 10월 27일 | 홍길동 | | | | | | | | | | | | | | |
| **UI 디자인** | | | | | | | | | | | | | | | | |
| 앱 아이콘 1종 | 10월 13일 | 홍길동 | | | | | | | | | | | | | | |
| 타이틀 화면 1종 | 08월 26일 | 홍길동 | | | | | | | | | | | | | | |
| 메인 화면 UI 1종( 지역 맵) | 09월 02일 | 홍길동 | ■ | ■ | | | | | | | | | ■ | ■ | | |
| 하단 버튼 5종 | 11월 10일 | 홍길동 | | | | | | | | | | | | | | |
| 상단 재화 표시 3종 | 09월 29일 | 홍길동 | | | | ■ | ■ | | | | | | | | | |
| 스킬 아이콘 표시 4종 | 10월 27일 | 홍길동 | | | | | | | | | ■ | ■ | ■ | ■ | | |
| 공격력 / DPS 표시 1종 | 10월 13일 | 홍길동 | | | | | | | | | | | | | | |
| 상단 스테이지 표시 1종 / 몬스터 진행 표시 1종 | 08월 26일 | 홍길동 | | | | | | | | | | | | | | |
| 캐릭터HP게이지 1종, 몬스터 HP게이지 1종 | 09월 02일 | 홍길동 | | | | ■ | ■ | | | | | | | | | |
| 아르바이트 메뉴 UI 1종 / 아르바이트 아이콘 23종 | 11월 10일 | 홍길동 | | | | | | | | | | | | | | |
| 업그레이드 메뉴 UI 1종 / 무기아이콘 45종 | 09월 29일 | 홍길동 | | | | | | | | | ■ | ■ | ■ | | | |
| 훈장 메뉴 UI 1종 / 훈장 아이콘 9종 | 10월 27일 | 홍길동 | | | | | | | | | | | | | | |
| 동료 메뉴 UI 1종 / 동료 아이콘 3종 | 미정 | 홍길동 | | | | | | | | | | | | | | |
| 상점 메뉴 UI 1종 / 금화 아이콘 6종 / 보석 아이콘 6종 | 미정 | 홍길동 | | | | | | | | | | | | | | |

| 클라이언트 기능개발 | | | | | | | | | | | | | | | | | | | | |
|---|---|---|---|---|---|---|---|---|---|---|---|---|---|---|---|---|---|---|---|---|
| 1:1 플레이 기능 개발 (때리고 맞고, 전투 공식 적용) | 10월 13일 | 홍길동 | | | | | | | | | | | | | | | | | | |
| 스테이지 몹 배치 후 1000개 스테이지 자동 전투 | 08월 26일 | 홍길동 | | | | | | | | | | | | | | | | | | |
| 아르바이트 메뉴 기능 개발 (재화 생산, 자동 생산 , 업글) | 09월 02일 | 홍길동 | | █ | █ | █ | | | | | | | █ | █ | | | | | | |
| 업그레이드 메뉴 기능 개발 (무기 수치 업그레이드) | 11월 10일 | 홍길동 | | | | | | | | | | | | | | | | | | |
| 훈장 메뉴 기능 개발 (훈장 기능 9종 기능 구현) | 09월 29일 | 홍길동 | | | | | | | | | | | | | | | | | | |
| 동료 기능 개발 (동료 3종 기능 구현) | 10월 27일 | 홍길동 | | | | | | | | | | █ | █ | █ | | | | | | |
| 스킬 4종 기능 구현 | 10월 13일 | 홍길동 | | █ | █ | | | | | | | | | | | | | | | |
| 상점 기능 구현 (골드/루비/환전) | 08월 26일 | 홍길동 | | | | | | | | | | | | | | | | | | |
| 인앱 결제 기능 개발 | 09월 02일 | 홍길동 | | | | █ | █ | | | | | | | | | | | | | |
| 타이틀 화면, 메인 화면 UI 기능 개발 | 11월 10일 | 홍길동 | | | | | | | | | | | | | █ | █ | | | | |
| 데이터 저장, 밸런싱 데이터 적용 | 09월 29일 | 홍길동 | | | | | | | | | | | | | | | | | | |
| 3D 아트 리소스 클라 적용(모션) | 10월 27일 | 홍길동 | | | | | | | | | | | | | | | | | | |
| 이펙트 클라 적용(45종) | 미정 | 홍길동 | | | | | | | | | | | | | | | | | | |
| 이펙트 기획 | | | | | | | | | | | | | | | | | | | | |
| 콘텐츠 기획 (아르바이트, 무기 종류, 퀘스트 등) | 09월 29일 | 홍길동 | | █ | █ | █ | | | | | | █ | █ | █ | | | | | | |
| 밸런싱 기획 | 10월 27일 | 홍길동 | | | | | | | | | | | | | | | | | | |
| 기획 고도화 | 10월 13일 | 홍길동 | | | | █ | █ | | | | | | | | | | | | | |
| 이벤트 기획 | 미정 | 홍길동 | | | | | | | | | | | | | | | | | | |

[표 33~34 일정표 예시]

# 17

# 매출 시뮬레이션

## 시뮬레이션에서 알아야 할 용어 정리

### 1) DAU (Daily Active Users)

1일 동안 해당 서비스를 이용한 순수한 이용자의 수

중복을 제거한다. 예를 들어 1일 동안 10만 명이 로그인해서 게임을 즐겼다면 10만 명이 DAU

### 2) MAU (Monthly Active Users)

한 달 동안 해당 서비스를 이용한 순수한 이용자의 수

예를 들어 한 달에 들어온 순수한 유저의 수가 30만 명이면 MAU는 30만 명

### 3) PU(Paying User)

게임에서 결제를 한 유저 수

예를 들어 한 달 기준으로 구한다면, 30만 명 MAU에 3만 명이 결제했다면 PU는 30,000입니다.

## 4) ARPPU(Average Revenue Per Paying User)

결제 유저 1명당 결제하는 평균 금액을 산정한 수치

예를 들어 월매출이 3억 원인데 결제 유저가 30000명이라면,

한 달 ARPPU = 한 달 매출 / 한 달 결제 유저 = 300,000,000 / 30,000  = 10,000

즉 ARPPU는 1만 원으로, 1인당 10,000원을 평균적으로 결제하고 있습니다.

예상 한 달 매출 = PU (결제) 유저 수 X ARPPU (1인당 평균 결제 금액)

(EX) 30,000명 X 10,000원 = 300,000,000 (3억 원)

ARPPU(1인당 평균 결제 금액)는 장르별 영향을 많이 받고 코어게임이 캐주얼 게임보다 높습니다.

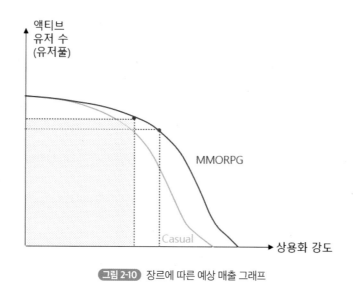

**그림 2-10** 장르에 따른 예상 매출 그래프

# 장르별로는 RPG 〉 SNG 〉 스테이지형 퍼즐 게임 〉 기록 경쟁 퍼즐 게임

# 예를 들어 RPG가 35,000원이라면 기록 경쟁 퍼즐 게임은 10,000원

* 챕터 27에서도 용어를 확인할 수 있습니다.

# 매출 시뮬레이션

## [상용화 강도]

(고객단가)

객단가가 높은 게임, 소수의 충성 유저들을 상대로 주력 매출을 내는 게임

### VS

(저객단가)

객단가가 낮은 게임, 많은 유저들을 상대로 박리다매/ 넓고 얇게 매출을 내는 게임

**그림 2-11** 고객단과와 저객단가 상용화 강도 예시

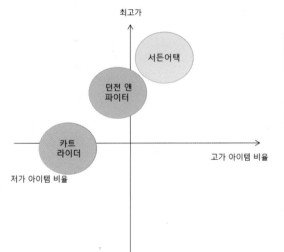

[FPS/RPG/캐주얼 게임과 비교한 저가/고가 아이템 비율]

|  | 서든어택 | 던전 앤 파이터 | 카트라이더 |
|---|---|---|---|
| 5천 원 이하 | 12개<br>(27%) | 22개<br>(54%) | 41개<br>(52%) |
| 5천 원~<br>1만 원 | 24개<br>(53%) | 15개<br>(37%) | 37개<br>(48%) |
| 1만 원~<br>2만 원 | 8개<br>(18%) | 3개<br>(7%) | 0개 |
| 2만 원 이상 | 1개<br>(2%) | 1개<br>(2%) | 0개 |

#아이템 판매방식이 다르므로 최대가를 기준으로 함

[FPS/RPG/캐주얼 게임과 비교한 최고가/최저가 아이템]

|  | 서든어택 | 던전 앤 파이터 | 카트라이더 |
|---|---|---|---|
| 최고가 | 27,000원 | 25,500원 | 9,900원 |
| 최저가 | 400원 | 700원 | 150원 |

**그림 2-12** 고객단가와 저객단가 상용화 강도 예시

## [매출 시뮬레이션 순서]

1. 예상 MAU를 구합니다.

2. 플랫폼/장르에 따른 예상 PU를 구합니다.

3. 플랫폼/장르에 따른 예상 ARPPU를 구합니다.

4. 시간에 따른 유저 하락 / 그에 따른 매출 하락 분을 예상하여   연간 예상 매출을 잡습니다.

## [예상 MAU]

1명을 유입하는 CPI 광고의 객단가가 10,000원이라고 칩니다.

1억 원을 마케팅 비용으로 쓰면 100,000,000 / 1,000 = 10만 명을 유입할 수 있다고 가정합니다.

긍정적으로 자연 유입 20만 명 + 마케팅 10만 명 유입 으로 30만 명이 유입되고, 게임의 한 달 리텐션이 40% 정도로, 12만 명이 남아있다고 생각합니다.

예상 월 MAU 는 12만 명 정도 됩니다. (예를 든 것입니다. 게임마다 리텐션이 다르니 달라집니다)

아쿠아 스토리 라는 게임은 설치 사용자 150만, MAU 63만, DAU 22만 명을 보유한 것으로 알려지고 있습니다. (출처 : http://www.slideshare.net/bluemetal/ss-7634381)

## [예상 PU]

장르별 모바일 게임 PU % 현황을 보면 캐주얼 게임 월 PU비율  2~5%로 잡고, 하드코어 게임 월 PU 3~8% 잡으면 거의 비슷합니다.

## [예상 ARPPU]

모바일 퍼즐 게임은 1~2만 원 정도, 기타 캐주얼 게임은 3~5만 원 정도, RPG게임은 6~8만 원 정도. 코어한 RPG게임은 8~20만 원 정도라고 보면 됩니다.

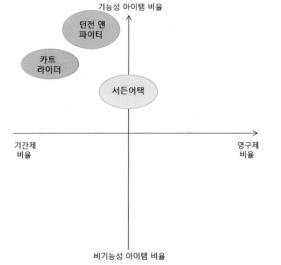

[FPS/RPG/캐주얼 게임과 비교한 기능성/비기능성 아이템 비율]

| | 서든어택 | 던전 앤 파이터 | 카트라이더 |
|---|---|---|---|
| 기능성 | 31개 (69%) | 35개 (85%) | 60개 (77%) |
| 비기능성 | 14개 (31%) | 6개 (15%) | 18개 (23%) |

[FPS/RPG/캐주얼 게임과 비교한 기간제/영구제 아이템 비율]

| | 서든어택 | 던전 앤 파이터 | 카트라이더 |
|---|---|---|---|
| 가간제 | 14개 (31%) | 25개 (60%) | 59 (76%) |
| 영구제 | 17개 (38%) | 6개 (15%) | 13개 (17%) |
| 소모제 | 14개 (31%) | 10개 (25%) | 6개 (7%) |

| 201X .1월 | | | | |
|---|---|---|---|---|
| 월 액티브(MAU) | 결제자(PU) | PU% | ARPPU | 매출 |
| 300000 | 30000 | 10.00% | 15,000 | 450,000,000 |

[표 35~36 MAU 30만, PU 10%, ARPPU 16,000원 정도로 가상으로 잡았을 때 더미 데이터]

| 월별 | 월 액티브(MAU) | 결제자(PU) | PU% | ARPPU | 매출 |
|---|---|---|---|---|---|
| 1월 | 300000 | 30000 | 10.00% | 15000 | 450,000,000 |
| 2월 | 280000 | 28000 | 10.00% | 16000 | 448,000,000 |
| 3월 | 270000 | 26000 | 9.63% | 16000 | 416,000,000 |
| 4월 | 270000 | 26000 | 9.63% | 16500 | 429,000,000 |
| 5월 | 250000 | 24500 | 9.80% | 15800 | 387,100,000 |
| 6월 | 250000 | 24500 | 9.80% | 15800 | 387,100,000 |
| 7월 | 230000 | 22500 | 9.78% | 16500 | 371,250,000 |
| 8월 | 230000 | 22500 | 9.78% | 16500 | 371,250,000 |
| 9월 | 210000 | 19700 | 9.38% | 17000 | 334,900,000 |
| 10월 | 210000 | 19700 | 9.38% | 17000 | 334,900,000 |
| 11월 | 190000 | 18000 | 9.47% | 18000 | 324,000,000 |
| 12월 | 190000 | 18000 | 9.47% | 18000 | 324,000,000 |

[표 37 3년간 시뮬레이션한 샘플]

PART

# 03

# 게임 기획자 되기!
# 게임 기획의 백과사전

---

# UI와 UX의 차이점

흔히 게임 기획, 앱기획, 웹 기획에서 UI와 UX를 혼용하여 쓰는 경우가 많습니다. 그렇다면 UI는 뭐고, UX는 과연 무엇일까요?

UI(User Interface) : 유저가 상호 작용 가능한 이미지같은 요소
UX(User experience) : 유저 인터페이스를 접해서 유저가 직접 겪는 경험

위와 같이 UI는 웹이나 앱에서 우리가 보는 화면의 버튼들이고, UX는 그 화면의 버튼들을 눌렀을 때 유저가 겪는 경험이라고 할 수 있습니다.

UI와 UX에 관련한 유명한 그림이 있습니다. 공원에 예쁘게 길을 만들어 두었습니다. 그런데 사람들은 실제로 그 길을 이용하지 않고, 다른 쪽으로 움직이는 것이 편하기 때문에 잔디를 밟고 다른 곳으로 갑니다.

UI를 설계할 수는 있으나, 전 세계의 유저가 원하는 바와 실제 행동 양식이 각각 다를 수밖에 없습니다. 이 때문에 같은 UI를 만들어도 유저들이 경험하는 UX는 서로 다를 수 있습니다.

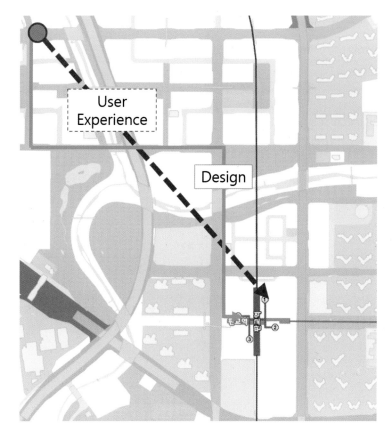

그림 3-1 설계와 유저경험의 차이

예를 들어 게임에 매우 익숙한 유저라면 액션 게임에서 화면을 터치 후 드래그해서 캐릭터를 이동시키는 방식을 차용했을 때, 별 어려움 없이 쉽게 적응할 수도 있습니다. 그러나 게임 플레이 경험이 없는 유저라면 이 같은 방식을 매우 낯설게 여기고 적응하지 못해서 게임을 포기하는 일도 발생합니다.

따라서 유저 경험, 즉 UX를 디자인한다는 말이 현실적으로 어렵습니다.

모든 유저에게 똑같은 UX를 주기는 어렵기 때문입니다. 각각의 유저가 해당 콘텐츠를 접한 경험의 정도가 다르고, 국가별, 문화별, 개인별로도 생각하고 행동하는 방식이 다를 수 있기 때문입니다. 길 따라 가는 사람도 있고, 잔디 밟고 가는 사람도 있습니다.

UX를 고려해서 UI디자인을 할 수는 있지만 UX를 디자인한다고 말하기는 어렵습니다. UX는 유저별로 서로 다를 수 있습니다. 그래서 'UI를 UX 고려해서 디자인한다'라는 개념이 더 정확합니다. 용어 구분이 확실해야, 혼동이 덜 하므로

"UX(사용자 경험)를 고려해서 UI를 설계한다."

라는 표현이 "UX(사용자 경험)를 설계한다"라는 말보다 더 정확하다고 생각합니다. 사용자 경험을 설계할 수는 없으니까요. 사용자 경험을 이렇게 하고 싶어도 사용자 경험은 내 의도대로 흘러가지 않을 수 있습니다. UI와 UX의 개념에 대해 다음과 같이 정리하고 이해해봅니다.

UI(User Interface) : 유저가 상호 작용 가능한 이미지같은 요소
UX(User experience) : 유저 인터페이스를 접해서 유저가 직접 겪는 경험

UX를 고려해서 UI를 설계한다. 기획한다. 디자인한다. > O
UX를 기획한다. UX를 설계한다. UX를 디자인한다. > X

# 19

# 게임 시장조사1
# – 경쟁게임 분석

경쟁게임분석

게임 기획을 하기 위해서는 먼저 목표로 한 시장에 진출하기 위해서 경쟁사 조사, 경쟁게임 조사 등의 게임 시장조사가 필요합니다.

게임을 만들 때 가장 중요한 부분은 게임 플레이의 재미 여부이고, 이것을 핵심재미라고 합니다.

게임을 구동시키고 UI에 진입해서 게임을 실행시켜 직접 플레이를 하는 것이 게임 플레이이고, 게임 플레이를 하면서 느끼는 재미가 핵심재미입니다. 이미 시장에서 성공적으로 안착한 여러 게임을 벤치마킹해서 신작게임을 만들기까지의 기초 자료로 쓰는 경우도 많습니다.

이 벤치마킹 과정에서 핵심재미 분석은 가장 기본적이고 중요한 분석 요소입니다.

## 1) 게임 핵심재미 분석

재미라는 부분을 분석할 때는 해당게임 장르에서 유저가 가장 많이 하는 행동을 한 문장으로 정의하고, 그 행동을 하는 데 있어서 영향을 미치는 여러 가지 요소들을 나열하고 분류하여, 전체적인 핵심재미의 구조도를 그리는 순서로 진행합니다. 다음은 장르별 게임 핵심재미 분석의 예시입니다.

### (1)FPS 게임의 핵심재미 분석

FPS 게임은 총을 쏘는 게임으로, 총을 쏴서 상대방을 죽인다는 가장 기본적인 행동이 핵심적인 재미입니다. 따라서 한 문장으로 FPS의 핵심재미는 "총을 쏴서 상대방을 죽이는 재미"라고 정의할 수 있습니다.

또한 여러 가지 구성요소가 이 핵심재미에 관여하는데, 총을 쏘기 전에 유저가 맵을 돌아다니면서 엄폐 은폐를 하고, 적을 찾아다니는 과정을 거치게 됩니다. 플레이어가 적을 만나면 총을 쏘게 되고, 적에게 맞지 않기 위해 좌우 회피 컨트롤이라든가, 재장전을 하게 됩니다. 결국 총을 쏴서 상대방을 죽이면 상대방은 쓰러지게 되고, 죽게 됩니다.

**'First Person Shooting'**

**'1인칭 슈팅게임'**

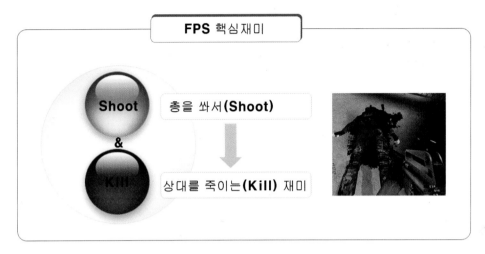

그림 3-2 FPS 게임의 핵심재미 요소 분석 예-1

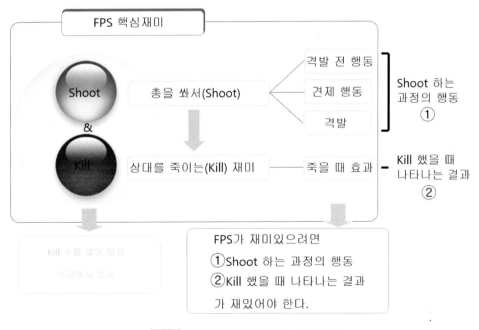

그림 3-3 FPS 게임의 핵심재미 요소 분석 예-2

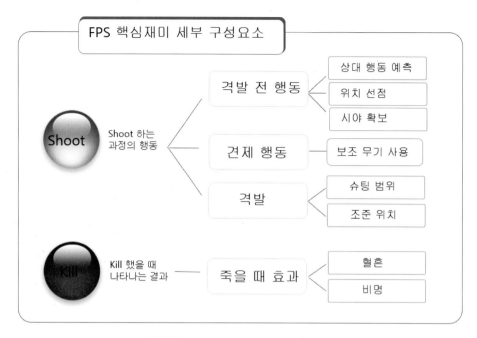

**그림 3-4** FPS 게임의 핵심재미 요소 분석 예-3

쏘고 죽이는 재미가 FPS 게임의 핵심재미입니다. 이 재미를 극대화하기 위해 어떤

구성요소가 어떻게 배치되어 있고, 어떤 식으로 작용하고 있는지 분석하는 순서로 진행할 수 있습니다. 처음에는 핵심재미 요소를 간단하게 큰 개념으로 표현해보고, 큰 개념으로 정리된 각 재미 요소를 작은 부분으로 분할해보는 연습을 해봅니다.

이 분할된 부분이 어떤 식으로 동작하는지 생각한다면, 전체적인 재미 요소가 어떻게 구성되어 있는지 정리할 수 있습니다.

## 2) 1:1대전 액션 게임의 핵심재미 분석

대전 액션 게임은 1:1로 싸우는 게임으로 오락실에서의 철권, 킹 오브 파이터 등 수많은 게임들이 있습니다. 대전게임의 핵심재미는 상대방의 공격을 막거나 회피하고, 내 공격으로 상대방의 회피나 방어를 뚫고 성공시켜서 상대방에게 타격을 주고, 상대방을 쓰러뜨리는 데 있습니다. 결국 대전 액션 게임은 "공격하고 방어해서 상대방에게 타격을 주고 쓰러뜨린다"로 정의할 수 있습니다.

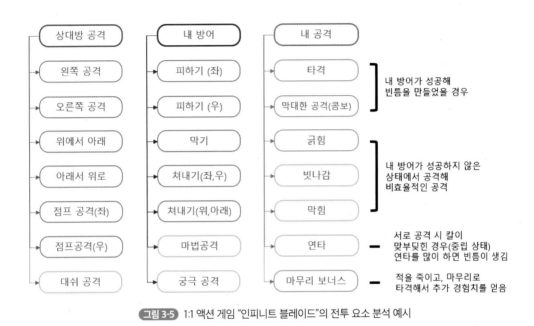

**그림 3-5** 1:1 액션 게임 "인피니트 블레이드"의 전투 요소 분석 예시

여러 가지 구성요소가 이 핵심재미에 관여하는데, 내가 할 수 있는 공격 행동을 상단 팔공격, 하단 다리 공격, 스킬 공격, 그 공격을 하는 데 드는 비용 (비용이라 하면, 준비 동작의 타이밍의 길고 짧음) 등으로 세분화해서 구분할 수 있습니다. 내가 방어할 수 있는 부분도 상단막기, 하단막기, 앉아서 막기, 회피에도 뒤로 회피, 점프 회피 등으로 각각 쪼개서 구분하여 분석할 수 있습니다.

게임을 구성하는 중요한 요소로 성장 시스템이 있습니다.

게임 장르마다 다르겠지만, 상용 서비스를 목적으로 한 온라인 PC게임이나 모바일 게임에서는 한 판의 재미뿐만 아니라, 사용자들이 오래도록 서비스를 즐길 수 있게 여러 판의 재미가 요구됩니다. PC 패키지 게임의 경우 CD판매나 디지털 판매를 통해 완성된 게임을 판매하며, 수 시간~수십 시간의 플레이 경험을 줍니다.

한번 판매하면 수익 발생이 끝나기 때문에 굳이 플레이어를 아주 오래 플레이할 필요는 없습니다. 그에 반해 PC 온라인 게임이나 온라인 스마트폰 게임은 수년간 오래 서비스가 유지되어야 부분유료화 모델로 매출을 내고 살아남을 수 있습니다.

## 3) 게임 성장 시스템 분석

가장 간단하게 성장이라고 하면, 플레이어에게 레벨이 있거나 캐릭터 레벨이 있어서 플레이를 하면 레벨이 오르는 것을 말합니다. 또한 RPG 같은 경우에는 플레이를 하고,

아이템을 모으고, 아이템을 강화하면 더욱더 강해지는 것을 말합니다. 예를 들어 성장과 레벨이 있는 대표적인 장르인 RPG게임, SNG게임이 해당됩니다.

### (1) RPG게임의 성장 시스템 분석

**영웅별 등급 업그레이드 시 필요한 영혼석 개수**

| 영웅별 등급 | 영웅별 등급 업그레이드 시 필요한 영혼석 조각 개수 |
|---|---|
| 1 | 20 |
| 2 | 50 |
| 3 | 100 |
| 4 | 200 |
| 5 | 500 |

[표 38 RPG게임 성장 시스템 분석 예시-영웅별 등급 업그레이드]

RPG게임에서는 캐릭터를 생성하고, 이 캐릭터의 레벨을 올립니다. 캐릭터의 레벨을 올리면 레벨에 따른 필요경험치가 있고, 어느 스테이지에서 얼마나 경험치를 얻어야, 몇 판을 플레이해야 몇 레벨에 도달하는지 분석하는 것이 중요합니다.

필요경험치와 얻는 경험치를 분석하면 캐릭터의 성장을 알 수 있습니다. 캐릭터가 성장하면 캐릭터의 능력치가 증가하고, 더욱더 강력한 몬스터를 상대할 수 있게 됩니다. 아이템을 수집하

고, 아이템을 강화하는 것도 중요한 성장입니다. 특정 등급의 아이템을 얻으려면 플레이어가 얼마나 노력해야 하고, 아이템을 특정단계로 성장시키려면 어떤 노력을 얼마나 해야 하는지 분석할 수 있습니다.

| | 컬러 등급 | 생명력 상승 | 물리 공격력 상승 | 마법 강도력 상승 | 합성 재료 아이템1 | 합성 재료 아이템2 | 합성 재료 아이템3 | 합성 재료 아이템4 | 합성 재료 아이템5 | 합성 재료 아이템6 |
|---|---|---|---|---|---|---|---|---|---|---|
| 갈기멧돼지 | 화이트 | 70 | 10 | 10 | 나뭇가지 | 나뭇가지 | 나뭇가지 | 힘의 주먹 | 허술한 방패 | 별목 도끼 |
| | 그린 | 80 | 15 | 15 | 힘의 허리띠 | 귀족의 머리띠 | 힘의 완갑 | 힘의 완갑 | 날카로운 발톱 | 신발 |
| | 그린+1 | 90 | 20 | 20 | 힘의 도끼 | 선봉 방패 | 마법의 두건 | 사슬 갑옷 | 힘의 허리띠 | 신발 |
| | 블루 | 100 | 25 | 25 | 반사 갑옷 | 산화의 검 | 생명의 구슬 | 사슬 갑옷 | 고대 장구 | 힘의 의족 |
| | 블루+1 | 120 | 30 | 30 | 광기의 도끼 | 쌍수 | 지배 | 선봉 방패 | 힘의 허리띠 | 힘의 의족 |
| | 블루+2 | 140 | 35 | 35 | 강습의 갑옷 | 해골 지팡이 | 신비한 망치 | 선봉 방패 | 힘의 구슬 | 힘의 의족 |
| | 퍼플 | 170 | 40 | 40 | 링컨 | 원한의 구슬 | 판갑 | 선봉 방패 | 강인한 마법구슬 | 비행신발 |
| | 퍼플+1 | 200 | 45 | 45 | 용의 심장 | 플롯 | 판갑 | 수정검 | 힘의 완갑 | 비행신발 |
| | 퍼플+2 | 250 | 50 | 50 | 사탄 | 고대 유물 | 쇄신의 구슬 | 광기의 도끼 | 선봉 방패 | 비행신발 |
| | 퍼플+3 | 300 | 55 | 55 | 용의 심장 | 광휘의 칼 | 천상 | 광기의 도끼 | 반사갑옷 | 비행신발 |
| | 퍼플+4 | 380 | 60 | 60 | 큰 방패 | 티탄의 도끼 | 큰 활 | 용의 반사갑옷 | 플루트 | 화염의 신발 |
| | 오렌지 | 500 | 65 | 65 | 이모탈 가디언 | 근위병흉갑 | 링컨 | 강습의 갑옷 | | 화염의 신발 |
| 죽음의 기사 | 화이트 | 70 | 10 | 10 | 나뭇가지 | 나뭇가지 | 나뭇가지 | 귀족의 머리띠 | 예술인의 가면 | 회복의 반지 |
| | 그린 | 80 | 15 | 15 | 마법지팡이 | 회복의 두건 | 성전의 반지 | 허술한 방패 | 힘의 완갑 | 신발 |
| | 그린+1 | 90 | 20 | 20 | 메이컨 | 마법의 두건 | 선봉 방패 | 예술인의 가면 | 회복의 반지 | 힘의 의족 |
| | 블루 | 100 | 25 | 25 | 제물 | 유골함 | 진혼의 장미 | 힘의 완갑 | 힘의 허리띠 | 힘의 의족 |
| | 블루+1 | 120 | 30 | 30 | 격퇴의 지팡이 | 치유의 반지 | 고대 장구 | 메이컨 2단계 | 치유의 반지 | 힘의 의족 |
| | 블루+2 | 140 | 35 | 35 | 플루트 | 원한의 구슬 | 해골 지팡이 | 마법의 두건 | 황천의 보석 | 힘의 의족 |
| | 퍼플 | 170 | 40 | 40 | 링컨 | 메이컨 3단계 | 힘의 도끼 | 지능의 지팡이 | 강인한 마법구슬 | 비행신발 |
| | 퍼플+1 | 200 | 45 | 45 | 얼음 갑옷 | 쇄신의 구슬 | 약탈 도끼 | 정화석 | 판갑 | 비행신발 |
| | 퍼플+2 | 250 | 50 | 50 | 양물 단도 | 용의 심장 | 고대 유물 | 판갑 | 선봉 방패 | 비행신발 |
| | 퍼플+3 | 300 | 55 | 55 | 링컨 | 광휘의 칼 | 메이컨 4단계 | 격퇴의 지팡이 | 해골 지팡이 | 비행신발 |
| | 퍼플+4 | 380 | 60 | 60 | 크리스탈 타워 | 티탄의 도끼 | 사탄 | 원한의 구슬 | 여왕의 로브 | 화염의 신발 |
| | 오렌지 | 500 | 65 | 65 | 이모탈 가디언 | 분신의 도끼 | 강습의 갑옷 | 녹지 않는 고드름 | | 화염의 신발 |

[표 39 PG 게임 성장 시스템 분석 예시-장비 업그레이드]

또한 이렇게 했을 때 캐릭터의 능력치와 아이템의 능력치를 합치면, 내가 가진 총 능력치를 알 수 있습니다. 이 능력치를 가지고 어느 스테이지까지 진행할 수 있는지 수치를 알아낼 수 있으며, 얼마나 오래 플레이를 하면 어디까지 깰 수 있는지를 알 수 있습니다.

## (2) SNG게임의 성장 시스템 분석

SNG게임 중에 농장형 게임의 경우 각 건물의 가격과, 건설시간에 대한 분석이 필요합니다.

또한 플레이어가 작물을 얼마나 심어서, 몇 시간이 지나야 얼마나 재화를 얻고, 그것을 새로운 건물에 재투자하면 재산을 얼마나 늘릴 수 있는지 분석하는 것이 중요합니다.

새로운 건물을 지으면 건물을 지을 때 경험치를 얻거나, 퀘스트를 통해 경험치를 얻을 수 있습니다. 이때 레벨을 올릴 수 있는 필요경험치가 얼마이고, 얼마나 오래 플레이를 하면 어디까지 성장할 수 있는지 분석할 수 있습니다.

## 4) 게임 레벨디자인 분석

RPG게임과 싱글 플레이 중심의 FPS 게임 등은 필드에 몬스터를 배치하고, 이 몬스터를 플레이어가 물리치는 것이 게임의 중요한 재미 요소입니다.

여기서 레벨디자인이란 몬스터를 어떤 종류로, 몇 레벨로, 얼마만큼의 크기로, 어떤 간격으로 배치할 것인가를 뜻하며, 게임의 재미요소에 큰 영향을 미칩니다.

레벨디자인을 전문적으로 하는 인력을 레벨디자이너라고 합니다.

기존 상용 게임의 몬스터 배치와 맵 배치를 분석해서 신작 게임을 만드는데 인사이트를 얻을 수 있습니다. 실제로 플레이어의 경험은 몬스터배치뿐만 아니라, 몬스터의 HP와 공격력, 속성치, 상태 이상 등 여러 가지 요인에 영향을 받지만 여기서는 몬스터 배치에 대해 다루도록 합니다.

### (1) MORPG게임 레벨디자인 분석

RPG게임은 여러 가지 장르가 있고, 레벨디자인이 중요한 RPG 장르 중에 하나로 MORPG가 있습니다. MORPG와 MMORPG의 가장 큰 차이점은 MORPG의 경우 스테이지가 있고, 스테이지를 선택해서 클리어해 나가는 구조입니다. 반면에 MMORPG는 큰 오픈월드에 수많은 유저가 한꺼번에 접속한다는 점이 다릅니다.

**[몬스터 배치 분석]**

| 1-1. | 총몬스터 |
|---|---|
| W1.잡몹1-1마리 / 잡몹2-1마리 | 2 |
| W2.잡몹1-2마리 / 잡몹2-2마리 | 4 |
| W3.해골왕 / 잡몹3- 1마리 / 잡몹4 - 1마리 | 3 |

| 1-2. | |
|---|---|
| W1.잡몹3-1마리 / 잡몹4-1마리 | 2 |
| W2.잡몹3-1마리 / 잡몹4-1마리 / 잡몹5 - 1마리 | 3 |
| W3.해골마법사 / 잡몹3-1마리 / 잡몹5 - 1마리 | 3 |

| 1-3. | |
|---|---|
| W1.잡몹4-1마리 / 잡몹5-1마리 | 2 |
| W2.잡몹6-1마리 / 잡몹5-3마리 | 4 |
| W3.해골궁수 / 잡몹4-1마리 / 잡몹5-2마리 | 4 |

| 1-4. | |
|---|---|
| W1.잡몹3-1마리 / 잡몹4-2마리 | 3 |
| W2.잡몹3-2마리 / 잡몹4-2마리 | 4 |
| W3.악마술사 / 잡몹3-1마리 / 잡몹4-1마리 / 잡몹5-1마리 | 4 |

| 1-5. | |
|---|---|
| W1.잡몹1-2마리 | 2 |
| W2.잡몹1-2마리 / 잡몹2-1마리 | 3 |
| W3.제우스 / 잡몹1-1마리 / 잡몹4-1마리 / 잡몹5-1마리 | 4 |

[표 36 MORPG 몬스터 배치 분석 예시-스테이지별]

MMORPG는 아주 커다란 세계의 맵과 몬스터들을 만들고 전체적인 배치를 합니다. 하지만 MORPG는 각 스테이지 단위로 맵과 몬스터 배치를 구성하는 것입니다. 따라서 MORPG의 각 스테이지별 몬스터 배치를 분석하면 전체의 몬스터 배치 패턴을 알 수 있고, 오브젝트와 맵 구성 패턴도 마찬가지로 분석할 수 있습니다.

이렇게 얻은 정보를 가지고 신작게임에서 어떤 식으로 몬스터를 배치하고, 오브젝트와 맵을 구성해야 재미를 얻을 수 있는지 알 수 있습니다.

| 스테이지 번호 | wave1 등장 몬스터 | | | | | wave2 등장 몬스터 | | | | | wave3 등장 몬스터 | | | | |
|---|---|---|---|---|---|---|---|---|---|---|---|---|---|---|---|
| 1 | 1001 | 1001 | | | | 1001 | 1001 | 1001 | 1002 | | 1001 | 1002 | 16 | | |
| 2 | 1001 | 1001 | | | | 1001 | 1001 | 1002 | | | 1002 | 1002 | 10001 | | |
| 3 | 1001 | 1002 | | | | 1001 | 1001 | 1002 | 1002 | | 1001 | 1001 | 1002 | 10001 | |
| 4 | 1001 | 1001 | 10001 | | | 1001 | 1002 | 1002 | 1002 | | 1001 | 1002 | 1002 | 17 | |
| 5 | 1001 | 1002 | | | | 1001 | 1002 | 1002 | | | 1002 | 1002 | 10001 | 16 | |
| 6 | 1001 | 1002 | | | | 1002 | 1002 | 1002 | | | 1001 | 1002 | 1002 | 10001 | |
| 7 | 1001 | 10001 | | | | 1001 | 1001 | 10001 | | | 1002 | 1002 | 10001 | 18 | |
| 8 | 1002 | 1002 | | | | 1001 | 1002 | 10001 | | | 1001 | 10001 | 16 | | |
| 9 | 1002 | 10001 | | | | 1002 | 1002 | 10001 | | | 1001 | 1002 | 1002 | 10001 | 17 |
| 10 | 10001 | | | | | 1002 | 10001 | | | | 1001 | 1001 | 1002 | 16 | |
| 11 | 1002 | 10001 | | | | 1001 | 1002 | 10001 | 10001 | | 1002 | 1002 | 16 | 17 | |
| 12 | 1001 | 10001 | 10001 | | | 1002 | 10001 | 10001 | | | 1001 | 1002 | 10001 | 18 | |
| 13 | 1001 | 10001 | 10001 | | | 1002 | 10001 | 10001 | | | 1001 | 1002 | 10001 | 18 | |
| 14 | 1002 | 10001 | | | | 1001 | 1002 | 1002 | 10001 | 10001 | 1001 | 1002 | 17 | 18 | |
| 15 | 10001 | 10001 | | | | 10001 | 1002 | 1002 | 10001 | | 1001 | | | | |
| 16 | 1003 | 1003 | 10002 | | | 1003 | 1003 | 1003 | 10002 | | 1001 | 1003 | 1003 | 27 | |
| 17 | 1003 | 10002 | 10002 | | | 10002 | 10002 | 10002 | | | 1002 | 1003 | 10002 | 25 | |
| 18 | 1003 | 10002 | | | | 1003 | 10002 | 10002 | | | 1001 | 1003 | 1003 | 27 | |
| 19 | 10002 | 10002 | | | | 1003 | 1001 | 10002 | 10002 | | 1001 | 1003 | 1003 | 10002 | 27 |
| 20 | 1003 | 10002 | 10002 | | | 1003 | 1003 | 10002 | 10002 | 10002 | 1002 | 1003 | 25 | 27 | |
| 21 | 1003 | 10002 | | | | 1002 | 10002 | 10002 | 10002 | | 25 | 27 | | | |
| 22 | 10002 | 10002 | | | | 1003 | 10002 | 10002 | 10002 | 10002 | 10002 | 10002 | 25 | 27 | |
| 23 | 1003 | 10002 | 10002 | | | 10002 | 10002 | 10002 | 10002 | | 1001 | 1003 | 10002 | 25 | |
| 24 | 1004 | 1004 | | | | 1003 | 1004 | 1004 | 10003 | 10003 | 1003 | 1004 | 21 | 27 | |
| 25 | 1004 | 1004 | | | | 1003 | 1004 | 1004 | 10003 | 10003 | 1003 | 1004 | 21 | 27 | |
| 26 | 1004 | 10003 | | | | 1003 | 1004 | 1004 | | | 1003 | 1004 | 1004 | 1004 | 25 |
| 27 | 1004 | 1004 | 10003 | | | 1003 | 1004 | 10003 | 10003 | | 10003 | 1004 | 21 | 25 | |
| 28 | 1004 | 1004 | 10003 | 10003 | | 1002 | 1003 | 1004 | 10003 | 10003 | 1003 | 1004 | 1004 | 21 | |
| 29 | 1004 | 10003 | 10003 | | | 1004 | 10003 | 10003 | | | 10003 | 21 | 25 | | |
| 30 | 1004 | 10003 | 10003 | 10003 | 10003 | 1004 | 10003 | 10003 | 10003 | | 1003 | 1002 | | | |

[표 40 MORPG 몬스터 배치 분석 예시-웨이브별]

가장 쉬운 예로 모든 몬스터의 종류를 적고 어떤 맵에 몬스터 몇 마리가 어떤 식으로 등장하고, 어느 위치에 등장하는지를 기록하기만 해도 훌륭한 기초 자료가 됩니다.

또한 어떤 식으로 유저가 공략해야 이 맵을 클리어할 수 있을지 가능한 유저 행동의 패턴들과 몬스터 패턴, 공략요소를 정리해보면 좋습니다.

## (2) 싱글플레이 FPS

콘솔 패키지 게임에서 많이 볼수 있는 싱글 플레이 FPS는 맵 배치와 몬스터 배치가 그 게임의 전부라고 해도 과언이 아닙니다. 특히 맵 구성에 대한 정보를 파악하는 것이 중요합니다. 3D 게임에서 전체 맵이 어떤 식으로 생겼고 어떤 식으로 연결되었는지 분석해보면, 새로운 싱글 플레이 형식의 FPS 게임을 어떻게 만들지에 대한 통찰력을 얻을 수 있습니다. 또한 RPG와 마찬가지로 적 몬스터의 종류와 특성, 배치를 분석해 보는 것도 중요합니다.


## 5) 보상과 경제 시스템 분석

게임의 핵심재미, 성장 시스템, 레벨디자인을 분석하면 해당 게임의 구조가 어떻게 짜여 있는지, 전체적인 시스템의 그림을 파악할 수 있습니다. 또한 각 콘텐츠를 실제 어떻게 만들어야 하는지 구체적인 정보도 얻을 수 있습니다.

| | | | 보상 리스트 | | |
|---|---|---|---|---|---|
| 1 | 전군출격 | 이계 전장 | 나뭇가지 | 힘의 주먹 | |
| 2 | | 텔레포트 | 나뭇가지 | 요술봉 | |
| 3 | | 충성의 증명 | 나뭇가지 | 회복의 반지 | |
| 4 | | 병영 | 나뭇가지 | 허술한 방패 | |
| 5 | | 납골당 | 벌목 도끼 | 귀족의 머리띠 | |
| 6 | | 전군출격 | 지능의 망토 | 신발 | |
| 7 | 영웅학원 | 노래 속의 추억 | 예술인의 가면 | 귀족의 머리띠 | |
| 8 | | 전장 중앙 | 방어의 반지 | 힘의 완갑 두루마리 | |
| 9 | | 포위 | 민첩의 양말 | 귀족의 머리띠 | |
| 10 | | 드래곤슬레이브 | 마법의 보석 | 지능의 휘장 두루마리 | |
| 11 | | 발전소 | 민첩의 장화 | 민첩의 투구 두루마리 | |
| 12 | | 눈보라 | 지능의 로브 | 지능의 망토 | |
| 13 | | 실낱같은 생명 | 사슬갑옷 | 회복의 두건 두루마리 | |
| 14 | 나가의 바다 | 선박 약탈 | 힘의 허리띠 | 전사의 투구 | 힘의 주먹 |
| 15 | | 폭풍 | 짧은 몽둥이 | 생명의 구슬 | 벌목 도끼 |
| 16 | | 우박 폭풍 | 황천의 보석 | 가속의 장갑 | 마법지팡이 두루마리 |
| 17 | | 신념의 시험 | 마법의 망토 | 영혼의 반지 두루마리 | 흑철방패 두루마리 |
| 18 | | 오래된 선박 | 치유의 반지 | 원기의 구슬 | 방어의 반지 |
| 19 | | 메두사의 눈빛 | 흡혈가면 | 날카로운 발톱 | 야차 두루마리 |
| 20 | 어둠의 섬 | 항구도시 | 대검 | 가속의 장갑 | 실종의 단도 두루마리 |
| 21 | | 바닷가에 도착 | 판갑 | 산화의 검 두루마리 | 바람의 가면 두루마리 |
| 22 | | 숲의 노래 | 녹색 지팡이 | 메이컨 두루마리 | 지능의 지팡이 두루마리 |
| 23 | | 번개의 냄새 | 민첩의 단검 | 활검 | 치유의 반지 |
| 24 | | 외나무다리에서 | 날카로운 발톱 | 민첩의 투구 두루마리 | 예술인의 가면 |
| 25 | | 어둠의 성문 | 투창 | 용기의 흉장 두루마리 | 유골함 두루마리 |
| 26 | | 안개 궁전 | 신비한 망치 | 고대 장구 두루마리 | 힘의 도끼 |
| 27 | 햇빛 숲 | 계곡의 입구 | 붉은 지팡이 두루마리 | 비행신발 두루마리 | 지능의 휘장 두루마리 |
| 28 | | 혐객영지 | 귀족의 머리띠 | 전기해머 두루마리 | 비행신발 두루마리 |
| 29 | | 서쪽 성전 | 그림자 부적 | 민첩의 장화 | 민첩의 양말 |
| 30 | | 동쪽 성전 | 수정검 두루마리 | 유령장갑 두루마리 | 힘의 완갑 두루마리 |
| 31 | | 안경을 쓴 여왕 | 격퇴의 지팡이 두루마리 | 사슬갑옷 | 회복의 반지 |
| 32 | | 침묵의 수호자 | 초급마법서 두루마리 | 바람의 지팡이 두루마리 | 지능의 로브 |
| 33 | | 달의 성 | 해골 지팡이 두루마리 | 회복의 두건 두루마리 | 허술한 방패 |

[표 41 스테이지별 보상 분석 예시]

이렇게 게임 플레이와 성장, 레벨디자인만으로 기본적인 것들은 모두 동작하지만, 플레이할 때 게임 내 재화를 어떤 식으로 풀어주느냐에 따라 게임의 성장속도와 플레이 경험, 매출에 큰 영향을 미칩니다.

특히 게임머니를 너무 많이 풀어주면, 게임머니가 게임 내에 쌓이게 되어 유저들이 더 이상 과금을 하지 않고, 매우 빨리 성장하게 되어 콘텐츠가 금방 소진되어 버립니다.

반대로 게임머니를 너무 적게 지급한다면 유저들은 극심한 스트레스를 받고 초반에 이탈할 것입니다. 보상과 경제 시스템 분석이 중요한 RPG게임의 예를 들어봅니다.

**골드소모 가챠 10연차 패턴 분석**

| 아이템 등급별 | 1 | 2 | 3 | 4 | 5 | 6 | 7 | 8 | 9 | 10 | 11 | 12 | 13 | 14 | 15 | 16 | 17 | 18 | 19 | 20 | 21 | 22 | 23 | 24 | 25 | 26 | 27 | 28 | 29 | 30 |
|---|---|---|---|---|---|---|---|---|---|---|---|---|---|---|---|---|---|---|---|---|---|---|---|---|---|---|---|---|---|---|
| 화이트 | 6 | 5 | 4 | 5 | 4 | 4 | 4 | 6 | 3 | 3 | 3 | 4 | 4 | 4 | 4 | 6 | 4 | 2 | 5 | 2 | 4 | 6 | 3 | 5 | 4 | 3 | 4 | 4 | 4 | 4 |
| 그린 | 1 | 1 | 1 | 1 | 0 | 2 | 1 | 1 | 1 | 2 | 3 | 2 | 1 | 3 | 3 | 1 | 2 | 2 | 1 | 3 | 2 | 1 | 3 | 1 | 1 | 2 | 2 | 3 | 1 | 1 |
| 블루 | 1 | 1 | 1 | 1 | 3 | 1 | 1 | 1 | 2 | 2 | 1 | 1 | 2 | 1 | 1 | 1 | 3 | 1 | 2 | 1 | 1 | 2 | 1 | 2 | 1 | 1 | 1 | 2 | 1 | 1 |
| 퍼플 | 0 | 0 | 0 | 0 | 0 | 0 | 0 | 0 | 1 | 0 | 0 | 0 | 0 | 0 | 0 | 0 | 0 | 0 | 0 | 0 | 0 | 0 | 0 | 0 | 1 | 0 | 0 | 1 | 1 | 1 |
| 가루 | 0 | 1 | 1 | 1 | 0 | 1 | 0 | 0 | 0 | 1 | 1 | 1 | 1 | 0 | 0 | 1 | 0 | 0 | 1 | 0 | 0 | 0 | 0 | 0 | 1 | 0 | 0 | 0 | 0 | 0 |
| 골드아이템 | 1 | 1 | 1 | 1 | 1 | 1 | 1 | 1 | 1 | 1 | 1 | 1 | 1 | 1 | 0 | 1 | 1 | 1 | 1 | 1 | 1 | 1 | 1 | 1 | 1 | 1 | 1 | 1 | 1 | 1 |
| 영혼석 | 1 | 0 | 2 | 1 | 1 | 1 | 1 | 1 | 1 | 1 | 1 | 1 | 1 | 1 | 0 | 1 | 1 | 1 | 1 | 1 | 1 | 1 | 1 | 0 | 1 | 1 | 1 | 1 | 1 | 1 |
| 영웅 | 0 | 1 | 0 | 0 | 0 | 0 | 0 | 0 | 0 | 0 | 0 | 0 | 0 | 0 | 0 | 0 | 1 | 0 | 0 | 0 | 0 | 1 | 0 | 0 | 0 | 0 | 0 | 0 | 0 | 0 |
| 물약 | 0 | 0 | 0 | 0 | 1 | 0 | 1 | 0 | 1 | 0 | 0 | 0 | 0 | 0 | 0 | 0 | 1 | 1 | 0 | 0 | 1 | 0 | 0 | 1 | 1 | 0 | 1 | 0 | 0 | 1 |
| 합계 | 10 | 10 | 10 | 10 | 10 | 10 | 10 | 10 | 10 | 10 | 10 | 10 | 10 | 10 | 10 | 10 | 10 | 10 | 10 | 10 | 10 | 10 | 10 | 10 | 10 | 10 | 10 | 10 | 10 | 10 |

[표 42 골드 소모 뽑기 패턴 분석 예시]

## (1) RPG게임의 보상 분석

MORPG게임에서는 플레이를 해서 스테이지들을 클리어하면 게임머니와 캐쉬머니(현금으로 구매하는 보석)를 지급하는 경우가 많습니다. 캐쉬머니는 상대적으로 적게 지급하며, 퀘스트나 스테이지 최초 클리어 보상 등으로 지급하고, 게임머니는 스테이지 클리어 보상으로 지급하는 경우가 많습니다.

그림 3-6 스테이지 클리어 화면

스테이지를 클리어하면서 지급받는 게임머니를 기록하고, 퀘스트를 진행하거나 스테이지 최초 클리어 보상, 출석 체크 보상 등 얻는 총 캐쉬머니를 기록합니다.

플레이를 진행함에 따라 전체적으로 어디서 얼마만큼의 게임머니와 캐쉬머니를 얻는지 플레이 타임에 따라 기록하며, 표로 정리해봅니다.

이것을 시간에 따라 1일차 3일차 7일차 30일차 등으로 정리하고, 하루에 2시간 플레이했을 때 얻는 양으로 계산해봅니다. 또한 조건을 달리해서 하루에 30분 플레이, 2시간 플레이, 10시간 플레이 등으로 여러 가지 유저 플레이 프로필을 만듭니다. 각각 다른 조건의 유저 플레이 프로필에 따라 현재 보상 수준이 얼마나 되는지 파악할 수 있습니다.

## (2) RPG게임의 경제 시스템 분석

평균 획득량을 구했다면, 반대로 게임머니와 캐쉬머니를 어디서 쓸 수 있는지 소진처를 분석할 수 있습니다. 아이템을 강화하거나, 뽑기를 돌리거나 하면 게임머니를 소진할 수 있을 것입니다.

이렇게 게임머니와 캐쉬머니를 소진했을 때, 경험치를 얻거나 또는 아이템을 특정단계까지 강화할 수 있습니다. 게임머니, 캐쉬머니를 얼마나 얻으면, 얼마나 성장할 수 있는지가 나오고, 또 플레이를 얼마나 해야 얼마나 성장할 수 있을지를 계산할 수 있습니다. 그렇다면 우리가 현재 풀어주고 있는 게임머니와 캐쉬머니의 양이 적절한지, 소진처가 부족하지는 않은지 계산이 가능합니다.

$$1 \text{ hr} = \text{G} \; 2,000 = 10 \; \diamond = \text{천원}$$

$$1 \text{ hr} = \text{천원} \; ?$$

또한 게임머니=플레이타임=캐쉬머니의 환율표 작성이 가능할 것입니다.

예를 들어 1시간 플레이하는 것은 2000골드의 가치와 같고, 이것은 10보석의 가치와 같고, 이것은 상점에서 현금 1,000원의 가치와 같다면, 우리가 보석을 적정한 가격에 판매하고 있는지, 보상은 현금 가치로 얼마를 지급하고 있는지 게임 내 경제 분석이 가능합니다.

# 게임 시장조사2
# – 벤치마킹과 자료조사

시장조사를 통해 충분한 자료를 모으고 시장에 대해 분석했다면, 어떤 장르의 게임이 시장에서 얼마만큼의 시장점유율을 가질 수 있을지, 어느 정도의 유저 반응을 보일지, 얼마 정도의 매출을 낼 수 있는 게임인지를 예상할 수 있습니다. 시장조사로 게임의 방향성을 잡을 수 있다면 벤치마킹을 통해 타 게임들의 핵심 시스템을 분석하면서, 우리가 만들 게임 시스템 구조 설계에 도움을 받을 수 있습니다.

## 1) 벤치마킹 (타 게임 시스템 분석)

타 게임 시스템 분석은 기본적으로 해당 게임의 게임 플레이를 많이 해보는 것과, 인터넷을 통해 유저들이 분석해놓은 자료 수집을 통해 할 수 있습니다. 이를 통해 다른 게임과 똑같은 시스템으로 기획서를 써보는 것을 역기획이라고 합니다.

## (1) 게임 플레이를 통한 벤치마킹

게임의 시스템과 구조를 파악하려면 게임 플레이를 많이 해봐야 합니다.

게임 플레이를 할 때, 실제 유저가 하는 것처럼 자연스럽게 하되, 어떤 시스템이 어떻게 동작하는지를 파악하기 위해 게임 플레이 스크린샷을 많이 찍어 보고, 이것을 도표로 정리해서 각 화면의 연결 구조도를 그려 보는 것이 좋습니다.

또한 각 게임 시스템이 어떤 식으로 동작하는지 텍스트로 정리하면서 플레이를 해 봅니다. 필요하다면, 게임에서 얻는 경험치 양이나, 소모해야 하는 재화 양, 획득하는 재화 양, 무기나 캐릭터의 능력치, 몬스터와 종류와 배치 등을 엑셀 파일에 적어가면서 플레이해 보는 것도 좋습니다.


## (2) 인터넷의 유저 분석 자료를 통한 벤치마킹

인터넷 웹진(헝그리앱, 인벤) 등의 공략코너나, 위키 등을 통해 유저들이 게임을 분석해 놓은 공략집을 통해 많은 정보를 얻을 수 있습니다.

위키 페이지란 게임을 즐기는 플레이어들이 자발적으로 인터넷에 정보를 모아둔 곳을 말합니다. 구글에서 해당 게임의 위키 페이지를 검색해서 각 게임 시스템별 데이터 테이블에 필요한 수치 자료를 얻을 수 있습니다. 특정 게임의 게임명을 통해 위키를 찾아봅니다. 예를 들어 〈Hay Day〉라는 게임의 위키를 찾는다면 'hay day wiki'라고 구글에서 검색해봅니다.

## (3) 역기획서 작성

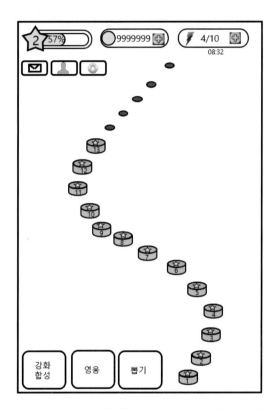

게임 플레이와 인터넷에서 얻은 데이터 테이블을 참고하여, 내가 해당 게임의 기획자라면 어떤 식으로 게임 시스템 기획을 했을지, 추론하여 완벽히 똑같이 작성해 보는 것을 역기획서 작성이라고 합니다.

역기획서 작성은 신입 게임 기획자들이 취업을 위해 많이 작성하기도 합니다. 전체 게임의 역기획서 작성을 완벽하게 해낸다면, 이미 메인기획자라는 말이 있을 만큼 중요한 과정이며, 게임기획서 작성 트레이닝의 훌륭한 방법입니다.

게임 회사에서 쓰이는 게임 기획서는 외부로 공개되어 있지 않으므로 자료를 구하기 어렵습니다. 이 때문에 신입 기획자의 경우 기존 상용화된 게임을 가지고 역기획서를 작성하여, 내가 신규 게임이나 신규 시스템을 기획한다면 충분히 잘 해낼 수 있다는 것을 증명하고 다른 사람들에게 보여줄 수 있습니다.

## 2) 2차 자료 분석(인터넷을 통한 시장조사)

특정 집단을 대상으로 FGT(포커스 그룹 테스트)를 통해 직접 사람들에게 플레이 테스트를 시켜보고, 이들에게 게임 소감이나 불편사항 등의 인사이트를 얻는 방법은 마케팅에서 직접 조사 방법에 속하며, 이것을 1차 자료 분석이라고 합니다.

모든 경우에 이렇게 직접 조사를 할 수는 없습니다. 그러므로 우리는 기본적으로 인터넷 검색을 통해 시장조사에 필요한 유용한 자료를 얻을 수 있습니다. 이것은 간접 조사 방법에 속하며, 2차 자료 분석이라고 합니다.

2차 자료 수집과 분석에는 문헌적 조사, 인터넷을 통한 시장조사가 있는데, 게임을 기획하기 위해 하는 2차 자료 분석은 주로 인터넷을 통한 시장조사가 유용합니다.

### (1) 온라인 게임 시장조사(게임트릭스)

한국에는 2019년 기준으로 약 11480개의 PC방이 있습니다. 게임트릭스(http://www.gametrics.com)는 PC방에서 온라인 게임 접속 정보를 가지고, 온라인 게임 순위를 제공하는 웹사이트입니다.

무료 회원으로도 1위부터 50위까지의 게임 순위를 알 수 있고, 시간 순서에 따라 수치를 보여주는 시계열 분석을 통해 어떤 게임이 어떻게 시장에 진입하고, 게임 순위변화는 어떤지 파악할 수 있습니다. 장르별로 게임 순위변화를 분석하여, 신규 게임 기획에 도움을 받을 수 있습니다.

## (2) 모바일 게임 시장조사

앱애니(http://www.appannie.com/kr), 앱애이프(https://appa.pe/ko), 모바일인덱스(http://www.mobileindex.com), 센소타워(http://www.sensortower.com)를 통해서 국내뿐만 아니라 전 세계 모바일 게임, 구글플레이 게임, iOS 게임에 대한 순위정보와 매출 정보를 얻을 수 있습니다.

무료 회원 가입으로도 시계열에 대한 순위 분석 자료를 얻을 수 있습니다. 이를 통해 어떤 장르의 모바일 게임이 어떤 국가에서 얼마만큼의 유저를 가지고 있고, 현재 매출이 어느 정도 나고 있는지 분석이 가능합니다.

미국, 중국, 일본, 대만, 한국 등이 매출 규모가 큰 모바일 게임 시장이며, 이들 국가의 상위 매출 게임들을 플레이하면 신규 게임의 기획에 큰 도움을 받을 수 있습니다.

## (3) 게임 웹진 조사 - 게임메카, 인벤, 헝그리앱, 디스이즈게임 등

게임메카, 인벤, 헝그리앱, 디스이즈게임 등 게임 전문 웹진의 기사도 훌륭한 2차 자료가 됩니다. 어떤 게임이 어떤 시스템을 가지고 있는지 리뷰해둔 기획기사가 많으니 꼭 참고하시기 바랍니다.

## 3) 1차 자료 분석(FGT를 이용한 직접 조사)

게임을 런칭하기 전이나, 게임 런칭 후 라이브 서비스 중에 현재 게임의 문제점과 개선방안을 파악하기 위해서 타깃 유저층의 일부를 대상으로 직접 게임을 플레이해 보게 하고, 이들의 의견을 듣는 것을 FGT(포커스 그룹 테스트)라고 합니다.

## [1] FGT(Focus Group Test)

게임의 시스템을 디자인하는 것과 사람들의 경험을 디자인하는 것은 다른 이야기 입니다. 사람들은 게임의 모든 시스템을 다 학습하지 않습니다. 사람들은 저마다 자신만의 방식으로 게임 시스템을 경험합니다. 따라서 우리는 만들고 있는 게임을 유저들에게 테스트를 시켜 봄으로써, 유저들이 게임시스템을 어떻게 경험하는지 알아내고 인사이트를 얻을 수 있습니다. 또한 이렇게 얻은 인사이트를 게임 개발에 활용할 수 있습니다.

FGT를 진행할 때는 조사 목적에 따라 타깃층을 몇 개의 그룹으로 나누어서, 개발 중인 게임을 사람들에게 플레이를 해보게 하고, 게임에 대한 평가와 의견, 피드백을 받습니다.

다음과 같은 방법으로 진행합니다.


## (1) 플레이어 경험 동선 파악

FGT를 통해 플레이어들이 개별적으로 어떤 식의 게임 플레이를 하는지 플레이 동선과 경험의 뼈대를 파악하는 것이 중요합니다. RPG에서 게임의 핵심 플레이인 전투를 인게임이라고 하고 상점, 가방 등의 게임 플레이가 아닌 부분을 아웃 게임이라고 합니다.

In Game(게임 플레이)에서는 유저가 경험할 수 있는 패턴의 예시를 만들고 검증합니다. Out Game(게임 UI)에서는 유저의 선택 가능성 예시를 만들고 검증합니다.

게이머의 성별, 몰입 성향과 실력에 따라 여러 가지 선택 패턴이 나올 수 있으나, 여러 명의 유저들의 플레이에서도 공통점이 있습니다. FGT를 통해 유저들이 플레이한 행동들을 플레이 시작부터 끝까지 시간대별로 자세하게 기록해봅니다. 이를 통해 전반적으로 유저들이 제시된 게임 콘텐츠를 실제로 얼마나 즐겼는지 파악할 수 있습니다.


## (2) 유저 그룹 설정

다양한 방식으로 조사 목적에 따라 유저 그룹을 나누어서 진행할 수 있습니다. 다음은 유저 그룹의 예시입니다.

1) 성별: 남성, 여성

2) 몰입 성향: 라이트 유저, 헤비 유저

3) 실력: 초보자, 중급자, 상급자

4) 앞의 요소를 가지고 총 2X2X3 = 12가지의 다른 프로필에 따른 경우의 수를 만들 수 있습니다. 이 경우의 수를 적절히 섞어서 특정 수의 그룹을 만들 수 있습니다. (2그룹/3그룹/6그룹 등)

## (3) 플레이 테스트&설문조사

조사 목적에 따라 짧게는 1시간~길게는 1주일간 플레이 테스트를 진행합니다.

조사 방법: 설문지나 웹 설문지로 가능한 선택 가능성의 트리를 만들고, 사용자에게 선택하도록 합니다. FGT 진행 과정에서 필요하면 특정 인원에 한하여 1:1 심층 인터뷰(In-Depth-Interview)를 진행할 수 있습니다.

FGT의 경우 몇 명이 속해 있는 소그룹으로 진행하는 것이고 1:1 심층 인터뷰는 1명에게 집중적으로 질문해서 깊이 있는 의견을 청취하는 것을 말합니다.

그래픽, UI 편의성, 게임성, 과금욕구 여부, 다시 플레이 해볼 것인지 여부, 친구에게 추천 여부, 게임 콘텐츠를 얼마나 즐겼는지 여부, 성장 밸런싱 의견, 보상 밸런싱 의견, 각 콘텐츠의 상대밸런싱 의견, 게임에서 현재 부족한 점 의견, 게임이 앞으로 어떻게 발전하면 좋을 것인지 자유 의견 등을 설문조사 항목으로 설정합니다.

FGT종료 후에는 현재 구축된 게임 시스템과 사용자가 선택하는 경험의 트리를 비교, 분석합니다. 설문조사의 피드백을 정리해서 통계를 내고, 게임 개발에 FGT결과를 참고하여 게임 개선에 활용합니다.

# 21
# 신규 게임 개발을 위한
# 아이디어 발상법

게임 아이디어 발상에는 여러 가지가 있지만 가장 보편적으로 쓰이는 방법은 이미 시장에 나와 있는 여러 게임들을 플레이 해보고, 장단점을 파악해서, 기존 아이디어를 참고하고 새로운 아이디어를 만들어내는 방법이 있습니다.

그 외에 이미 있는 요소들을 결합하고 변형하여 새로운 아이디어를 만들기도 합니다.

## 1) 게임 아이디어 발상

다음은 새로운 게임을 만들기 위해 아이디어 발상의 다양한 방법들입니다.

### (1) 브레인 스토밍(Brain Storming)

아이디어 발상법의 한 방법으로 5-10명 단위의 사람들이 자유롭게 의견을 내고 의견을 종합하여, 새로운 아이디어를 정리하는 방법입니다. 아이디어를 낼 때 주의할 점은 비판 금지의 원칙에 의해서 어떤 아이디어라도 무조건 내고, 그것을 새롭게 정리하는 것이 중요합니다.

누군가 아이디어를 내려고 하는데, 비판부터 가하면 좋은 아이디어가 많이 나올 수 없습니다. 일단 아이디어의 좋고 나쁨을 생각하지 않고, 최대한 많은 아이디어를 내 놓고 이후에 검토합니다. 한 사람이 낸 아이디어에 다른 사람의 생각이 더해져서 아이디어가 새롭게 발전해가는 장점이 있습니다.

## (2) 연상법

연상법이란 연결지어 생각한다는 뜻입니다.

유명 영화감독 스티븐 스필버그의 경우 가족들과 식사 자리에서, 아무 문장이나 말하게 하고, 다음 사람이 다음 문장을 말하는 형식으로, 계속 이어가는 이야기 만들기 놀이를 했다고 합니다.

이런 문장 연상 놀이에 의해서 위대한 영화 시나리오들이 여럿 탄생할 수 있었습니다. 자유롭게 꼬리에 꼬리를 무는 상상력을 발휘할 수 있으므로 여러 사람이 할수록 효과가 큰 방법입니다.

## (3) 포스트잇 아이데이션(Post-it Ideation)

주제를 하나 잡고, 주제에 관련된 단어를 무작위로 상상하여 포스트잇에 적습니다. 혼자서도 가능하고 여러 사람이 같이 할 수도 있습니다. 보통 개개인의 능력에 따라 다르지만 하나의 주제에 대해 20~100개의 단어를 추출할 수 있습니다.

단어를 추출할 때 주의할 점은 더 많은 아이디어를 내기 위해서 주제를 정할 때 대분류 - 중분류 - 소분류 중에서 대분류의 주제를 먼저 정해야 한다는 점입니다.

예를 들어 "술" 카테고리에서 상상해 단어를 추출하면 범위가 넓어서 아이디어를 많이 만들어낼 수 있지만 "소주"라는 하위 카테고리에서 단어를 추출하면 더 적은 아이디어가 나오게 됩니다.

이렇게 나온 아이디어를 가지고 바로 아이디어를 실행하거나, 단어 결합법을 써서 아이디어를 더 새롭게 발전시킬 수 있습니다.

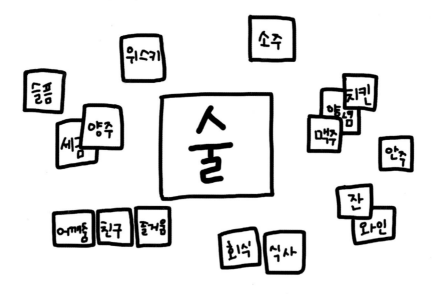

## (4) 단어 강제 결합법

포스트잇 아이데이션을 통해서 얻은 수많은 주제와 관련된 단어를 가지고, 2가지를 무작위로 강제 결합하여 문장으로 만들어봅니다.

예를 들어 휴대폰, 노래방이라는 두 단어가 있다면, 노래방에서 곡 예약 기능 리모컨이 있는데, 이 기능이 있는 스마트폰 앱을 만들면 어떨까? 이런 식으로 두 가지의 다른 단어를 가지고 결합해서 새로운 아이디어를 만드는 방법입니다.

단어 강제 결합법의 장점은 어떤 새로운 아이디어도 나올 수 있고, 강제로 아이디어를 만들어내기 때문에 짧은 시간 동안 효과적으로 아이디어 후보들을 많이 생성해낼 수 있습니다.

# 22

# 온라인 게임의 상용화 모델
# (BM: Business Model)

## 온라인 게임의 상용화 모델 (BM)

온라인 게임이라고 하면 PC온라인 게임과 모바일 온라인 게임, 즉 서버가 있고, 여러 유저들이 접속하여 함께 즐기는 게임을 말합니다.

블리자드의 스타크래프트나, 스팀 게임과 같은 PC 패키지 게임은 디지털 다운로드나 CD 패키지 판매를 통해 직접 수익을 창출하고 있습니다. 하지만 PC온라인 게임과 모바일 게임의 경우 월정액제, 부분유료화 방식으로 수익을 창출하고 있습니다.

## (1) 월정액제

월정액제는 매달 일정량의 금액을 결제해야 게임을 즐길 수 있는 모델입니다. 대표적으로 PC MMORPG게임들이 이 모델을 쓰고 있으며, 월드 오브 워크래프트, 리니지 같은 게임이 이에 해당합니다. 모든 게임 유저가 유료 유저이므로 수익성이 매우 높지만, 게임에 대한 충성도가 매우 높은 유저만 유료 유저로 전환됩니다.

높은 게임성이 뒷받침되지 않고, 월정액제를 실시했을 때, 유저의 만족도가 낮으면 유저가 모두 이탈하여 게임이 실패하는 경우도 많습니다.

## (2) 부분유료화 방식

부분유료화는 기본적으로 게임은 공짜로 즐기고, 유료 아이템을 구매하면 조금 더 게임을 쉽게 즐길 수 있는 방식입니다.

PC온라인 게임인 넥슨의 퀴즈퀴즈, 카트라이더 등이 부분유료화 방식을 초기에 도입하였습니다. 카트라이더의 경우 일정 기간 자동차를 보유할 수 있는 기간제 아이템, 1회 사용할 수 있는 소모품 등의 개념이 등장하였습니다.

PC MMORPG게임인 마비노기 같은 경우 2시간은 무료로 즐길 수 있게 하고, 2시간이 지나면 접속할 수 없는데, 유료 결제를 하면 접속할 수 있는 방식으로 부분유료화를 진행하였습니다.

이후 RPG에서 아이템 강화 시 확률을 높여 주거나, 강화 실패해도 사라지지 않는 아이템 등의 조금 더 코어한 부분유료화 아이템이 등장하였습니다.

일본에서는 뽑기 형식의 부분유료화 모델이 크게 유행해서 보편화가 되었고, 중국에서는 매일 보너스 아이템을 지급합니다. 그런데 이것을 여는 열쇠는 현금으로 판매한다든지, 매월 얼마를 결제하면, 매일 매일 보너스 아이템을 준다든지, 정액제 부분유료화 아이템이 새롭게 만들어졌습니다.

최근에 모바일 시장에서는 일본 시장에서 뽑기 모델이 큰 수익성을 가져다주고 있어서, 많은 한국, 중국, 일본의 RPG류 모바일 게임들이 뽑기 모델을 차용하고 있습니다.

## 온라인 게임의 판매 방식

지금까지 온라인 게임의 상용화 모델의 개념을 살펴보았습니다. 그렇다면 온라인 게임에서 많이 사용하고 있는 다양한 판매 방식에 대해 알아봅니다.

### (1) 기간한정 아이템

게임사에서 매출을 높이기 위해서 자주 쓰는 한정 판매 방식으로, 특정 아이템을 한정 기간에 판매하는 것을 말합니다. 보통 1 ~2주일 정도의 비교적 짧은 기간에 판매되는데, 매월 초(매월 1 ~7일)에 판매액이 높으므로 기간한정 아이템을 많이 판매합니다.

게임 운영을 하다 보면, 예전에 판매했던 기간한정 아이템을 재판매하는 경우가 있는데, 이럴 경우 한정판이 아니기 때문에 유저의 신뢰를 잃기가 쉽습니다.

그래서 일본 게임사 같은 경우는 한정판 아이템의 경우 희소성 보존을 위해 재판매는 하지 않는 것을 정책으로 하는 게임사도 많습니다. 굳이 재판매를 하고 싶다면 발렌타인데이, 크리스마스 등 항상 같은 이벤트가 돌아오는 날에 기념으로 출시했던 아이템을 재판매하는 것은 유저들의 불만이 적은 편입니다.

### (2) 수량한정 아이템

기간한정 아이템과 같이 매출을 신장시키기 위해 게임사에서 가끔 출시하는 한정 판매 방식으로, 딱 한정된 수량만 판매가 되고, 수량이 줄어드는 게 바로 눈에 보이기 때문에 유저들의 구매 욕구가 매우 높은 편입니다.

자주 출시하면 유저들의 상용화 스트레스도 높아지나, 단기간의 매출 상승에는 엄청난 효과를 주는 판매 방식입니다. 수량한정 아이템을 판매하면 많게는 평소 매출의 수배의 매출이 나오기도 합니다.

기간한정 아이템과 마찬가지로 희소성 보전을 위해 한 번 출시한 한정 아이템은 재출시를 하지 않는 것이 신뢰성 유지를 위해 바람직합니다.


## (3) 패키지 아이템

게임에 필요한 여러 아이템들을 몇 개씩 묶어서 판매하는 방식으로, 초보자들이 무엇을 살지 모르는 경우나 기존 아이템을 좀 더 싸게 구매하고 싶은 유저들의 욕구를 충족시키는 묶음 상품입니다.

예를 들어 중국집에서 짜장면과 탕수육세트가 있다면, 단품으로 구매하는 것보다 조금 더 싼 가격으로 판매하는데, 게임에서의 패키지 아이템도 같은 개념입니다.


## (4) 기간제 아이템

한 번 구매하면 특정 기간에 아이템을 사용할 수 있는 판매 방식으로, 예를 들어 카트라이더에서 카트를 구매하면 7일, 30일, 1년 단위로 구매할 수 있습니다.

이렇게 판매하는 이유는 기간이 지나면 재구매를 하라는 의도인데, 상용화 스트레스도 상당한 방식이라서 최근에는 기간제 아이템이 아닌 영구제 아이템으로 바뀌어가고 있는 추세입니다. 대신 영구제 아이템을 자주 출시하는 방식으로 매출을 유지하는 방식이 더 효과적입니다.

## (5) 소모품

특정한 유료 아이템은 횟수 제한이 있습니다. 예를 들어 게임 중에 쓸 수 있는 특수 폭탄이 있는데, 이것을 "유료로 구매해서 사용할 수 있다. 그런데 50회에 3,000원에 팔고 있다" 이러한 개념입니다. 또는 "전체 채팅창에 메시지를 보낼 수 있는 확성기 50회를 파는데 3,000원이다" 이런 식으로 소모되는 아이템을 특정 횟수 제한을 걸어서 판매하는 방식입니다.

## (6) 뽑기 아이템

일본에서 보편화된 방식으로 오락실 앞에 있는 뽑기 기계를 생각하시면 됩니다. 뽑기 기계에 동전을 넣으면 동그란 플라스틱 캡슐이 랜덤하게 나와 상품이 나오는 방식입니다.

게임에서는 캐릭터나 무기를 가상뽑기에 넣고, 캐쉬머니를 사용하면 1 ~5성 같은 등급이 있는 캐릭터나 무기들이 뽑히는 방식으로 구매 욕구를 크게 자극합니다.

희소성이 있는 캐릭터나 무기들은 확률이 매우 낮으므로, 이것을 뽑기 위해 초고액과금자들은 수백만 원에서 수천만 원까지 쓰는 등, 매우 많은 현금을 쓸 수 있는 구조입니다.

일본에서는 사행성 이슈 때문에 컴플리트 뽑기(특정 뽑기 아이템을 몇 개 모아야 새로운 더 좋은 뽑기 아이템을 뽑을 수 있는 구조)가 법으로 금지되기도 했습니다.

## 온라인 게임의 아이템 종류

그렇다면 온라인 게임에서 많이 사용하고 있는 다양한 아이템 종류에 대해 알아봅니다.

## (1) 게임머니 판매

온라인 게임에서는 게임 내 플레이를 통해 얻을 수 있고, 성장에 필요한 게임머니(골드)를 많이 사용합니다. 게임 플레이를 통해 얻는 게임머니의 양이 충분치 않게 해서, 게임머니를 현금으로 주고 사게 유도하는 방식으로 판매를 많이 합니다.

이와 같이 게임 플레이를 통해 얻을 수 있는 재화 외에, 게임 플레이를 통해 얻을 수 없고 오직 현금으로만 살 수 있는 캐쉬머니(보석)도 있습니다.

유저는 캐쉬머니를 구매해서 뽑기 아이템을 돌리는 데 쓰거나, 또는 캐쉬머니로 골드를 교환하거나, 시간을 단축하거나 게임을 즐기기 위한 여러 가지 용도로 쓸 수 있습니다.

## (2) 게임 캐릭터

가장 매출이 높고 보편화된 아이템으로 새로운 캐릭터나 새로운 장비, 더 강한 캐릭터나 더 강한 장비를 판매합니다. 최근에는 뽑기에서 등급이 높은 캐릭터를 뽑게 하기 위해, 캐쉬머니를 쓰게 하는 방식으로 많이 판매하고 있습니다. 또한 신규 캐릭터나 신규 장비를 계속 출시하면서, 끊임없는 과금을 유도하고 있습니다.

## (3) 게임 코스튬 판매

게임 코스튬은 캐릭터가 입고 있는 옷을 다른 스타일의 옷으로 바꿔주는 아이템을 판매하는 방식입니다. 코스튬 아이템을 구매하면 내 캐릭터가 원래 입던 옷이 아닌 다른 스타일의 옷을 입게 되므로, 패션 아이템이라고 보면 이해하기 쉽습니다. 외형만 바꿔 주는 것이 아닌 능력치도 추가로 붙여서 구매 욕구를 더 높이는 경우가 많습니다.

## (4) 시간단축 판매

농장경영류의 SNG게임에서 많이 쓰는 방식으로, 시간이 드는 콘텐츠를 바로 즉시완료 해주는 데 캐쉬머니를 사용하게 하는 방식입니다.

예를 들어 작물을 심어 가꾸는 농장경영 게임에서 작물을 한번 심으면 12시간 후에 수확해야 하는데 일정량의 캐쉬머니를 쓰면 작물을 즉시 수확할 수 있게 시간을 단축시켜주는 아이템입니다.

## (5) 부활 아이템

MORPG에서 많이 쓰이는 방식으로 던전을 플레이하다가 몬스터에게 죽으면, 보통 해당 던전에서 그때까지 얻은 보상을 얻을 수 없습니다. 그런데 캐쉬머니로 부활 아이템을 쓰면 되살아나서 해당 던전을 클리어하고 보상도 얻어갈 가능성이 높아집니다.

## (6) 인벤토리 확장

MMORPG게임이나 MORPG게임에서는 아이템을 보관할 인벤토리(Inventory)가 필요합니다. 플레이를 하다 보면 인벤토리가 부족하게 되는데, 인벤토리 확장을 캐쉬머니로 판매하기도 합니다. 또한 특정 스킬 슬롯을 더 늘려 준다거나 하는 기능도 캐쉬머니로 판매해서 게임을 더 편하게 즐기고 싶은 욕구를 통해, 과금을 유도합니다.

## (7) 경험치

게임 플레이를 통해 레벨업을 하기 위해서는 경험치가 필요합니다. 경험치 부스터 아이템은 특정 시간(예를 들어 1시간) 동안 얻는 경험치를 2배로 해주는 식으로 효율을 높여주는 아이템입니다. 마찬가지 방식으로 게임 플레이를 통해 얻는 보상을 2배로 지급하는 보상 부스터 아이템도 있습니다.

## (8) 강화 보호제 판매

RPG에서 특정 아이템을 강화할 때, 해당 아이템이 강화 실패하면 사라지는 게임 시스템을 사용하고 있는 게임이라면, 강화 보호제를 판매해서 강화해도 원래 아이템이 사라지지 않게 해줍니다. PC 온라인 게임에서 많이 사용하던 판매방식입니다.

## 온라인 게임의 매출 상승 기법

가장 중요한 매출 상승 기법에는 어떤 것이 있는지에 대해 알아보겠습니다.

아래 소개한 방법은 필자가 아이템 상용화 담당자로서 직접 경험하고 기획, 실행해서 매출 상승 효과가 컸던 기법들입니다.


### (1) 월초 업데이트

한국 게임 시장에서는 월 충전제한과, 급여 지급일 등의 영향으로 월초 효과라는 것이 존재합니다. 예를 들어 한 계정당 월 30만 원의 충전제한이 있으므로, 이 충전제한이 풀리는 1일에 매출이 가장 높은 현상이 일어납니다.

또한 직장인의 급여일이 25일 이후인 경우가 많으므로, 직장인이 사용 가능한 현금이 넉넉한 시기이기도 합니다. 이 때문에 게임사는 매출이 가장 높은 1일을 노려서 그 전달의 30일이나 31일에 신규 아이템을 업데이트를 하면, 작게는 평소 매출의 2~3배에서 5~10배까지도 큰 매출을 노려볼 수 있습니다.


### (2) 할인이 아닌 덤 판매

게임에서 아이템을 할인하게 되면, 해당 시기에는 매출이 급격하게 증가합니다. 이것만 보면 아이템 할인 자체가 좋은 이벤트입니다.

하지만 할인을 반복하다 보면 유저들은 어차피 할인할 것이므로, "할인할 때까지 기다려야 겠다"라는 심리 때문에 평소의 매출액은 오히려 줄어들게 됩니다. 따라서 게임사에서는 할인을 자주 하는 것보다 대신 특정 기간에 상품을 구매하면, 덤 상품으로 추가 아이템을 주는 방식을 많이 활용하고 있습니다.

## (3) 타임 세일 지양

앞서 할인에 대한 기대감에 의한 매출 감소를 언급했습니다. 할인 기법 중에 특정 기간에 반짝 세일을 하는 타임 세일이라는 방식이 있습니다. 예를 들어 "이번 주말 5~6시 딱 한 시간! 아이템 전부 50% 할인"식으로 특정일과 특정 시간을 정해 놓고 반짝 세일을 하는 방법입니다.

이 방식도 순간적으로 매출을 크게 높여주기는 하지만, 자주 하면 학습 효과가 생겨서, 오히려 평소 매출이 줄게 되므로, 타임 세일은 지양하는 것이 좋습니다.

## (4) 행운 상자

평소에 판매하는 여러 가지 상품들을 행운 상자에 넣어 놓고, 행운 상자를 캐쉬머니를 통해 구매해서 열면 확률적으로 여러 가지 아이템이 나올 수 있는 상자를 판매합니다.

뽑기와 비슷하지만 상품 구성이 어떤 상품도 들어갈 수 있어서, 패키지 아이템을 랜덤 뽑기권 형태로 판매한다고도 볼 수 있습니다. 월초에 구매를 증진시키기 위해서, 아주 큰 양의 캐쉬머니가 가끔 잭팟처럼 터질 수 있는 행운 상자를 만들어서 기간한정으로 판매하기도 합니다.

## (5) 뽑기 확률업

캐릭터 뽑기가 있는 RPG에서 매출 증진을 위해서 흔하게 쓰는 방식으로 월초에 뽑기에서 나오는 아이템의 확률업을 하면, 유저들이 평소보다 더 구매를 하게 됩니다.

유저들이 갖고 싶은 특정 신규 상품의 확률업을 해준다거나, 하는 조금 더 디테일한 타깃팅을 한 확률업도 효과가 좋습니다. 하지만 아이템 할인과 마찬가지로 확률업도 같은 기간에 자주 하게 되면, 어느 정도의 학습 효과가 있어, 확률업을 할 때까지 기다리게 되는 현상은 나타납니다.

## ⑹ 로그인 선물상자

PU(결제 유저)의 비율을 높이기 위한 기법으로 중국 웹 게임에서 많이 사용하던 방식입니다. 매일 로그인을 하면 여러 가지 상품이 들어 있는 랜덤상자를 인벤토리에 1개씩 줍니다. 그런데 열쇠는 매우 싼 가격이지만 캐쉬머니로 구매해야 해서 아직 한 번도 캐쉬머니를 구매하지 않은 유저들의 최초 구매를 유도하는 상품입니다. 상품 구성을 잘 하면 아직 구매하지 않은 유저들을 구매 유저로 전환시켜서 매출을 크게 높일 수 있는 좋은 기법입니다.

# 게임 운영을 위한 운영 툴

운영 툴이란 게임 서비스 운영을 위해 유저들의 데이터 정보를 조회하거나, 유저들의 정보를 수정, 이벤트 시행, 공지작성, 푸쉬발송, 유저 동향 모니터링, 불법적인 해킹 툴 사용이나 게임 내 물의를 일으킨 유저에 대한 제재 등을 할 수 있는 툴입니다. 다음은 최근 모바일 게임의 운영 툴에 대해 알아봅니다.

우선 운영 툴에서 여러 가지 유저 정보를 조회하고, 수정하기 위해서는 게임 내 로그(Log)를 남겨야 합니다. 게임 로그(Log)란 게임 내에서 유저가 어떤 행동을 했고, 어떤 결과가 있었는지 기록해두는 것을 말합니다.

게임 내 로그를 남길 때는 게임 내 중요한 정보 및 사건을 기록해놓은 정보를 시간에 흐름에 따라 추적 및 분석이 가능해야 합니다. 또한, 어느 계정의 누가, 언제, 어디서, 어떻게, 무엇을, 왜 등의 6하 원칙의 기본 구성이 제공되어야 합니다. 게임 서비스를 진행했을 때, 유저의 아이템이 사라지거나 계정정보가 소실될 것을 대비해서 복구를 위한 근거 자료를 확보할 수 있도록 해야 합니다. 또한 시스템의 취약점이나 버그를 악용하여, 아이템 복사나 게임머니 복사, 부당한 아이템 취득 등에 대한 역학 추적이 가능해야 합니다.

| 행동 항목 | | 행동 내용 | 행동 패턴 경로 |
|---|---|---|---|
| 로그인 | 로그인 | 로그인을 함 | 로그인을 함 |
| | 최초 언어 선택을 함 | 최초 언어 선택을 함 | 최초 언어 선택을 함 |
| | 캐릭터 | 캐릭터 생성을 함 | 캐릭터 생성을 함 |
| | | 캐릭터 삭제를 함 | 캐릭터 삭제를 함 |
| | | 캐릭터 슬롯 확장을 함 | 캐릭터 슬롯 확장을 함 |
| | | 캐릭터 변경을 함 | 캐릭터 변경을 함 |
| 우편함 | 아이템 수령 | 아이템 수령을 함 | 우편함-아이템 수령 |
| 이벤트 | 출석체크 | 출석체크를 함 | 게임 접속-출석체크 팝업이 뜸 |
| | | 출석체크 보상을 받음 | 출석체크 팝업이 뜸->보상을 받음 |
| 레벨업 | 레벨업 | 레벨업을 함 | 필요 경험치를 쌓아서 레벨업을 함 |
| 가방 | 우편함에서 가방으로 이동 | 우편함의 아이템을 확인 | 우편함->아이템 확인 |
| | 착용/탈착/판매/확장 | 가방의 아이템을 착용 | 가방->아이템 선택->착용 |
| | | 가방의 아이템을 탈착 | 가방->아이템 선택->탈착 |
| | | 가방의 아이템을 판매 | 가방->아이템 선택->판매 |
| | | 가방 확장 | 가방->확장->골드와 보석으로 확장 |
| | 아이템 레벨업 | 아이템을 재료를 넣어서 레벨업 | 가방->베이스 아이템 선택->레벨업->재료 아이템 선택->레벨업 시행 |
| | 아이템 합성 | 아이템을 재료를 넣어서 합성 | 가방->베이스 아이템 선택->합성->재료 아이템 선택->합성 시행 |
| | 아이템 승급 | 아이템을 진화석을 넣어서 승급 | 가방->베이스 아이템 선택->승급->승급 시행 |
| | 룬 합성 | 룬을 재료를 넣어서 합성 | 가방->베이스 룬 선택->합성->재료 룬 선택->합성 시행 |
| | 아이템 초월 | 같은 아이템을 재료를 넣어서 초월 | 가방->베이스 아이템 선택->레벨업->재료 아이템 선택->초월 시행 |

| 행동 항목 | | 행동 내용 | 행동 패턴 경로 |
|---|---|---|---|
| 일반 스테이지 | 입장 재화 소모 | 전투 입장 시 입장 재화 소모 | 로비->일반 스테이지->전투 입장 시 입장 재화 소모 |
| | 친구 선택 | 전투 입장 시 친구 선택 | 로비->일반 스테이지->전투 입장 시 친구 선택 |
| | 스테이지 클리어 | 전투 후 스테이지 클리어 | 로비->일반 스테이지->전투 |
| | 스테이지 별획득 | 전투 후 스테이지별 획득 | 로비->일반 스테이지->전투 |
| | 스테이지 실패 | 전투 후 스테이지 실패 | 로비->일반 스테이지->전투 |
| | 스테이지 부활 | 전투 후 스테이지 부활 | 로비->일반 스테이지->전투 |
| | 스테이지 재도전 | 전투 후 스테이지 재도전 | 로비->일반 스테이지->전투 |
| | 스테이지 보상 | 전투 후 스테이지 기본 보상 | 로비->일반 스테이지->전투 |
| | | 전투 후 스테이지 랜덤 보상 | 로비->일반 스테이지->전투 |
| 대전(PVP) | PVP입장 재화 소모 | 입장 시 PVP입장 재화 소모 | 로비->대전->입장 시 PVP입장 재화 소모 |
| | 대전 상대 선택 | 입장 시 대전 상대 선택 | 로비->대전->입장 시 대전 상대 선택 |
| | 대전리스트 갱신 | 대전리스트 갱신 | 로비->대전->대전리스트 갱신 |
| | 대전 승리 | 대전 승리 | 로비->대전 |
| | 대전 패배 | 대전 패배 | 로비->대전 |
| | 대전 보상 | 대전 승리 보상 | 로비->대전 |
| | | 대전 랭킹 보상 | 로비->대전 |
| 소셜 기능 | 우정포인트 선물 | 친구에게 우정포인트 선물해주기 | 친구 리스트->우정포인트 선물 |
| | | 친구에게 우정포인트 선물 받기 | 친구로부터 우정포인트 선물을 받음 |
| 친구 | 친구 초대 | 친구 초대 | 친구 초대 |
| 업적 | 업적 완료 | 업적을 완료함 | 조건 충족->업적 완료 |
| | 업적 보상 받기 | 업적 보상을 받음 | 조건 충족->업적 완료->업적 보상 |

[표 43~44] 게임 로그 목록과 내용의 예시

## (1) 유저 데이터 정보 조회

아이디 검색, 모바일 디바이스 정보, 게임 관련 로그, 유저의 레벨 정보, 결제현황, 캐릭터 보유 정보, 아이템 보유 정보 등 유저 데이터의 정보를 조회하는 기능을 이야기합니다. 유저의 아이다나 모바일 디바이스 고유 ID로 조회하여 특정 유저가 어떤 정보를 갖고 있는지 조회합니다.

## (2) 유저 정보 수정

게임 서비스를 하다 보면, 게임의 오류로 인해 유저의 데이터가 삭제된다든지, 변조되는 일이 발생할 수 있습니다. 이럴 때는 운영자가 유저 데이터 정보 조회를 통해 로그를 뽑아 보고, 과거 데이터와 현재 데이터를 비교하여, 데이터가 변조되었거나 삭제되었는지 확인합니다.

만약 데이터가 삭제되어서 유저 계정의 복구가 필요한 경우에는 운영자가 위에서 조회한 데이터를 가지고, 유저 레벨의 숫자를 고치거나, 아이템을 넣어주는 등의 액션을 할 수 있습니다.

## (3) 공지사항 작성

게임을 기동 후 가장 먼저 이벤트 공지나, 점검 예정 시간 공지사항 등의 공지사항 팝업이 뜨게 됩니다. 운영 툴의 기능에서 이러한 이벤트 팝업의 관리나, 점검 공지 작성, 공지 삭제 등의 작업을 수행할 수 있습니다.

## (4) 푸쉬 메시지 발송

모바일 게임은 빅 업데이트가 있거나, 신규 이벤트가 있을 때에 가끔 푸쉬 메시지로 '현재 접속하면 혜택이 있다'라는 내용의 푸쉬를 발송합니다. 이러한 푸쉬 발송 기능도 운영 툴을 통해 할 수 있습니다.

## (5) 유저 제재

만약 특정 유저가 게임을 변조하거나, 해킹 프로그램을 통해 부당한 이익을 얻은 경우, 해당 유저에게 일정 기간 게임에 접속하지 못하게 하는 유저 제재 조치를 운영 툴로 할 수 있습니다. 보통 불법 행위가 계속되면 처음에는 7일 제재, 그 다음에는 30일 제재, 그 다음에는 영구 제재 등으로 단계별 제재 조치를 취하기도 합니다.

앞서서 운영 툴이 무엇인지 개념에 대해 이야기했습니다. 그렇다면, 운영 툴 각 기능의 상세내용에 대해 살펴봅니다. 다음은 모바일 게임 기준의 일반적인 내용에 대해 정리한 것입니다.

# ▶ 23-1 유저 데이터 정보 조회 기능

## (1) 아이디 검색

유저의 아이디를 운영 툴에서 입력하면, 해당 유저의 정보가 조회되도록 하는 검색창입니다. 게임에서 쓰는 유저의 ID를 쓸 수도 있고, 또는 옵션창에서 디바이스 아이디를 표시하도록 해, 이것을 입력하여 검색할 수도 있습니다.

## (2) 디바이스 정보

유저가 어떤 국가에서 접속했는지, 아이폰인지 안드로이드인지, OS는 어떤 것을 쓰고 있는지 등의 유저 상태를 보여줍니다.

## (3) 게임관련 로그

게임의 장르에 따라서, 또 각 게임 내용에 따라서 어떤 로그를 남길지를 먼저 정의하고, 해당 로그를 조회할 수 있습니다. 예를 들어 MMORPG게임 같은 경우에 사냥해서 아이템을 언제 획득하고, 언제 강화를 했으며, 언제 아이템을 버렸으며, 언제 아이템을 거래했느냐가 중요 정보가 됩니다.

이런 정보를 바탕으로 아이템이 사라졌다든지 하는 유저 불만이 발생했을 때 대처할 수 있습니다. 또한 유저가 특정 스테이지를 클리어했다는 정보도 중요한 정보로 로그에 남아 있고, 가능하면 운영 툴에서 이런 정보들이 조회되면 바람직합니다.

## (4) 유저의 레벨 정보

현재 유저가 몇 레벨인지 가지고 있는 경험치는 얼마인지를 알 수 있는 정보입니다. 이것을 통해 유저계정 복구 등에 활용할 수 있습니다.

## (5) 결제현황

유저가 현금을 써서 캐쉬머니를 언제 얼마만큼 충전했고, 어떤 유료 아이템을 구매했는지는 환불 이슈 때문에 매우 중요한 정보입니다.

## (6) 캐릭터 보유 정보

RPG게임 같은 경우 캐릭터를 여러 명 보유할 수도 있습니다. 이런 경우 어떤 캐릭터를 보유하고 있는지에 대한 정보를 보여줍니다.

## (7) 아이템 보유 정보

아이템 획득, 강화 , 판매, 삭제 로그를 남기기는 하지만 현재 이 계정에 가지고 있는 아이템의 정보가 무엇인지가 매우 중요합니다. 아이템 보유 현황을 통해 어뷰징 의심 행동도 알아낼 수 있습니다. 만약 어뷰저가 매우 좋은 아이템을 다량으로 가지고 있다면 의심해볼 만하고, 아이템 획득 로그를 통해서 2차 추적을 할 수 있습니다.

# ▶ 23-2   유저 정보 수정

## (1) 계정 정보 수정

유저의 계정 레벨이나, 경험치 등이 서버 문제나 버그로 인해 초기 값으로 리셋되거나 하는 문제가 발생할 수 있습니다. 이럴 경우 유저 로그를 뽑아보고, 운영 툴을 통해 원래의 레벨이나 경험치 정보로 복구를 해줄 수 있습니다.

또한 스킬 등을 성장시키는 게임이라면, 보유 스킬 포인트나, 스킬 보유 여부를 조회해서 해당 정보를 복구시켜 줄 수도 있습니다.

## (2) 아이템 정보 수정

유저가 게임 플레이를 하면서 얻었던 아이템의 정보를 조회하여, 복구를 해줄 수 있습니다. 단지 어떤 종류의 아이템을 가지고 있다는 것을 떠나서 , 아이템의 레벨과 강화단계, 그리고 해당 아이템에 붙은 옵션 등 아이템의 디테일한 정보를 로그로 남겨 정확하게 복구를 해줄 수 있도록 합니다. 또는 이벤트 보상을 시스템상 지급하기 어려울 경우, 운영 툴로 보상 아이템을 수동으로 지급하는 데 쓰이기도 합니다.

## (3) 스테이지 정보 수정

플레이어가 어느 스테이지까지 클리어했는지 조회하여, 만약 플레이어가 특정 스테이지를 클리어한 정보가 초기화 되었다면 복구를 해줄 수 있습니다. 복구에 대한 정보뿐만 아니라, 운영 툴에서 특정 스테이지를 클리어하면 보상을 지급한다든지 하는 이벤트를 개발할 수도 있습니다.

이 경우 특정 스테이지의 정보를 이벤트 진행 중으로 수정하고, 이벤트 기간을 설정하면 해당 기간 각 스테이지를 플레이한 유저들의 아이템 드롭 확률이 올라간다거나, 클리어할 때마다 특정 보상을 받도록 할 수 있습니다.

### (4) 재화 정보 수정

내가 가지고 있는 게임머니가 갑자기 사라졌거나, 현금으로 구매한 캐쉬머니가 갑자기 사라진다면, 엄청난 불만사항일 것입니다. 운영 툴에서 이러한 재화의 로그를 추적해서, 이러한 유저들을 수동으로 복구해 줄 수 있습니다.

### (5) 작업자 로그

운영 툴을 수정할 때, 회사의 직원이 이 정보를 수정할 것입니다. 그런데 만약 회사의 직원이 나쁜 마음을 품고 특정 계정에 큰 규모의 게임머니나 캐쉬머니를 지급하여 횡령을 한다거나, 또는 실수로 특정 유저의 정보를 마음대로 지워 버린다거나 하는 일이 발생할 수 있습니다.

이런 일을 방지하기 위해 어떤 직원이 언제 마지막으로 수정했는지 수정할 날짜와 내용에 대한 로그를 남겨, 책임 소재를 확실하게 할 수 있습니다.

운영 툴에는 통상적으로 어떤 직원이 언제 수정했는지 로그가 남습니다.

## ▶ 23-3  공지사항 작성

### (1) 점검 공지 작성

모바일 게임에서는 통상적으로 2-3개월에 한번 빅 업데이트, 1-2주에 한번 패치(아이템 추가나 캐릭터 추가, 스테이지 추가 같은 부분)를 통해 운영하는 경우가 많습니다.

이 경우에 새로운 콘텐츠가 추가되려면, 강제 업데이트(마켓에서 앱을 업데이트해야 하는 경우)와 선택 업데이트(마켓에서 업데이트를 하지 않으면 해당 콘텐츠를 즐길 수 없지만, 게임을 하는 데 아무 지장이 없습니다), 리소스 추가(앱 기동할 때 리소스만 추가로 다운받으면 새로운 콘텐츠를 즐길 수 있습니다) 등의 방법으로 업데이트를 합니다.

통상적으로 안정성 확보와 실서버에서 QA(Quality Assuarance)를 통해 최종적으로 큰 버그가 없는지 체크하기 때문에 1 ~2시간 정도 유저에게 접속하지 못하게 하고 정기점검을 합니다.

이 경우 운영 툴에서 언제 점검을 할 것인지 예비공지, 또는 실제점검이 들어가면 몇 시부터 몇 시까지 점검을 하는지 공지, 예상보다 점검이 길어진다면 정정공지를 통해 유저들에게 이 사실을 알릴 수 있습니다.

운영 툴에 몇 시부터 몇 시까지 점검하는지 텍스트를 입력해서 팝업 형태로 노출될 수 있도록 하며, 게임에 접속되지 않더라도, 이 점검공지 팝업은 보이게 됩니다.

점검공지는 게임 서비스를 할 때 유저 신뢰도와 관련한 내용이므로 매우 정확하게 공지되어야 하며, 중요한 부분입니다.

# ▶ 23-4  푸쉬 발송

## (1) 이벤트 푸쉬 발송

게임 서비스에서 지나치게 많은 푸쉬는 유저들의 피로감을 안겨주기도 합니다. 하지만 한국 게임에서는 아침 출근 시간인 8시, 점심 시간인 12시, 저녁 퇴근 시간인 6시에 접속하면 보상을 주는 푸쉬 이벤트를 통해 , 유저의 재접속을 유도하는 방법을 많이 써왔습니다.

운영 툴에서는 이렇게 정기적으로 보내는 푸쉬의 시간과 보상을 관리할 수 있습니다.

또한 긴급하게 깜짝 이벤트를 한다거나, 신규 마케팅을 집행하는데, 이를 전체 유저에게 알려야 할 필요가 있다면, 수동으로 발송할 수 있는 푸쉬를 문구를 적어 발송하기도 합니다.

또한 좀 더 발전된 방법으로 전체 유저에게 푸쉬를 보내는 방식이 아니라, 최근 1개월간 접속하지 않은 휴면 유저만 골라내서 복귀 이벤트 푸쉬를 보낸다든지, 또한 특정 레벨 이상의 유저만 골라내서 레벨업 이벤트 푸쉬를 보낸다든지 기능을 고도화할 수도 있습니다.

# ▶ 23-5  유저 제재

## (1) 계정 블록

보안팀에서 특정 계정의 불법적인 행동이 관찰되었다거나, 유저 신고에 의해 비정상적인 레벨이나 게임머니를 가진 유저를 추적하여, 어뷰징 또는 해킹 툴을 사용한 유저들을 계정 블록을 할 수 있습니다. 운영정책에 따라 게임에 접속하지 못하는 것을 계정 블록이라고 합니다. 처음에는 7일 접속 불가, 두 번째에도 동일하게 불법사항을 하면 30일 접속 불가, 세 번째에도 어뷰징이 발견되었다면 영구 계정 정지, 이런 식으로 유저별로 관리하여 계정 블록을 할 수 있습니다. 이 운영정책은 게임 회사마다 다르게 적용하고 있습니다.

# 24
# 게임 회사 창업을 위한
# 인력 구성

## 1) 게임 회사 창업 시 - 인력구성 예시

A씨는 최근 한국 모바일 게임 시장에서 유행하고 있는 액션MORPG게임을 만드는 게임 개발사를 창업하기로 결심하고, 자본을 투자해 개인회사 설립을 했습니다.

액션 MORPG게임은 3D기반으로 만들기로 하고, 이제 인력을 채용하여 게임을 만드는 일이 남았습니다. 따라서 각 직군별로 다음의 인력을 채용하기로 합니다.

### (1) 게임 기획자 4명 (시스템 기획자, 콘텐츠 기획자, 밸런스 기획자, 시나리오 라이터)

MORPG게임을 만들려면 게임의 시스템과 콘텐츠, 밸런스를 담당할 인원이 필요합니다. 따라서 UI와 게임 규칙을 설계할 시스템 기획자 1명, 게임의 몬스터와 스킬과 전투 시스템, 데이터 테이블을 만들 콘텐츠 기획자 1명, 게임의 성장 수치 밸런싱과 보상 수치 밸런싱을 맡은 밸런싱 기획자 1명을 채용합니다. 게임의 시나리오를 작업할 시나리오 라이터를 1명 채용합니다.

## (2) 개발자 7명 (클라이언트 개발자, 서버개발자, DB관리자)

MORPG게임에서 시스템 기획자가 설계한 대로, 그리고 아티스트가 작업한 리소스를 가지고 실제 게임 기능을 만들 클라이언트 개발자가 필요합니다. 클라이언트 개발자 4명을 채용합니다.

콘텐츠 기획자가 만든 데이터 테이블을 가지고 DB구조를 설계하고 클라이언트와 통신하는 기능을 만들고, 계정로그인 관련한 작업, 결제 관련한 작업을 할 서버 개발자 2명을 채용합니다. DB의 열을 설정하고 안정적으로 관리할 DB관리자 1명을 채용합니다.

## (3) 디자이너 9명 (UI디자이너, 3D 캐릭터모델러, 3D 배경모델러, 애니메이터, 이펙터)

3D MORPG게임에서 시스템 기획자가 설계한 대로 UI디자인을 담당할 UI디자이너가 필요합니다. UI디자이너 2명을 채용합니다. 아군과 적군 캐릭터를 모델링할 3D 캐릭터 모델러가 필요합니다.

3D캐릭터 모델러 3명을 채용합니다. 게임의 배경에 등장하는 배경을 모델링할 3D 배경 모델러가 필요합니다. 3D 배경 모델러 2명을 채용합니다.

제작된 3D 캐릭터를 가지고 실제 동작을 만들어낼 애니메이터가 필요합니다. 애니메이터 3명을 채용합니다. 캐릭터와 적군 스킬에 필요한 이펙트를 만들 이펙터가 필요합니다. 이펙터 2명을 채용합니다. 기획자 개발자 디자이너 총 20명 정도의 인원을 채용하였습니다.

예시를 들었기 때문에 최소 인력 정도로 살펴보았습니다. 이 정도의 인력은 있어야 3D MORPG게임을 원활하게 만들 수 있습니다. 참고로 이 밖에 사운드가 필요합니다. 배경음악과 효과음은 외주를 통해서 진행한다고 가정했습니다. 이상 게임 회사 창업 시 인력구성의 예시였습니다.

## 25

# 게임 회사 창업 시 프로젝트 개설과 진행

게임 회사 창업 시 어떤 게임을 만들지를 정했고, 그에 적당한 인력도 채용했습니다.

다음에는 이 인력들을 활용해서, 프로젝트를 진행을 시켜야 합니다. 어떤 식으로 프로젝트를 진행하면 되고, 어떤 식으로 관리하는지에 대해 알아봅니다.

## 1) 게임 회사 창업 시 - 프로젝트 개설과 진행

A씨는 액션 MORPG게임을 만들기로 하고, 개인사업자 등록을 하고, 인력 채용도 완료했습니다. 관련해서 각 인력들에게 업무를 효율적으로 분배하고, 게임 제작을 진행해야 합니다.

## (1) 게임에 필요한 스펙 정하기

MORPG게임을 만들려면, 주인공 캐릭터가 몇 명일지, 적군 몬스터는 몇 명일지, 주인공 스킬은 몇 개일지, 적군 스킬은 몇 개일지, 배경맵은 몇 개일지, UI에 들어가는 디자인 요소는 몇 개정도 되는지 대략적인 디자인 스펙 산정이 필요합니다. 또한 전투 시스템, PVE모드, PVP모드, 레이드, 길드, 소셜 시스템 등 게임 시스템 어떤 것을 얼마나 가져갈지 대략적인 기능 명세가 필요합니다.

A씨가 회사의 CEO이므로 직접 할 수도 있지만, 기획자가 있으므로, 기획자에게 해당 업무를 할당하고, 언제까지 게임의 전체 스펙에 대해 구성해 오라고 업무 지시를 합니다. 예를 들어, 1~2주 정도의 기간을 주고, 게임 전체 스펙에 대해 아트 리소스 스펙과, 기능 명세를 만들어오게 합니다.

## (2) 스펙에 따른 일정과 마일스톤 잡기

팀의 기획자가 아트 리소스 리스트와, 기능 명세를 짜오면, CEO인 A씨가 검토하여, 1차 확정을 합니다. 이에 따라, 기획서를 작성해야 합니다. 기획자는 해당 스펙에 맞는 기획서를 작성하도록 하고, 아트 리소스 제작에 필요한 우선순위를 짜달라고 합니다. 또한 개발 기능에 대해 우선순위를 짜달라고 합니다. 이에 따라서 디자인, 개발도 업무를 시작할 수 있게 됩니다.

## (3) 기획 / 디자인 / 개발 관리

전체 스펙에 맞춰 시스템 기획서가 가장 빨리 작업이 되어야 , 디자인과 개발을 진행할 수 있습니다. 보통 1 ~2개월 정도의 기간을 잡고, 전체 시스템 기획서와 전체 데이터 테이블을 1차로 기획자가, 완성할 수 있게 각 기능별로 업무를 나누어 진행합니다.

디자이너는 각 분야별로 우선순위에 맞게 아트 일정을 짜고, UI일정 같은 경우는 시스템 기획서가 나온 후에 진행할 수 있으므로, 전체 일정을 짜면서 기획 일정 뒤에 UI일정을 둡니다.

개발은 기획/디자인이 선행되어야 작업이 가능합니다. 하지만 이렇게 하면 효율성이 떨어지므로, 기획자가 핵심 전투와 프로토 타입에 대한 1차 기획을 먼저 하면, 이에 따라 최소 리소스로 아트에서 작업을 해주고, 개발자는 그것을 가지고 1차 프로토 타입을 우선 진행합니다. 그동안 기획서와 아트 리소스가 작업이 될 것이고, 순서에 따라 개발을 진행합니다.

전체 일정에서 쉬는 구간이 없어야 효율적으로 진행할 수 있으므로, 더미 데이터를 가지고, 미리 구현을 하거나, 미리 작업할 수 있는 결제 쪽이나 소셜 API 쪽은 개발 일정을 앞당겨서 먼저 구현할 수도 있습니다.

이와 같이 게임 회사를 창업해서 프로젝트를 진행한다고 가정합니다. 모든 게임이 생각대로만 잘 제작되면 가장 좋지만, 게임이라는 자체가 콘텐츠이고, 엔터테인먼트이다 보니, 예상치 못한 이슈가 생기기도 합니다. 이런 이슈를 어떻게 관리할지에 대해 알아야 합니다.

## 2) 게임 회사 창업 시 - 프로토 타입 제작 시 리스크 관리

A씨의 회사에서는 액션 RPG를 만들고 있습니다. 이제 막 프로토 타입을 제작 중인 상황입니다. 생각했던 것보다 플레이가 재미가 없습니다. 그러다 보니 팀원들의 의욕도 떨어지고, 여러 가지의 불만들도 터져 나왔습니다. A씨는 도대체 어떻게 해야 할까요?

### (1) 프로토 타입에 재미를 검증하기 위한 재료가 충분한지 검토

프로토 타입에 대한 사람들의 저마다의 생각은 모두 다릅니다. 어떤 개발자의 경우 점 , 선, 면으로만 이루어진 더미 이미지에서도 게임 기획이 재미만 있다면 프로토 타입이 재밌어야 한다고 주장하는 개발자도 있습니다. 하지만 액션MORPG라는 장르에서 , 또는 특정 게임 장르에서 게임을 만든다면, 아트 없이 재미있는 프로토 타입 구현은 불가능합니다.

재미있는 프로토 타입을 만들기 위해서, 기획적인 재미 요소가 충분한지, 또는 아트 리소스의 퀄리티가 충분한지, 기능 구현에 있어서 손맛과 타격감이 잘 구현되었는지 검토해야 합니다.

통상적으로 프로토 타입에서 구현된 핵심재미가 게임 오픈 시에도 크게 변하지 않는 경우가 많고, 때문에 전투가 구현된 프로토 타입의 퀄리티는 매우 중요합니다. 이 때문에 나중에 아트 퀄리티를 높여야지, 지금은 그저 프로토 타입일 뿐이야, 이런 생각으로 만들기보다 최선의 노력을 다해 최고의 품질의 프로토 타입을 만드는 것이 중요합니다.

## (2) 게임의 핵심재미가 시장에서 검증된 사례가 있는지 검토

현재 게임의 핵심 전투가, 이미 시장에서 나와 있는 게임에서 성공사례가 있는지, 또는 비슷한 사례가 있는지 검토합니다. 만약 현재 우리 게임의 전투가 현재까지 시장에서 실패만 해온 전투 방식이라면, 과연 이것을 도입해야 하는지 재검토가 필요합니다.

## (3) 아예 새로운 스타일의 핵심재미를 갖췄다면, 이것이 타당한지 검증

시장에서 아예 나온 적이 없는 새로운 전투 방식이 우리 게임에 적용되었다면, 일단 차별화 면에서 한 걸음은 다가선 것입니다. 하지만 차별화가 반드시 좋다고 할 수는 없습니다. 차별화 되고 재미있다면 좋지만, 차별화 되었지만 재미가 없다면 유저의 선택을 받지 못할 것이니까요.

과연 이 방식이 재미가 있는지 유저 테스트나 내부 테스트를 통해 철저하게 검증하고 이 방식을 선택할지를 결정해야 합니다.

## 게임 회사 창업 시 - 게임 기획 실무를 알고 하자!

모바일 앱 시장에서 게임의 매출은 80%를 차지하고 있기 때문에 많은 분들이 1인 개발로, 혹은 개발사 창업으로 대박의 꿈을 안고 모바일 게임 시장에 진출하고 있습니다. 창업하는 분들 대부분이 게임업계 종사자인 경우가 많고, 아트직군, 개발직군, 기획직군, 마케팅직군 등 포지션이 다양합니다.

하지만 이러한 게임 개발 경험 없이, 창업하는 분들도 있고, 아트직군, 개발직군, 마케팅 직군의 경우 게임 기획 실무의 경험이 없기 때문에 시행착오를 겪게 됩니다.

나는 아무런 관련 지식이 없는데도 게임 창업을 할 수 있을까?라는 질문에서, 게임 기획을 할 수 있는 사람을 고용해서 스타트업을 시작할 수도 있지만, 결국 창업자가 게임 기획에 관해 이해도가 있어야 합니다.(장어집 사장님이 장어를 잡을 수 있어야 장사할 수 있는 것처럼, 장어 잡을 수 있는 직원이 갑자기 내일부터 안 나오면 어떡할 것인가?) 창업자가 게임 기획에 대한 공부 없이 바로 창업에 뛰어드는 것은 위험합니다.

전문가에게 맡긴다고 해도, 어느 부분을 어떻게 해달라는지 분명하게 알고 있어야, 일을 시킬 수 있는 것이죠. 이 때문에 다른 건 몰라도 다음 항목만은 꼭 공부를 시작하자고 권해드리고 싶습니다.

## 게임 회사 창업 시 - 시장에 대한 이해를 하자!

게임을 처음 구상할 때부터 시장에 대한 이해도가 있어야 합니다.

내가 만든 창의적인 아이디어가 대박을 칠 것이라는 생각은 누구나 가지고 있고, 그것이 창업으로 이어질 때가 많습니다. 하지만 그것은 나만의 생각이므로 실제 모바일 게임시장에서 돈을 벌고 있는 게임들은 뭐가 있고, 얼마나 매출을 내고 있는지 알아야 합니다.

여러 인터넷 검색을 통해 아이폰, 구글플레이 매출 순위별로 몇 위의 게임이 하루 매출을 얼마나 내고 있는지, 최소한 몇 등 안에 들어야 회사를 유지할 수 있는 매출을 낼 수 있는지 조사하고, 분석해봅니다.

"소문에 인기 인디게임은 매출 120위에 진입해서 오래 버티고 있는데, 이 개발사는 15억을 벌었다더라, 매출 200위에는 들어야 우리 회사가 유지가 되겠구나."

"매출 1위부터 200위까지 게임들을 모두 찾아서, 비교하고 어떤 장르의 게임인지, 어떤 식으로 플레이하는지, 유료 아이템은 어떤 식으로 판매하고 있는지 조사해보자."

"내가 구상하고 있는 게임이 이 게임들과 경쟁해서 이길 수 있는지, 더 재미있고, 더 상품 구성이 잘 되어 있는지 가늠해보자."

이 정도만 체크해도 사업 시작하기에 앞서 실패율을 많이 줄일 수 있습니다.

# VR게임 기획

최근 오큘러스를 필두로, 기어 VR, HTC 바이브, 구글카드보드 등 VR기기가 활발히 개발되고 있고, 관련 시장도 열리는 중입니다. VR게임 기획은 플랫폼의 특성상 고려해야 할 부분이 더 많습니다. 관련해서 VR게임 기획에 대해 살펴봅니다.

## VR기기의 역사

VR기기는 최근에 활발히 개발되고 있지만, 50년 전부터 VR기기의 개발은 시작되었습니다.

### (1) VR기기의 역사

최초의 가상현실, 즉 VR기기는 미국 공군이 1940년대에 개발했습니다. 미국 공군의 에드윈 링크 연구팀은 2차 세계대전 기간에 최초의 비행 시뮬레이터를 완성했습니다. 1950

년대 중반에는 에드윈 랜드가 3차원 이미지를 구현할 수 있는 컬러 영화를 개발했습니다.

1956년에는 모튼 하일리그가 센소라마 시뮬레이터를 개발하였는데, 센소라마 시뮬레이터는 3차원 이미지, 스테레오 사운드, 향기, 바람 등으로 가상현실을 느낄 수 있는 장치였습니다. 1965년에는 가상현실의 아버지라 불리는 이반 서덜랜드가 최초로 투구형 3차원 디스플레이 (HMD-head mounted display)를 구상하여 관련 논문을 발표하여서, 현재의 VR과 동일한 개념의 기기를 생각해냈습니다.

하지만 실제 동작하는 HMD 방식의 VR기기를 내놓은 것은 30년이 더 지나서였고, 그 주인공은 닌텐도였습니다. 닌텐도는 1995년 버추어 보이라는 휴대용 게임기를 발매하였는데, 기존의 2D화면이 아닌 입체감 있는 3D화면을 제공했습니다.

하지만 이 버추어 보이는 빨간색의 눈이 아픈 조악한 그래픽으로 좋지 않은 성적을 거두며 실패했습니다.


## (2) 오큘러스의 탄생

버추어 보이 이후로 VR기기에 일대 혁명을 가져온 기기는 오큘러스였습니다.

오큘러스의 창업자 팔머 럭키는 기존 HMD가 일반적인 영상 소스를 그대로 사용하여, 왜곡 없이 그대로 재생하는 방식은 인체와 같은 넓은 시야각을 구현할 수 없어 한계가 있다고 생각했습니다.

이것을 해결하기 위해 팔머 럭키는 애초에 영상 소스 자체를 왜곡시켜 랜더링해서 좀 더 넓은 화면을 확보한 후, 볼록 렌즈를 통해 되돌리는방식을 채택했습니다.

이러한 이미지 출력 방식은 더 넓은 공간을 한꺼번에 담을 수 있어 인간이 보는 시야각과 유사한 효과가 나게 됩니다. 기존의 HMD는 그대로의 화면을 보여줬다면 오큘러스는 더 큰 화면을 보여주기 때문에 가상현실의 몰입도가 훨씬 강해지는 원리였습니다.

오큘러스는 이 기술을 바탕으로 현재 세계 VR시장을 화려하게 열 수 있었습니다.

## VR기기의 특성

VR게임 기획을 위해서는 VR기기의 특성을 잘 파악해야 합니다.
오큘러스로 대표되는 HMD(Head mounted display)기기의 일반적인 특성은 다음과 같습니다.

### (1) 어지러움

VR기기를 사용했을 때, 잠깐의 기기 사용에도 멀미와 어지러움을 느끼는 경우가 많습니다. 이 원인은 여러 가지로 생각되고 있는데, 실제 내 몸과 가상현실 디스플레이에서 느끼는 시각적 부조화가 크게 나타나는 것으로, 화면이 빨리 움직일수록 심해지는 경향이 있습니다.

게임에서 과도한 이펙트나 블러 효과를 넣는다면 이러한 어지러움은 더욱 심해집니다. 또한 하드웨어에서 제공하는 프레임이 충분히 높지 못해, 느끼는 피로감의 원인도 있습니다. 프레임이란 게임에서 보이는 정지 화면의 단위로 초 단위를 기준으로 삼습니다.

인간의 눈은 초당 30프레임, 즉 정지화면 30개가 넘어가면 부드러운 움직임을 느낄 수 있습니다. 이 초당 프레임의 숫자가 높을수록 더 자연스러운 화면이 됩니다. 만약 VR기기를 쓰고 사용자가 걸어가게 된다면, 이러한 현상은 더욱 심해지며, 때문에 많은 VR게임들이 의자에 앉거나, 바닥시점을 고정한 상태에서 가상현실 체험을 구성하는 형식으로 개발되고 있습니다.

### (2) 고사양 하드웨어 필요

오큘러스 리프트 소비자용 버전 (CV1)의 경우 NVIDIA GTX 970, Intel i5-4590 이상, RAM 8GB 이상의 사양이 필요합니다. 오큘러스 리프트의 해상도 스펙은 2160*1200이어서 보편적으로 사용되는 해상도인 FHD(풀HD)1920*1080보다 높은 수준입니다.

그래픽카드 : NVIDIA 지포스 GTX970, AMD 라데온 R9 290
CPU : 인텔 코어 시리즈 4세대 i5-4590와 동급 또는 그 이상
램 : 8GB 이상
그래픽카드에 HDMI 포트 필수, 윈도우 7 SP1 64비트 이상

오큘러스 리프트의 경우 초당 90프레임 정도는 유지해야 어지러움이 덜한데, 때문에 고사양의 하드웨어일 경우 VR을 즐기는 경험이 더 좋아집니다. 이렇게 고사양의 하드웨어가 필요한 이유로 VR게임 시장은 아직도 초기 시장입니다. 조금 더 시간이 지나야 VR기기가 대중화될 것이라는 예측도 많습니다. VR게임을 즐기려는 소비자는 수백만 원의 비용을 지불해야 하기 때문에 타 게임보다 금전적 부담이 훨씬 큽니다.

## VR게임 개발 이슈

VR은 기기의 특성상 어지러움이 사용자 경험에서 가장 큰 문제라고 할 수 있습니다. 다음은 VR게임 개발 시, 이슈가 될 수 있는 사항들입니다.

### (1) 카메라 회전과 급가속

카메라가 좌우로 급격히 회전되거나, 급가속/감속을 일으킬 때, 사용자는 어지러움을 느끼게 되므로 게임을 설계할 때, 이런 부분을 고려해야 합니다.

특히 레이싱 게임의 부스터나, 3D공간에서의 점프 요소 등은 이런 현상을 발생시킬 가능성이 매우 높습니다.

FPS 게임의 경우에도 1인칭 뷰이다 보니 정통적인 FPS의 경우 좌우로 급격히 회전시킬 경우 어지러움을 크게 느낄 수 있어서, FPS보다는TPS(3인칭 뷰 시점)이 어지러움이 덜합니다. 또한 똑같은 FPS라도 카메라를 급격하게 회전시키는 방식이 아닌 조금만 움직여도 되는 방식이 어지러움이 덜합니다.

## (2) 인체의 시야범위와 왜곡 현상

오큘러스 리프트를 통해 가상현실을 구현하는 방식은 이미지를 볼록렌즈로 왜곡시키는 방식입니다. 인체의 시야 범위가 넓은 범위까지 인식하지 못해 화면 외곽에 위치한 콘텐츠의 경우 뿌옇게 보이는 현상이 있습니다. (주변부가 왜곡된 상태로 보여짐) 따라서 UI요소의 경우 화면 중앙에 위치시켜야 하고, 평면 UI로 제작하면 어색하게 보입니다. 또한 기존의 텍스트가 많은 방식의 경우 가독성이 떨어진다는 이슈도 생깁니다.

## (3) 카메라 수평선

오큘러스는 벗었다 착용했다 할 때 약간씩 카메라가 기울어지는 현상이 있으므로, 처음에 카메라 설정을 할 때 수평선을 맞춰야 어색하지 않게 할 수 있습니다.

## (4) 이펙트에 의한 어지러움 현상

과도한 이펙트와 파티클, 카메라가 다른 화면으로 전환되는 모션 블러 효과 등은 사용자의 어지러움을 증가시키므로 사용하지 않는 것이 좋습니다.

또한 파티클 이펙트는 프레임을 떨어뜨릴 수가 있는데, 화면의 프레임이 떨어질수록, 사용자는 어지러움을 심하게 느끼게 됩니다. 프레임이 떨어지지 않도록 고사양의 하드웨어가 필요한 이유가 이것이며, 90프레임 이상은 되어야 어지러움이 줄어듭니다.

## (5) UI배치 시 허공에 떠 있는 위치

가상현실 HMD를 쓰게 되면 사용자가 허공에 떠 있는 UI요소들을 가지고 게임 플레이를 하게 됩니다. 기존 게임에서의 UI요소와 배치는 적합하지 않으며, 가상의 3D공간에 버튼을 몇 개 누르는 것만으로 게임을 즐길 수 있어야 합니다.

VR게임 개발 이슈. 즉 카메라 무빙에 따른 어지러움, 인체의 시야범위에 따른 왜곡현상, 이펙트에 의한 어지러움, UI배치 시 허공에 떠 있는 이슈 등에 대응하는 게임 디자인은 어떠해야 할까요?

VR기술이 현재 발전 단계라서 모든 것을 해결하긴 어렵지만, 현재 시점에서 이러한 기기 특성의 이슈를 이해하면서 최적의 플레이 경험을 줄 수 있는 방법들에 대해 알아봅니다.

## VR게임에 맞는 디자인

### (1) 화면 중앙에 UI 배치

화면 주변부에 UI요소를 배치시키면 인체 시야 범위가 거기까지 가지 않아, 왜곡 현상이 일어납니다. 따라서 화면 중앙에 UI요소를 배치해야 합니다.

FPS 게임 같은 경우는 화면 중앙에 조준점을 위치시키고, 사용자가 시야를 회전시키면 조준점도 같이 움직이게 하는 것이 가장 어지러움을 느끼지 않고, 자연스러운 조작이 됩니다.

만약 화면 중앙에 조준점을 위치하더라도, 화면에서 고개를 돌릴 때 조준점이 같이 움직이지 않는다면, 사용자는 타깃을 잘 찾지 못하고, 혼동을 일으킬 것입니다.

### (2) 가상현실 공간의 구조물을 UI로 사용

게임을 진행하면서, FPS의 조준점뿐만 아니라, 여러 가지 상황에서 새로운 UI가 필요하게 됩니다. 예를 들어 VR게임 섬머레슨은 화면 내 오브젝트를 터치하면 UI가 나타나는 구성으로 되어 있습니다. 어드벤처 게임이나, 시뮬레이션 게임, FPS 게임 모두 가상현실의 공간을 사용한다고 하면, 게임 내 배치된 오브젝트에 다가가서 터치를 하면, 관련 UI가 나타나고 이것을 조작하는 것이 가상현실에 가장 어울리는 형태의 UI입니다.

## (3) 컨트롤러 방식에 따른 적절한 UI 사용

HMD(Head mounted display)에서는 컨트롤러를 어떤 것을 쓰느냐에 따라서 사용자 경험이 많이 달라지게 됩니다.

만약 HMD 장치 왼쪽에 부착된 버튼만 사용자가 누를 수 있고, 해당 버튼으로만 게임을 진행해야 한다면, 사용자가 정면을 바라보는 방향의 조준점이 가상현실 공간의 UI를 향하게 되고, 터치 버튼을 누르면 반응하는 형식으로 게임을 진행할 수밖에 없습니다.

이러한경우 UI 구성은 XBOX 360의 키넥트와 마찬가지로, 버튼을 조준점으로 위치시키면 버튼에 물이 차오르면서 모두 차오르는 시점에 선택이 가능하게 된다거나 하는 동작도 생각해볼 수 있습니다. 만약 조이패드와 HMD를 연결시켜서 구동시키는 게임이라면 UI 버튼끼리의 위치를 가까이 붙이고 각 버튼의 사이즈를 크게 만들어서, UI끼리의 버튼 이동이 원활하도록 배치하는 것이 좋습니다.

# 27

# 게임 회사에서 쓰이는
# 주요 지표 용어

게임 회사에서는 서비스를 할 때, 액티브 유저, 동시접속자, 매출, 재방문율, 결제유저 수, 1인당 평균 구매액 등의 용어를 사용합니다.

게임 회사에서 입사해서 일을 하기 위해서는 이러한 주요지표 용어의 이해가 필요합니다.

## 1) 사용자 지표

### (1) PV(Page View)

웹 또는 앱에 사용자가 접속한 횟수입니다. 중복을 포함하여, 해당 서비스에 사용자가 접속한 횟수를 이야기합니다. A라는 사용자가 30번을 접속했다면, 페이지뷰는 30회가 됩니다. 페이지뷰는 해당 서비스에 접속한 총 횟수를 모두 더한 값으로, 해당 서비스가 얼마나 활성화되었는지를 알 수 있는 지표입니다.

## (2) UV(Unique Visitor)

웹 또는 앱에 접속한 사용자 수입니다. 중복을 제외하고, 해당 서비스에 사용자가 접속한 횟수를 이야기합니다.

페이지뷰와 다른 점은 A라는 사용자가 30번을 접속했더라도, UV에서는 1로 계산됩니다. 즉, 해당 서비스에 몇 명이 순수하게 접속했는지를 나타냅니다.

## (3) DAU(Daily Active User), WAU(Weekly Active User), MAU(Monthly Active User)

게임 회사에서, 특히 모바일 게임 회사에서 가장 많이 쓰이는 용어입니다. DAU, WAU, MAU는 모두 중복을 제외한 순수한 사용자의 수를 말하며, 기간 개념이 들어가 있습니다.

DAU는 하루에 접속한 순수한 사용자의 수, WAU는 일주일 동안 접속한 순수한 사용자의 수, MAU는 한 달 동안 접속한 순수한 사용자의 수입니다.

DAU, WAU, MAU는 서비스를 얼마나 이용하고 있는지를 알 수 있는 가장 중요한 지표로 활용됩니다.

## (4) 재방문율(Retention Rate)

신규 유저 재방문 비율(잔존율) 표 예시

| 집계<br>날짜 | 신규<br>유저 | D+1<br>(1일 후) | D+2<br>(2일 후) | D+3<br>(3일 후) | D+4<br>(4일 후) | D+5<br>(5일 후) | D+6<br>(6일 후) | D+7<br>(7일 후) | D+8<br>(8일 후) | D+9<br>(9일 후) |
|---|---|---|---|---|---|---|---|---|---|---|
| 202X.6.14 | 3123 | - | | | | | | | | |
| 202X.6.15 | 3122 | 67.7% | | | | | | | | |
| 202X.6.16 | 3211 | 68.0% | 51.1% | | | | | | | |
| 202X.6.17 | 2933 | 67.3% | 52.4% | 48.4% | | | | | | |
| 202X.6.18 | 2911 | 67.8% | 54.3% | 47.3% | 40.3% | | | | | |
| 202X.6.19 | 2811 | 67.7% | 52.2% | 46.2% | 42.2% | 36.2% | | | | |
| 202X.6.20 | 2813 | 67.6% | 51.1% | 47.1% | 41.1% | 37.1% | 31.1% | | | |
| 202X.6.21 | 2711 | 65.7% | 53.3% | 49.3% | 41.3% | 38.3% | 30.3% | 27.3% | | |
| 202X.6.22 | 2631 | 65.9% | 52.1% | 45.1% | 40.1% | 36.1% | 30.1% | 26.1% | 24.1% | |
| 202X.6.23 | 2713 | 66.7% | 53.3% | 44.3% | 39.3% | 37.3% | 29.3% | 27.3% | 25.3% | 24.3% |

[표 45 재방문비율 표 예시]

재방문율은 서비스를 다시 이용하는 유저들의 비율을 이야기합니다. 예를 들어 게임 서비스를 시작한 날이 2017년 1월 1일이라면, 그날 100명의 유저가 접속했다고 칩시다.

2017년 1월 2일에 해당 100명의 유저 중에 70명만이 재접속을 했다면 재방문율이 70%라고 볼 수 있습니다. 이것을 D+1 이라고 하며, D+2부터 D+7까지 보면 1일째에 들어온 유저들이 일주일이 지나면 얼마나 재접속을 했는지를 알 수 있습니다.

게임에 따라 다르지만 통상적으로 모바일 퍼즐게임은 D+1이 60% 이상, 모바일 MORPG와 같은 코어 게임 같은 경우는 D+1이 50% 이상 나와야 안정적으로 유저가 쌓이는 구조가 됩니다.

재방문율은 마케팅 집행 의사결정의 주요 척도로도 사용됩니다. 재방문율이 낮으면 마케팅을 해도 다시 방문하는 유저가 적어 게임서비스가 지속되기 어렵기 때문에, 일정 수치의 재방문율을 달성해야만 마케팅 집행을 하는 경우도 있습니다.

**재방문율 = 현재 접속자 수 / 비교 대상 시기의 접속자 수**

## (5) 동시 접속자(CCU, Concurrent connected User)

PC 온라인 게임과 모바일 게임에서 특히 많이 쓰이는 개념입니다. 동시접속자는 동일한 시간대에 게임 서버에 접속해 있는 사용자의 수를 말합니다.

게임사에서는 서비스를 할 때 시간대별로 아침, 점심, 저녁으로 나누어서, 특정 시점에 푸쉬를 발송해 이벤트를 하는 운영방식을 많이 씁니다. 동시접속자가 이러한 운영을 위한 주요한 참고 지표가 됩니다.

통상적으로 9 ~11시가 동시접속자가 가장 많은 시간이며, 점심 시간에도 게임에 접속하는 유저들이 많기 때문에 동시접속자가 올라갑니다. 게임사는 이 시간대에 일일 이벤트를 해서, 이벤트 효과를 높이기도 합니다.

## (6)신규 유저(NRU, New Registered User)

일정 기간에 등록된 신규 유저 수를 이야기합니다.

하루에 NRU가 얼마나 들어왔느냐를 보고 마케팅이 얼마나 잘 되고 있는지를 볼 수 있고, 마케팅을 투입한 기간과 아닌 기간의 NRU를 비교하면 자연 유입이 얼마나 되고 있는지를 판단할 수 있습니다.

## 2) 매출지표

### (1) 매출액(Revenue)

게임 또는 웹 서비스에서 유저가 상품을 구매하여 수익이 난 것을 이야기합니다.

세금 정산 전의 순수한 수익을 매출액이라고 합니다. 일매출액, 주간 매출액, 월매출액, 분기별 매출액(3개월마다 계산), 1년 매출액 등 기간별로 구분하기도 합니다. 매출액에서 마케팅 비용, 인건비, 사무실 비용 등의 판매 및 일반 관리비를 빼면 영업이익(Operationg Profit)이 됩니다.

### (2) PU(Paying User)

구매 유저 수를 말합니다. 일정 기간 동안 게임에 아이템 구매, 또는 월정액제 상품들을 구매한 유저 수입니다. 중복을 제외하고 순수한 유저 수를 뽑습니다.

PU Rate는 구매 유저 비율을 말하며, DAU(하루에 접속한 중복을 제외한 순수한 유저의 수) 가 10000명이고, 일일 결제자 수 PU가 1000명이면 PU Rate는 10%입니다.

## 3) ARPU(Average Revenue Per User)

ARPU는 게임 서비스에 접속한 모든 유저를 대상으로 유저 한 명이 결제하는 평균 금액을 말합니다.

앞서서 DAU(DailyActive User)라는 개념을 설명했습니다(DAU는 하루에 접속한 중복을 제외한 순수한 유저 수) 일일 ARPU는 "일매출 / DAU"로 구할 수 있습니다.

예를 들어 DAU가 5명이고, 일매출이 5,000원 이라면, ARPU는 5,000/5 = 1,000원이 됩니다.

## 4) ARPPU(Average Revenue Per Paying User)

ARPU는 게임 서비스에 접속한 돈을 쓴 유저들만 대상으로 유저 한 명이 결제하는 평균 금액을 말합니다. ARPU와 ARPPU와 다른 점은 ARPPU의 경우 결제한 유저 수만 떼어내서 계산한다는 점입니다.

일일 ARPPU는 일매출/PU 로 구할 수 있습니다. 예를 들어 DAU가 5명이고, PU(결제한 유저 수) 가 3명이라고 가정해봅니다. (5명 중에 3명만 결제했다는 이야기입니다 ) 그리고 일매출이 5,000원 이라면, ARPPU는 5,000/3 =1,666원이 됩니다.

## 5) LTV(Life Time Value)

유저 1인당 게임에서 완전히 이탈할 때까지 지불하는 금액을 말합니다. 최초 게임을 설치하고, 최종적으로 게임을 접을 때까지, 유저의 전체 활동 기간을 잡으므로 사용자 1인당 기대할 수 있는 수익이라는 개념으로 사용됩니다.

이것을 통해 유저 1인당 총 얼마의 수익을 기대할 수 있으므로, 유저 1인당 마케팅 비용을 얼마나 투입하는 것이 적절한지 의사결정의 참고 자료로 사용될 수 있습니다.

앱 사용을 중지하여 이탈한 유저의 비율은 Churn이라고 합니다.

참고로 LTV를 구하는 공식은 다음과 같습니다.

LTV = ARPU X ( 1/ Churn)

예를 들어 한 달 동안 유저당 평균수익(ARPU)이 10,000원이고 앱 사용을 중지(이탈)한 유저의 비율(Churn)이 50% 라고 한다면, LTV는 10000×(1/0.5)= 약 20,000원이라고 할 수 있습니다.

# 28

# 게임 퍼블리싱

## (1) 게임 퍼블리싱이란 뭔가요?

게임을 개발하고 서비스 할 때, 큰 게임 회사 같은 경우는 자체적으로 자금이 넉넉하고, 게임 개발팀, 게임사업팀, 게임마케팅팀 이러한 부서가 있어서, 자체적으로 마케팅을 하고, 런칭을 하는 경우가 많습니다.

하지만 중소 규모의 개발사 같은 경우에는 재무적으로 넉넉하지 않기 때문에 개발인력 외에 마케팅팀이나 사업팀이 없는 개발사가 대부분입니다. 이러한 경우 개발사 입장에서는 마케팅을 해줄 수 있는 퍼블리셔를 통해서 게임을 서비스하게 됩니다. 이것을 퍼블리싱이라고 합니다.

개발사 A가 게임을 개발해서 알파 버전이나, 베타 버전 정도를 만들어서, 퍼블리셔에게 게임 플레이 영상 등을 첨부한 메일을 보내 퍼블리싱 의사를 타진하면, 퍼블리셔 쪽에서는 해당 퍼블리싱팀에서, 검토 후에 사업성이 있다고 판단되면 개발사와 퍼블리싱 계약을 맺게 됩니다.

퍼블리싱 계약에는 여러 타입이 있는데, 이니셜 피라고 계약금을 주기도 합니다. 예를 들어

B퍼블리셔가 A개발사에게 1억의 계약금을 지급한다면, 계약시점에 33%, 베타 버전 완성 후에 33%, 런칭 후 33% 이런 식으로 나눠 지급하기도 합니다.

그리고 계약기간은 통상적으로 2년 정도를 하게 되며, 국내 판권,해외 판권, 각 국가별 판권으로 따로 계약하게 됩니다. 판권이란 퍼블리셔가 해당 국가에 2년 동안 해당 게임을 서비스할 수 있는 독점 권한을 가지고 있는 것으로, 퍼블리싱 계약을 하게 되면 개발사는 다른 업체를 통해 게임 서비스를 하지 못합니다.

## (2) 게임 퍼블리싱의 수익 쉐어는 어떻게 이루어 지나요?

게임이 런칭을 하게 되면 예를 들어 퍼블리셔가 월매출의 60%, 개발사가 월매출의 40% 식으로 수익 쉐어를 하는 내용으로 계약을 체결하게 됩니다. (꼭 이 비율은 아니고, 이 글에서 나온 비율이나 숫자는 예시로 든 것입니다)

2년 동안 개발사와 퍼블리셔가 수익 쉐어를 하며, 2년의 계약이 끝나게 되면 퍼블리싱 계약을 재갱신할 것인지,개발사가 다른 퍼블리셔를 찾을 것인지, 또는 개발사가 자체 서비스를 할 것인지에 따라 새로 계약하게 됩니다.

그런데 이 경우 2년 동안의 유저 DB를 누가 가져가냐에 따라서 분쟁 소지가 많이 발생할 수 있으므로, 이런 내용도 퍼블리싱 계약 시 계약조건에 명시해서 넣기도 합니다.

예전 PC 온라인 게임 시절에는 PC를 통해 유저들이 접속하는 방식이었기 때문에 퍼블리셔가 최초에 런칭을 할 때, 네이버/다음/마이게임TV/게임웹진 등에 광고를 집행해주고, 이 비용은 퍼블리셔가 부담하는 식으로 서비스를 진행하는 경우가 많았습니다.

최근 모바일 시장에서는 광고매체가 모바일 리워드형 광고, CPI 등으로 바뀌었지만, 동일하게 마케팅은 퍼블리셔가 해주고 있습니다.

통상적으로 게임 런칭 시 마케팅은 퍼블리셔가 해주기 때문에, 개발사 입장에서는 마케팅 능력이 좋은 퍼블리셔를 찾는 게 중요합니다. 퍼블리셔 입장에서도 게임의 재미와, 상용화 모델이 훌륭하여, 투자 비용보다 더 큰 수익을 보장하는 게임을 찾는 것이 중요합니다.

# 29

# 게임 채널링

## (1) 게임 채널링이란 뭔가요?

앞서 게임 퍼블리싱 개념에 대해 말씀드렸습니다. 게임 채널링과 퍼블리싱은 조금 차이가 있습니다.

게임 채널링의 개념은 기본적으로 게임을 서비스하는 플랫폼에, 서비스 판권을 가진 사업자가 입점을 하고, 그 플랫폼에서 수익이 나면, 플랫폼 사업자와 게임서비스 사업자가 수익을 쉐어하는 경우입니다.

채널링을 설명하기 위해서, "개발사가 직접 판권을 갖고 있는 경우", "개발사가 직접 판권을 갖고 있지 않고 퍼블리싱을 하고 있을 경우 채널링" 2가지 경우에 대해 알아보기로 합니다.

또한 모바일 시장에서 구글 마켓, 애플 앱스토어 등의 마켓 수수료는 채널링과는 또 별개로 지급해야 하는 수수료입니다. 그 개념도 함께 묶어서 설명이 필요합니다.

## 1) 개발사가 직접 서비스 판권을 갖고있는 경우의 채널링

A라는 개발사가 게임을 개발했습니다. 예전 PC 온라인 게임 시절에는 다음게임, 네이버 게임 등에 채널링 서비스를 하기도 했습니다. 하지만 최근에는 모바일 게임 시장으로 시장 상황이 많이 바뀌었기 때문에 모바일 게임 시장을 예를 들어봅니다.

A라는 개발사는 모바일 게임을 하나 개발해서 퍼블리싱을 하지 않고 직접 서비스를 하고 직접 마케팅도 하기로 결정했습니다. 그리고 카카오나 라인과 같은 메신저 플랫폼에 입점하고 싶어합니다.

카카오나 라인이 게임 플랫폼이므로 이것도 일종의 채널링이라고 볼 수 있습니다. A라는 개발사가 메신저 플랫폼에 입점하려면 메신저 쪽과 접촉해서 계약을 맺고, 메신저의 API를 심어서, 메신저 회원정보와, 소셜 그래프를 이용하여 런칭을 하게 됩니다.

게임 내에 친구 기능에는 메신저 플랫폼의 친구들을 이용해서 소셜 기능을 만들기도 합니다. 그리고 게임이 흥행성이 있을 것 같다면 메신저 플랫폼 측에서 내부 배너를 걸어서 마케팅을 일부 지원해 주기도 합니다.

또한 아직 게임을 설치하지 않은 메신저 플랫폼 유저들에게, 초대 메시지를 보내 게임에 유입을 시키는 경우가 많습니다. 이 대가로 메신저 플랫폼은 개발사의 월매출 일정 부분(예를 들어 21%)을 쉐어 받게 됩니다.

통상적으로 한국에서는 유니티 엔진으로 개발해서 구글플레이 스토어, 애플앱스토어에 동시 런칭하는 경우가 많기 때문에, 각 스토어 수수료 30%를 제하면, 이 경우에 실제로 개발사가 가져가는 월매출은 전체 매출의 49%가 됩니다.

예를 들어 월 1억의 매출을 올렸다면, 메신저 플랫폼에 2,100만 원, 구글에 3,000만 원을 줘야하는 것이죠. 세금 문제가 있어서 실제 정산은 꼭 이와 같진 않지만, 대략적인 개념은 이와 같다고 볼 수 있습니다.

## 2) 개발사가 직접 서비스 판권을 갖고 있지 않고 퍼블리싱을 하고 있을 경우의 채널링

개발사가 직접 서비스 판권을 갖고 있지 않다면, 1)번과 거의 비슷하지만, 서비스는 퍼블리셔 쪽에서 진행하게 됩니다.

따라서 메신저 플랫폼에 입점하는 커뮤니케이션과 입점할지 안 할지 결정권한은 서비스 판권이 있는 퍼블리셔가 가지게 됩니다. 해당 업무처리도 퍼블리셔-메신저 플랫폼 간 진행하게 됩니다. 하지만 물론 개발적인 부분, 메신저 플랫폼 API적용 등은 개발사에서 진행합니다.

또한 이 경우에는 수익 쉐어 면에서 더 복잡한 계산을 해야 합니다. 만약 퍼블리싱 계약이 개발사가 40%, 퍼블리셔가 60%를 월매출을 수익 쉐어 하기로 계약을 맺었을 경우를 가정합니다.

1)번과 마찬가지로 메신저 플랫폼에서 21%, 마켓 수수료 30%가 나간 상태에서 나머지 49%를 개발사와 퍼블리셔가 수익 쉐어를 해야 합니다.

그렇다면 최종적으로 메신저 플랫폼 21% , 마켓 수수료 30%, 퍼블리셔 29.4%, 개발사 19.6%를 쉐어 받게 됩니다.

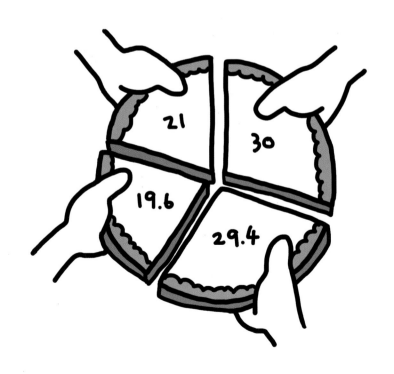

이렇게 된다면 개발사 입장에서는 월매출 1억을 낸다고 해도 실제로는 1,960만 원밖에 가져갈 수 없습니다. 따라서 꽤 높은 매출을 내지 않는 이상 생존하기 어려운 것이 현재 한국 모바일 게임 시장의 현 주소이기도 합니다.

## 1) 게임 시나리오의 주요 구성요소

(1) 테마: 게임에 일정한 이미지와 방향성을 제시하는 말과 문장으로, 게임 콘셉트, 시나리오 콘셉트라고 정의하면 이해하기 쉽습니다.

(2) 스토리: 테마의 내용을 이야기로 만들어서 다른 사람들이 이해하기 쉽도록 풀어 쓴 글을 말합니다.

(3) 캐릭터: 게임에 캐릭터가 등장한다면, 캐릭터의 성격과, 외모, 개성, 역할, 의지, 감성 등 각 캐릭터에 대한 정의를 내려주고, 각 캐릭터가 스토리에서 살아 움직이도록 만들어줘야 합니다.

(4) 세계: 게임에서 캐릭터들이 활동하는 무대로, 시대적 배경과 장소적 배경, 그리고 각 세계를 구성하는 구성요소를 정해줘야 합니다. 세계관은 게임에서 맵, 캐릭터의 복장, 아이템의 설정, 스토리에 전부 영향을 미치므로, 아트 작업과 긴밀하게 연결되는 부분입니다.

(5) 시나리오: 앞서 잡았던 테마, 스토리, 캐릭터, 세계를 가지고 전체 시나리오를 구성합니다. 시나리오에는 기, 승, 전, 결이 있습니다.

(6) 대사: 게임에서는 게임 시나리오가 게임의 맵, 캐릭터, 복장, 아이템의 콘셉트를 잡는 것 외에도, 직접 게임 내 컷신이나, 대사 노출을 통해 직접 시나리오를 드러내기도 합니다.

대표적으로 퀘스트를 받기 위해서 NPC와 대화하면 말을 한다거나, 게임 진행 중 NPC캐릭터들이 등장해서 주인공과 대화를 하는 식으로 시나리오를 사용자에게 알려줍니다.

앞서 잡았던 세계관과 캐릭터 설정, 스토리를 바탕으로 대사를 구성하여 게임의 몰입도를 높일 수 있습니다.

# 31

# 게임의 제작 단계와
# 게임 기획자의 역할

게임 제작 단계는 크게 프로토 타입, 알파 버전, 베타 버전, FGT 버전, 클로즈 베타 테스트, 오픈 베타/상용화 버전 출시 단계로 나눕니다. 이 게임 제작 단계에 따라 각 단계별로 어떤 기획을 해야 할지 내용이 정해집니다.

**그림 3-7** 게임의 제작 단계

# 1) 게임 제작 단계

## (1) 프로토 타입 버전

게임의 장르와 핵심 코어 플레이의 기획이 완료되면, 이 게임을 과연 잘 만들어서, 프로젝트를 진행할 수 있는 가치가 있을 것인지, 판단할 기준이 필요하게 됩니다. 이 때문에 프로토 타입 버전이라는 것을 만들어서, 게임의 핵심 플레이만 구현해보고, 프로젝트를 진행시킬지, 또는 프로젝트를 드롭하고 다른 게임을 만들지 의사결정을 합니다.

프로토 타입 버전에서는 최소한의 게임 플레이에 필요한 기획, 그래픽, 프로그래밍이 필요하며, 최대한 실제 게임 플레이와 유사하게 만드는 것이 좋습니다.

## (2) 알파 버전

프로토 타입 버전에서 게임 플레이가 재밌다고 판단이 되면 다음 버전인 알파 버전을 진행시킵니다. 최근에는 알파 버전의 기준이 높아져서, 게임 플레이뿐 아니라 상용화 구조까지 동작하는 것을 알파 버전으로 보는 경우가 일반적입니다.

## (3) 베타 버전

알파 버전 이후 다음 버전을 말합니다. 알파 버전, 베타 버전 모두 외부에 공개되지 않은 내부 제작 기준의 버전입니다. 알파 버전과 베타 버전이 다른 점은 콘텐츠의 양입니다. 알파 버전에서는 충분히 즐길 만한 콘텐츠가 없이 게임의 구조만 잡혀 있어도 괜찮지만 베타 버전에서는 양적으로 콘텐츠를 충실하게 넣는 것이 목표입니다. 알파 버전 이후에 베타 버전이 한 번만 있는 것이 아니라, 필요에 따라 여러 번의 베타 버전이 있을 수 있습니다.

## (4) FGT 버전

베타 버전을 가지고, 소수의(5~20명 규모) 게임 유저에게 테스트를 해서 의견을 받을 수 있도록 따로 구성한 버전을 말합니다. 전체 게임이 매끄럽게 동작하며, 완성된 게임과 크게 차이가 없을 정도의 초반 유저 경험을 주는 것이 목표입니다.

## (5) 클로즈 베타 테스트

FGT이후로는 게임 오픈 전에 비교적 소수의 대중(300~10,000여 명)에게 클로즈 베타 테스트라는 이름으로 제한된 기간(1~2주) 안에 서비스를 미리 내놓을 수 있습니다.

클로즈 베타 테스트를 하는 이유는 서버의 안정성 테스트와 버그 수정, 게임에 대한 실제 유저들의 의견을 받는 것이 목적입니다.

## (6) 오픈베타

오픈베타라는 용어는 게임 정식출시를 의미합니다. 최근에는 오픈베타를 하면서, 게임의 상용화 모델을 같이 탑재하기 때문에, 오픈베타와 상용화를 동시에 진행하는 경우가 대부분입니다.

## 2) 게임 제작 단계에 따른 기획자의 역할

앞서 다뤘던 게임 제작 단계에 따라 어떤 기획서를 써야 하는지 기획서의 성격이 달라집니다. 왜냐하면 게임 제작 단계마다 제작 목적이 다르기 때문입니다. 기획서의 필요충분조건은 목적에 맞는 기획이므로 어떤 목적으로 기획서를 써야 하는지를 잘 알아야 합니다.

## (1) 프로토 타입 버전

게임 핵심 플레이를 미리 만들어보는 프로토 타입 단계에서는 이렇게만 만들면, 대박이 날 것 같고, 시장에 큰 임팩트를 줄 수 있고, 아주 재미가 있다는 것을 제안하는 기획서가 필요합니다.

의사결정자인 경영진을 설득해야 프로토 타입을 통과할 수 있으므로 시장조사와 그에 맞춰서 "우리 게임의 콘셉트와 차별화 포인트는 무엇인가?", "어떤 핵심재미를 가지고 있는가?", "어떻게 매출을 일으킬 것인가?"와 같은 부분이 중요합니다.

## (2) 알파 버전

다른 개발자들을 감동시키고, 같이 게임을 만들고 싶은 의지를 불러일으키도록 꼼꼼하고 알아보기 쉽게 상세기획서를 만들어야 합니다. 디자이너가 디자인을 하기 쉽게 레퍼런스 자료를 제시하며, 정확한 디자인 스펙을 정해, 어떤 그림 몇 개를 언제까지 만들어야 하는지 제시합니다. 개발 스펙을 기능별로 나눠, 클라이언트와 서버에서 어떤 기능을 구현해야 하는지 정리합니다.

## (3) 베타 버전

제작 중에 실무자들끼리 왔다 갔다 한 끝에, 아직 마무리가 덜 된 것처럼 보이는 게임을 깔끔하게 다듬어서, 재미없어 보이는 요소들을 없애고 정리하는 기획서를 쓰는 단계입니다. 이 단계에서 대부분의 게임이 완성되므로, 버그가 최대한 없고, 오타나 띄어쓰기 오류가 없도록 기획서를 관리해야 합니다.

## (4) FGT 버전

소수의 사용자들에게 게임을 처음 접하게 하고, 피드백을 받아야 하므로, 초반 진입 시 학습할 수 있는 튜토리얼을 제작하고, 각종 편의성을 개선하며, 쉽게 진입하고, 짧은 시간에 재미를 극대화할 수 있도록 요소를 추가해야 합니다.

## (5) 클로즈 베타 테스트

FGT에서 나온 의견을 바탕으로, 부족해 보이는 게임 요소에 과감히 기획의도를 변경하여, 새로운 시스템을 추가할 수도 있고, 과감히 밸런싱을 변경하여, 조금 더 시장 친화적으로 만들 수 있습니다. 좀 더 많은 유저에게 2차 피드백을 받으면서 최종적으로 점검합니다.

## (6) 오픈베타

유료 아이템의 가격을 최종 확정하고, 경제 밸런스와 성장 밸런스를 최종적으로 확정하여, 시장에 내놓을 수 있도록 다듬는 단계입니다. 출시하자마자 여러 가지 이벤트로 유저들이 떠나가지 않도록 장치를 마련하고, 다음 업데이트도 함께 준비해야 합니다.

# 32

# 게임 기획자 Q&A

필자와 공동저자들은 게임 기획자 지망생들을 위해, 게임 기획자에 대한 정보를 얻을 수 있는 인터넷 커뮤니티를 운영하고 있습니다. (네이버 카페 게기스-게임 기획 스터디 http://cafe. naver.com/gagees)인터넷 커뮤니티에 올라온 게임 기획자를 지망하는 학생들의 여러 가지 질문들에 대해 답변해보는 시간을 가지기로 하겠습니다.

**Q1. 게임 기획자는 주로 하는 일이 무엇인가요?**

게임 기획자는 게임을 디자인하고 개발하는 데 필요한 기획서를 만들고 커뮤니케이션하는 업무를 합니다. 구체적으로는 기획서를 작성하고, 이전에 작성한 기획서를 수정하고, 아트팀과 개발팀과 커뮤니케이션하며, 게임 개발 진행사항에 대해 체크합니다.

또 아트팀에 UI와 캐릭터 리소스 애니메이션 요청을 하고, 개발팀의 구현상황을 체크하면서 커뮤니케이션합니다. 밸런싱 시트를 조절하며 데이터를 넣어보고, 게임 테스트를 하며, 게임 테스트를 해보며 버전을 다듬고, 버그가 있으면 개발팀에 전달합니다.

제품 출시를 위해, 계속 기획서를 수정하고, 다음 업데이트에서의 기획서를 준비합니다.

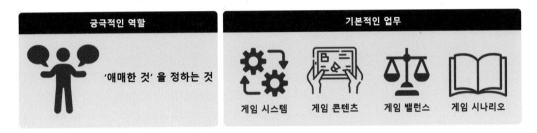

**그림 3-8** 게임 기획자의 역할과 업무

**Q2. 게임 기획자의 활동영역은 어디까지인가요?**

게임 기획자는 게임을 제작하기 위해 게임의 구조를 설계하고, UI와 규칙을 만들며, 콘텐츠를 구성하고, 각 수치 테이블 작성/ 수치가 적절히 동작할 수 있게 밸런싱을 하는 직업입니다. 또한 게임의 콘셉트와 세계관, 시나리오를 구성하기도 합니다.

## 1) 게임 기획자의 분류

대표적인 게임 기획자의 분류로는 대한민국에서는 플랫폼별 구분으로 PC온라인 게임 기획자와 스마트폰 게임 기획자로 크게 나눌 수 있습니다.

(현재 대한민국 게임 시장이 PC온라인 게임과 스마트폰 게임이 대부분이고, 콘솔 게임의 시장 규모가 작기 때문에 콘솔 게임은 제외하였습니다)

게임 기획자의 파트별로는 다음과 같이 분류하기도 합니다.

(1) 게임 시스템 기획자: 전체적인 게임 시스템을 짜고, 게임 규칙과 UI를 만듭니다.

(2) 게임 콘텐츠 기획자: 게임 내 설정을 잡고, 안에 들어가는 콘텐츠를 기획하고, 데이터 테이블 구조를 잡고,수치와 내용을 구성합니다.

(3) 레벨디자이너: RPG나 FPS에서 맵툴을 가지고 난이도를 조정하고, 맵과 레벨을 만듭니다.

(4) 밸런싱 기획자: 전체 수치 밸런스의 기준을 잡고, 아군 적군 전투 밸런싱/캐릭터 클래스 밸런싱/ 그리고 성장 밸런싱, 재화 밸런싱을 잡습니다.


## 2) 게임 제작에서의 게임 기획자의 업무

게임 기획자의 업무는 크게 게임 출시 전과 출시 후로 나눕니다.


### (1) 출시 전 업무

1) 장르결정/시장조사: 게임 출시 전에는 가장 먼저 어떤 게임을 만들 것인지 장르를 결정하고, 해당 장르에 맞춰서 시장조사를 동시에 진행합니다.

2) 게임 기획: 시장조사가 끝나면 경쟁게임에 비해 어떤 경쟁우위를 가질 것인지, 게임의 핵심 콘셉트와 게임 플레이의 재미 부분을 결정하고, 게임 시스템과 UI기획, 콘텐츠 기획과 데이터 테이블 기획을 진행합니다. 아트팀에 기획서를  전달하여 디자인이 제작되면, 개발팀에 전달되어 게임 제작이 이루어지게 되고, 기획자는 자신이 기획한 대로 게임이 제대로 제작되었는지 체크하고, 플레이를 해보면서 개선의견을 아트팀과 개발팀에 전달합니다.

## (2) 출시 후 업무

1) 업데이트 기획: 게임 출시 후 라이브 서비스가 진행되면, 게임 기획자는 업데이트 계획을 수립하고, 업데이트 게임 콘텐츠를 기획하며, 주 단위 또는 월 단위로 업데이트가 이루어질 수 있도록 새롭게 게임을 개선하는 작업을 진행합니다.

이때 사용자 분석을 통해 현재 게임이 어떤 상태인지 분석하고, 그것에 맞춰서 전략적인 업데이트를 준비해야 합니다.

**'기획'에는 정말 많은 것이 포함된다.**

### Q3. 그렇다면 게임 기획자가 아닌 사업 PM이라면 정확히 무슨 업무까지 하는 건가요?

사업PM은 런칭에 필요한 마케팅, 이벤트, 웹, 운영 툴을 준비하고 어떤 지표를 남길 것인지 설계합니다. 또한 CS 정책을 체크하고, 운영계획 만들고 이벤트를 집행합니다. 그리고 경우에 따라 실제 운영하고. 공지를 올리고 고객의 전화를 받고 마케팅을 하고 커뮤니티를 관리합니다.

유저 간담회를 하고, 개발사와 정기적으로 미팅을 하며, 개발사 가서 빌드 달라고 하고, 유료 아이템 기획해서 넣고, 지표 분석해서 업데이트 방향과 이벤트 방향을 정합니다.

개발사와 협의해서 다음 업데이트와 패치를 준비합니다. 운영팀의 서비스 리포트를 전달 받아서 분석한 후, 개발팀에게 개선사항을 전달합니다. QA팀과 협의해서 패치 전 버그 없이 괜찮은지 더블 체크합니다. 문제가 없다면 빌드를 올리고 업데이트를 합니다.

## [게임 기획과 사업PM 업무의 구분]

### [게임 기획]

1. 시스템, 콘텐츠, 전투, 레벨디자인, 밸런싱, 유료아이템 기획

2. 개발팀 일정표 작성과 일정 관리 / 사운드 기획

3. 카카오나 라인 등 게임 플랫폼에 마이그레이션 기획 (로그인 연동, 도전과제 등)

### [사업PM/운영업무]

1. 지표설계, 데이터 분석을 할 수 있는 웹 기획

2. 운영 툴 기획(웹)

3. 이벤트 기획 / 이벤트 웹페이지 기획(모바일,웹)

4. 데이터 분석

5. 오프라인 행사 진행-지스타

6. 소싱 업무

7. BM분석과 개선제안

# 현재 BM 분석

플레이어는 무엇을 위해 돈을 쓸까?

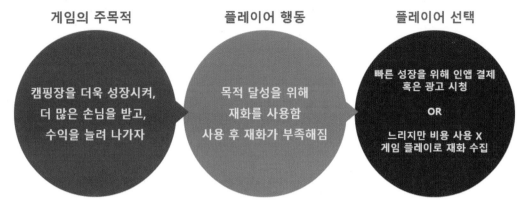

| 게임의 주목적 | 플레이어 행동 | 플레이어 선택 |
|---|---|---|
| 캠핑장을 더욱 성장시켜, 더 많은 손님을 받고, 수익을 늘려 나가자 | 목적 달성을 위해 재화를 사용함 사용 후 재화가 부족해짐 | 빠른 성장을 위해 인앱 결제 혹은 광고 시청 OR 느리지만 비용 사용 X 게임 플레이로 재화 수집 |

자원을 획득하기 위해 플레이어는 인앱 결제를 하거나, 게임 플레이 시간을 늘림
즉 플레이어는 캠핑을 성장시킬 수 있는 요소에 돈을 쓰고, 그러한 요소에서 수익이 발생

# BM 개선점 제안

### 개선안_1. 쇼핑 장비 아이템 개선_가격표

| 장비 아이템 이름 | 황금 솔방울 비용 | 일반 지속 시간 | 광고 지속 시간 | 획득 효과 |
|---|---|---|---|---|
| 강화된 망치 | 200 | 3일 | 3시간 | 채광 속도 20% 상승 // 돌 채집량 10% 상승 |
| 강화된 도끼 | 200 | 3일 | 3시간 | 나무 채집 속도 20% 상승 // 나무 채집량 10% 상승 |
| 강화된 괭이 | 200 | 3일 | 3시간 | 밭 일구는 속도 15% 상승 // 농작물 채집량 10% 상승 |
| 낚시대 | 100 | 2일 | 2시간 | 물고기 낚을 확률 15% 상승 |
| 식칼 | 100 | 2일 | 2시간 | 음식 만드는 속도 5% 상승 |
| 양동이 | 200 | 3일 | 3시간 | 물 긷는 속도 20% 상승 // 물 획득량 5% 상승 |

기대 효과

- 모든 효과를 플레이어가 원한다는 가정 -> 모든 아이템을 일정 기간마다 구입
- 3일의 한 번씩 1,000개 이상의 황금 솔방울을 사용 -> 즉 3일의 5,000원의 수익이 정기적으로 생겨 남
- 또 무과금 유저일 경우 2 ~ 3 시간의 한 번씩 광고를 시청하기 때문에 광고로 인한 수익도 기존보다는 많이 향상될 거라 생각 함

**Q4. 게임 기획자가 된 계기가 무엇인가요?**

중학교 때부터 게임을 만들고 싶었어요. 그런데 프로그래밍이 너무 어려워서 공부하기가 힘들었어요. 또 국어에는 소질이 있었는데 수학공부는 싫었죠.

그런데 대학교 때 공모전을 준비하다가 엔씨소프트 마케팅 아이디어 공모전에서 최우수상을 받게 되고, 2007년에 그 이력으로 게임업계에 QA로 입사하게 됩니다. 그렇게 해서 게임 기획자가 있다는 것을 처음 알았고, 게임 기획자 인턴을 거쳐서, 사업 PM 업무를 4년 동안 수행했습니다.

2011년에 스마트폰 시장이 열리고 스마트폰 게임 초창기에 N사로 이직해서 게임 기획자로 전직했습니다. 그때 기회가 많았고, 초창기에 SNG게임을 1인 기획해서 수백억 매출을 낸 경험이 있네요.

그 이후로 RPG게임 등을 기획해서 런칭했고, 계속 게임 기획을 하고 있습니다. 게임 기획자 일을 하면서 제가 가진 지식을 나눠주고 싶어서 "브릿지"라는 대학생 게임 개발 동아리를 2015년에 설립했고, 해당 동아리는 현재까지 활동을 계속 이어나가고 있습니다.

**Q5. 게임 기획자가 되는 방법은 무엇인가요?**

**[신입 기획자 준비 지망생에게 필요한 준비]**

가장 좋은 것은 게임 기획서를 직접 작성해보고, 게임 개발 동아리에 들어가 정보를 공유하고 직접 인디 게임을 만들어봐도 좋습니다. 이론서를 백 번 읽는 것보다 직접 게임을 만들어보고 경험해보는 것이 최고입니다. 인생은 실전이니까요. 그리고 기획자는 어휘력이 중요합니다. 장르 상관없이 책을 많이 읽으세요.

신입으로 들어올 때는 많은 준비를 해야 해요. 요즘 모든 회사들이 그렇듯 신입답지 않은 신입을 원하는 것 같아요. 글로벌 기업에서는 어학 능력이 있으면 유리하고, 문서작성 능력과 분석력, 아이디어를 표현하는 능력과, 설득력, 커뮤니케이션 능력이 중요합니다. 그리고 무엇보다 열정이 중요해요! 강한 책임감과 퀄리티에 대한 집착도 중요하죠. 너무 당연하고 원론적인 이야기라고 생각할 수 있겠지만 중요한 자질입니다.

게임이 재미있고 상용화 구조가 잘 되어 있어야 성공하는데, 기획이 잘못되면 게임이 성공하지 못합니다. 게임이 성공하지 못한다면 기획자 책임도 크다고 볼 수 있으므로 끊임없이 고민하고, 정리, 설득하는 것이 필요합니다.

## Q6. 지금부터 게임 기획자를 준비하려면 뭐부터 해야 하나요? 어느 학과가 가장 좋나요?

중고등학생 때는 공부를 열심히 하시는 게 가장 유리하다고 생각합니다. 기획자를 준비하기 전 국어, 영어, 수학 등 기초 학문에 대한 이해와 학습 경험은 매우 중요합니다. 제 생각에는 게임 기획자는 학과가 크게 중요하지 않은 것 같습니다.

실제로 오랜 기간 동안 (14년차)게임 기획자로 일해왔고 대기업, 중견기업,중소기업, 스타트업을 모두 경험해 본 결과 근무했던 게임 기획자의 학과는 경영학과, 국문과 , 컴퓨터공학과, 신문방송학과 등으로 다양했습니다. 기획자는 결국 게임 기획서 포트폴리오와 커뮤니케이션 능력과 다양한 경험이 중요합니다.

## Q7. 컴퓨터는 뭘 배워야 하나요?

```
*HelloWorld - Windows 메모장                    —    □    ×
파일(F)  편집(E)  서식(O)  보기(V)  도움말(H)
public class HelloWorld : MonoBehaviour
{
        void Start()
        {
                print{"Hello World"};
        }
}
|

                    Ln 8, Col 1        100%   Windows (CRLF)   UTF-8
```

프로그래밍 배우면 좋고, 유니티와 C#배우세요. 시간이 더 되시면 그래픽 툴인 포토샵과 3D Max 조금 다뤄보서도 좋습니다. 기획자의 기본 소양은 MS오피스를 능숙하게 다뤄야 한다는 것입니다. 파워포인트, 워드, 엑셀을 익숙해질 때까 자주 써보시고 활용해보세요.

(게임 기획서와 역기획서 문서 작성을 많이 해보세요)

## Q8. 실제 게임 기획 업무를 할 때 필요한 자격증이 있나요?

일단 저는 대학교 때 6개 정도 자격증을 취득한 것으로 기억합니다. 정보처리 기능사, 정보처리 산업기사, 워드 2급, 유통관리사, MOS Excel, 한자 자격증 등 다양한 자격증이 있습니다. 그런데 중요한 것은 이 업무를 할 때 제가 취득한 자격증이 큰 도움이 안 되었습니다.

'게임 기획자 자격증도 업계에서는 별 필요가 없다'라는 인식이 많고 아무도 신경 쓰지 않습니다. 기획자는 기획서 포트폴리오가 가장 중요합니다.

만약 꼭 자격증이 필요하다면, 마이크로 소프트 워드, 엑셀, 파워포인트 등 MS OFFICE에 관련된 자격증은 공부 겸 준비하는 게 나쁘지는 않다고 생각합니다.

### Q9. 게임 기획자를 준비하면서 학교 내신도 같이 챙기면 취업할 때 더 좋나요?

만약 대학생이라고 가정했을 때, 게임 기획자 준비는 대학교 졸업 전 2년(예를 들어 4년제이면 3학년, 4학년의 2년) 이면 게임 기획서 포트폴리오 준비 기간으로 충분합니다.

열심히 하시면 6개월 정도 기간에도 게임 기획서 포트폴리오는 충분히 준비할 수 있다고 봅니다. 지금 학생이라면 영어 공부와 학과 공부를 열심히 하시는 것이 유리하다고 생각합니다. 만약 고등학교 졸업 후 대학 진학이 아닌 게임 기획자로 바로 취업하고자 한다면 고등학교 3학년 때 집중적으로 게임 기획서 포트폴리오를 준비하시는 게 좋겠습니다.

### Q10. 포트폴리오(인디게임)는 어떻게 챙겨야 하나요?

인디게임 포트폴리오는 있으면 조금 좋긴 하지만 굳이 없어도 게임 기획자 취업에는 문제 없습니다. 나중에 게임 개발 동아리에 드셔서, 인디게임 프로젝트에 참여해서 인디게임을 만듭니다. (대학교 기간이 적당할 것 같네요. 중고등학교 때는 학업에 더 집중하는 게 효율적이라 생각합니다)

또는 인터넷에 인디게임팀이 팀원을 모집하는 곳이 많은데, 괜찮은 곳에 들어가서 팀원이 되어 만드시면 됩니다.

### Q11. 회사에 취업할 때 회사에서 생활기록부를 보나요?

전혀 보지 않으니 신경 안 쓰셔도 됩니다.

이력서/자기소개서/활동내역서/게임 기획서 포트폴리오/게임개선 제안서 포트폴리오가 필요합니다. 즉 게임 기획서 포트폴리오와 이력서, 자기소개서가 가장 중요합니다.

**Q12. 게임 기획자라는 직업이 끊임없이 배우고 성장하는 기회를 제공하나요?**

네, 새로운 게임 장르를 계속 만들면서 실력을 더 쌓고 성장할 수 있습니다. SNG, RPG, 슈팅, FPS, 퍼즐 등 다양한 장르의 게임을 만들면서 공부할 수 있고 실력이 늘게 됩니다.

**Q13. 게임 기획자로 갖춰야 할 역량과 기술은 무엇인가요?**

게임을 좋아해야 하며, 게임을 만드는 것을 좋아해야 합니다. 이 업계는 오로지 실력으로 승부하며, 업무 환경이 힘든 업종이라고 할 수 있습니다. 영화산업처럼 콘텐츠 산업이라, 성공과 실패, 흑과 백이 명확합니다. 무언가를 창조해내는 데 즐거움을 느끼는 크리에이터만이 게임 기획자를 잘 수행할 수 있다고 생각합니다.

내가 만드는 게임을 재미있고, 품질 높게 만들겠다는 장인 정신이 중요한 것 같습니다. 게임업계가 야근이 많고, 평균 근무시간이 긴 직업이기는 하나 매력 있는 직업이기도 합니다.

특히 내가 만든 게임들을 지하철에서 사람들이 하고 있는 것을 보면 매우 즐겁습니다. 기획은 많은 조직과 커뮤니케이션해야 하는 직무입니다. 이런 커뮤니케이션 능력을 기르기 위해서는 사람들과의 대화를 많이 연습하는 것이 좋습니다. 특히 아마추어 개발팀에 들어가서 게임을 같이 개발해보는 경험을 쌓으면 많은 도움이 됩니다.

### Q14. 갈등 없이 커뮤니케이션을 잘 하려면 어떤 노력을 해야 할까요?

다른 게임 리서치를 많이 해야 합니다. 그냥 내 생각에 이렇다, 그냥 내 생각에는 이럴 것 같다는 의견은 설득력을 얻지 못합니다.

A안 B안 C안 D안을 고민 다 해봤고 장단점 다 비교 해봤는데 '이러이러해서 A안으로 갈 수밖에 없고 이게 최선의 선택이다'라고 하면 상대방도 수긍하게 됩니다. 또한 무엇보다 열린 자세를 가져야 합니다. 내 생각이 반드시 옳다는 생각은 버려야 하며, 다른 사람의 말을 잘 듣고 이해하며, 같이 논의해서 좋은 방향으로 정하는 연습을 해야 합니다.

**어떤 커뮤니케이션이 좋은 커뮤니케이션일까?**

### Q15. 게임 기획자를 하면서 보람을 느낀 순간은 언제인가요?

게임이 잘 되어서 한국과 글로벌에서 큰 흥행을 했을 때 가장 기분이 좋았습니다. 지하철에서 제가 기획한 게임을 플레이하고 있는 사람들을 볼 때 가장 행복하죠. 옆에서 말을 걸고 싶지만 꾹꾹 참아요.

### Q16. 게임 기획자 일을 하면서 힘든 점은 무엇인가요?

게임 산업은 사람만으로 제품을 만들기 때문에 CEO 입장에서는 인건비를 줄여야, 개발비가 줄게 되어서, 일정을 타이트하게 관리하는 일이 많습니다. 따라서 야근과 높은 업무 강도 등이 게임업계에서 공통된 어려움입니다. 또한 다른 사람을 계속 설득시켜야 하는 직업이므로 커뮤니케이션 스트레스를 많이 받습니다. 기획자가 계속 훈련해야 하는 영역입니다.

### Q17. 게임 기획자는 게임이 나오면 어떤 느낌인가요?

말로 표현 못할 정도의 기쁨을 느낍니다. 또한 '조금만 더 준비해서 더 잘 만들 수 있었을 텐데'라는 아쉬움이 항상 남습니다. ('자식같은 게임이 드디어 나왔구나!'라는 느낌입니다.)

### Q18. 저처럼 게임 기획자를 희망하는 학생에게 해주고 싶은 말은 무엇인가요?

게임을 좋아하지 않으면 게임 기획자를 할 수 없어요. 게임업계는 3D 업종이라 야근도 잦고, 업무 강도도 높기 때문이죠. 게임에 대한 사랑과 재미있는 게임을 만들겠다는 열정이 없으면 버티기 쉽지 않아요. 밤새 만든 기획안이 실제로 게임으로 만들어지지 않을 수도 있고요. 그럼에도 불구하고 이 일이 정말 하고 싶다면 반드시 스스로에게 먼저 질문하세요.

### Q19. 대입과 공모전에 필요한 창작 기획서는 어떻게 작성하나요?

- 최대한 비주얼로 표현합니다.

- 게임의 콘셉트와 장르가 있어야 하며 어떤 게임인지 개념적, 비주얼적으로 이해하기 쉬워야 합니다.

- 디테일한 내용보다는 게임이 어떻게 동작하는지 화면으로 잘 알려주는 게 중요합니다.

- 게임의 핵심요소, 프로젝트 필러를 5가지 정도 정리합니다.

- 핵심요소를 기준으로 강점을 한 페이지씩 설명합니다.

- 게임 플레이 화면을 내가 직접 조작해서 하는 것처럼 유저의 플레이 동선에 따라 여러 장면을 만들어서 보여줍니다. (가능하면 무료 이미지 소스를 활용합니다.)

- 게임의 세계관이나 스토리, 등장인물을 설명합니다.

- 게임이 왜 재미있는지? 어떤 식으로 재미를 느끼는지, 이 게임이 어떤 의미가 있는지 설명합니다.

- 상용화할 수 있는 게임이라면 유료화에 대해 설명합니다.

- 마지막으로 이 게임을 제작해서 얻을 수 있는 기대효과와 사회적으로 긍정적인 효과를 결론 페이지에 적습니다.

## Q20. 친구들끼리 모여서 게임제작을 하려고 합니다.
팀에 기획자가 없는데, 개발,디자인 위주 팀에서 기획서를 어떻게 쓰면 좋을까요?

팀에 기획자가 없다고 해도, 기획할 수 있을 것입니다. 꼭 상세한 문서가 없어도 말이죠. 기본적으로 어떤 게임 플레이를 만들면 좋을지 정리하고, 먼저 게임 프로토 타입을 만들어보는 게 어떨까요?

최근에 복잡한, 그리고 큰 규모의 게임이 아닌 이상, 인디 게임 정도는 굳이 기획서가 없어도 제작에는 무리가 없을 것 같습니다. 기획자가 등장하게 된 요소가 게임이 커지게 되면 모든 것을 다 기억할 수 없고 정리하기가 어려워서입니다. 그런데 예전 개발자들은 기획서 없이 게임을 만들기도 했으니까요.

프로토 타입을 우선 만들어보고, 이를 통해서 문서로 하나씩 정리해보면 어떨까요?

하나씩 정리하다 보면 무엇이 부족한 게 알게 되고, 그때부터 하나씩 배우면서 쌓아나가는 방법도 나쁘지 않을 것 같습니다.

**Q21. 밸런스 작업이나 레벨디자인은 어떻게 하나요? 경험이 전혀 없어서 일단 아무렇게나 설정한 후 플레이하면서 조정해나가는 방법밖엔 떠오르지 않는데 노하우가 있을까요?**

밸런스 부분은 어떻게 기준을 잡는지가 중요합니다.

RPG게임 같은 경우에 전투와 성장 밸런스를 잡는다고 예를 들면, 아군의 공격 수치와, 가지고 있는 무기와, 각 무기 등급에 대한 성장치가 있을 것이고, 공격력과 HP가 정해질 것입니다.

그렇다면 적군이 몇 대 때리면 죽을지, 또는 적군에게 몇 대 맞으면 죽을지 계산되고, 그렇다면, 스테이지에 적군을 얼마나 배치하면 몇 대 때리면 다 죽일 수 있을지 몇 분이면 이 스테이지를 클리어할 수 있을지, 없을지가 나오게 됩니다.

또한 적군에게 몇 대 맞으면 죽는지, 적군의 공격력에 따라서 내가 몇 분 동안 생존하는지가 나오게 됩니다. 이렇게 하면, 내가 몇 스테이지를 클리어하려면, 얼마나 강해져야 하는지, 아군/적군의 세기에 따른 대략적인 그림이 그려지게 됩니다.

이런 것을 생각한다면 처음에 밸런스 기조를 잡을 때, 이 게임은 내가 플레이 시 어떤 느낌을 주게 하고 싶다. 예를 들어 서로 HP가 낮은 대신 공격력이 세서, 컨트롤이 중요한, 긴장감 있는 플레이를 만들고 싶어, 아이템을 어디까지 맞춰야 어디까지 클리어하게 하고 싶어, 이러한 밸런스의 기조를 먼저 잡고, 그렇다면 수치를 어떻게 조정해야 하는지, 1차 작업을 할 수 있습니다.

또한 능력치가 다양하다면 테스트를 해보면서, 공격력 / 방어력 관련해서 이 능력치는 어디에 해당하는지, 공격력으로 환산하면 얼마 정도를 가지는지, 공격 / 방어로 나누어서 기준을 잡고 수치상으로 먼저 잡고, 검증을 해보는 방법이 있습니다.

다양한 전투 공식은 인터넷에 찾아보면 많이 있고, 각 수치를 만들어내는 방법도, 엑셀에서 수치를 2차 방정식이나, 3차 방정식으로 바꿔주는 기능이 있어, 만들어진 수식을 가지고 수치를 쉽게 조정하는 방법도 있습니다.

보상의 경우에도 내가 어느 정도 플레이하면 어느 정도의 보상을 얻고, 얼마나 빨리 성장하게 할지에 대한 기조를 잡는다면, 앞서 잡았던 성장치에 맞게, 내가 3일 정도 플레이하면 특정 등급의 아이템을 얻을 수 있고, 어느 스테이지까지 클리어하게 유도할지에 대한 내용이 나옵니다.

## Q22. 기획자로 취업 시 가장 필요한 역량은 무엇인가요?

최근에는 신입들의 다양한 경험을 회사에서 좋게 보고 있습니다.

1박 2일 게임잼 같은 공모전에서 게임을 만드는 활동이나, 게임 개발 동아리 활동도 좋은 플러스 요인이 될 것이고, 게임 기획 공모전이나, 게임 개발 공모전을 여럿 도전해보는 것도 좋을 것 같아요.

기존에 상용화된 게임 중에 잘된 게임을 분석해서 역기획서를 써본다든지, 구직하는 회사에 제안하고 싶은 신규 게임을 기획해서, 실력을 보여준다든지, 하는 방법이 있겠네요.

가장 먼저 기획서 포트폴리오를 준비하고, 이력서와 자기소개서를 자기가 한 활동과 결과를 중심으로 잘 작성하는 게 좋을 것 같습니다.


## Q23. 게임 기획 파트 이력서, 자기소개서 작성 시 팁이 있나요?

이력서 게임 기획 파트 작성 시 간단한 팁을 알려드립니다.

우선 자기소개서에 나라는 사람을 한 줄로 설명할 수 있도록 나라는 사람을 1개의 콘셉트를 잡으세요. 예를 들면 나는 xxxx한 기획자를 꿈꾸는 홍길동입니다. 그리고 왜그런지 뒤에 설명을 적으면 됩니다.

지금까지 해온 프로젝트가 있다면 거기서 어떤 역할을 하고 어떤 결과물을 냈는지 자세히 설명합니다. 그 회사에 왜 가고 싶은지 만약 그 회사를 가게 되면 그 회사를 위해 나는 어떤 것을 할 수 있고 어떤 결과물을 낼 수 있는지 설명해야 합니다.

회사에서는 이 사람이 즉시 일을 할 수 있는 사람인지를 보려고 하기 때문에, 어떠한 프로젝트를 했고, 그 결과물로 어떤 것을 얻었는지 기술하는 이유가, 이 사람에게 일을 시켰을때, 잘할 수 있을지, 결과물을 제대로 낼 수 있을지 가늠해볼 수 있는 요소이기 때문입니다.

또한 정확히 어떤 일을 하고 싶고 향후 어떤 스킬을 익혀 어떻게 성장하고 싶은지 미래의 꿈은 무엇인지 기술하면 좋습니다. 평소 어떤 게임을 즐기는 게이머이고, 만들고 싶은 게임은 무엇인지 쓰면 좋습니다.

# 이력서

## 인적사항

| | |
|---|---|
| 성명 | 홍길순 姓名 / English Name |
| 생년월일 | 0000 - 00 - 00 |
| 주소 | OO시 OO구 OO동 OO아파트 000동 000호 |
| 자택전화 | 00.0000.0000 |
| 휴대전화 | 010.0000.0000 |
| SNS | http://me2day.net/ab0000 |
| E-mail | ab0000@naver.com |

## 학력사항

0000.00 - 0000.00
OO대학교 OOO대학원 OOO전공 졸업 예정
OO학 석사
0000.00 - 0000.00
OO대학교 OOOO대학
OOO학 학사 / OOO 부전공

## 주요활동

| | |
|---|---|
| 기간 | 0000. 00 – 0000. 00 |
| 장소 | (주)회사이름 |
| 활동내용 | 여름방학 인턴 |

주요 업무 및 활동 내용을 작성합니다.
세부활동 내용을 작성합니다

지원하고자 하는 회사의 게임들을 많이 플레이해 보는 것도 필수입니다.

그러한 내용을 이력서에 적고,(플레이 시 느낌이라든지, 개선사항이라든지, 아이디어라든지) 면접 때 그 회사 주력 게임에 대해 유창하게 말할 수 있으면 더욱 좋습니다.

지원하실 때는 게임잡에 지원하시는 것보다 회사 홈페이지가 있다면 홈페이지에 직접 지원하시는 것이 낫습니다. (낼 수 있는 곳이 둘 다 있다면)

그리고 게임잡 이메일 지원이 있고 그냥 이메일 지원이 있다면 게임잡 이메일 지원으로 기본적으로 보내시고, 그냥 이메일 주소를 알고 있다면 중복해서 추가로 보내면서, 그 회사에 가고 싶다는 이야기를 잘 써서 냅니다.

[예시] "홍길동입니다. 잘 부탁드립니다. 그리고 이 회사 이 게임에 관심이 있어서 지원하게 되었습니다. 포폴 첨부를 드리며, 혹시나 포트폴리오로 역량 확인이 부족하시다면 과제를 내주시면 열심히 해보도록 하겠습니다 . 꼭 연락 부탁드리겠습니다."

'그 회사에 관심이 있고 다른 회사가 아니라 그 회사에 꼭 가고 싶다'라는 관심과 열정을 어필하는 것도 참 중요합니다.

이메일을 직접 써서 과제를 내달라는 내용을 넣으셔도 되고 직접 쓰는 곳이 없다면 자소서에 해당 내용을 넣어서 보내셔도 됩니다. (포폴이 조금 마음에 안 들어도 과제를 자청하면 이에 따라 떨어뜨릴 사람에게 과제를 내보게 되고, 잘 맞아떨어질 수도 있습니다.)

**강점 키워드를 이용하여 작성한 자기소개서 예시**

안녕하세요. 끊임없이 시도하고, 즉시 실행을 즐기는 게임 기획자 홍길동입니다.
저는 어떤 어려운 개념도 쉽게 이해시킬 수 있는 강점을 가지고 있고,
특히 추상적인 개념을 잘 구조하고 비주얼로 표현하는 데 재능이 있습니다.
이러한 재능을 이용하여 게임기획을 하고 있습니다.

또한 VR게임 등 여러 게임을 개발해서 런칭하는 등, 게임 개발 역량을 늘려 나가고 있습니다.
A회사는 저의 성향과 맞는 게임을 개발하는 회사라고 생각했습니다. 이런 저의 역량과 경험을 이용해서 좋은 게임을 만들 수 있다고 생각해서 지원하게 되었습니다. 잘 부탁드리겠습니다.

**Q24. 기획서에 필수적으로 명시해야 하는 부분은 무엇인가요?**

게임이 만들어지기까지 기획파트에서 하는 일은 게임의 시스템(규칙과 UI)을 정리하고, 세계관 부분을 설정하고 각 요소를 그에 맞게 콘텐츠(내용과 데이터 테이블)를 정리하는 부분, 밸런스의 기준을 잡고 각 수치에 대한 시뮬레이션을 하는 부분이 기획파트에서 하는 일입니다. 순서대로라면, 가장 먼저 시스템 기획을 하는 게 좋습니다.

내가 어떤 콘셉트의 게임을 만들 것인지, 핵심재미와 플레이 방식을 결정했다면, 그것을 기획서라는 형태로 다른 사람에게 전달해야 하는데요.

게임의 시스템을 정할 때, 이 시스템의 정의는 무엇인지 정의하고, 각 내용의 규칙을 구성하고, 상세 내용을 짜고, 그것이 UI에서는어떻게 표현될지 그림으로 그리고, 각 요소 간의 플로우를 정리하는 과정이 있습니다.

게임의 콘텐츠라고 하면 해당 시스템에 들어가는 요소가 무엇이 있고, 어떤 수치가 있고, 어떤 식으로 배치되는지 정리하는 것이 있습니다.

시스템, 콘텐츠를 먼저 진행하고 이것을 디자인 파트에 전달하여 디자인이 나오면 개발파트의 업무가 시작되는 식으로 진행이 됩니다.

**Q25. 기획서의 종류. 게임 하나가 나오기까지 어떤 종류의 기획서가 필요할까요?**

그림 3-8 기획서의 종류

기본적으로 이 게임을 왜 만들어야 하는지 제안서가 필요합니다. 제안서에는 시장조사 내용이라든지, 어떤 타깃을 대상으로 어느 정도 목표로 이 게임을 제작하겠다. 이 게임은 어떤 재미가 있고, 수익성 부분에서는 어떤 모델을 가지고 있으며, 시장에서 어느 정도 성과를 내는 것을 목표로 하고, 필요 인력과 예상 기간, 그리고 비용 투입과 매출 시뮬레이션 같은 내용들을 다룹니다.

제안서가 통과되면, 실제 제작에 필요한 상세기획서로 들어가게 되는데요.

처음에는 프로토 타입 기획서를 먼저 쓰기도 하고, 처음부터 상세기획서를 오픈 스펙 내용에 맞게 전체를 준비해서 프로토 타입은 게임 플레이 부분만 떼어서 정리하기도 합니다.

상세기획서에는 앞서 말한, 시스템 기획서, 콘텐츠(데이터 테이블) 크게 2가지로 정리할 수 있겠는데요. 최근에 많은 회사들이 모바일 게임을 만들고 있어서, 모바일 환경에서 시스템 기획서는 파워포인트로, 콘텐츠와 데이터 테이블은 엑셀로 작업하기도 합니다.

기본적으로 제안서/프로토 타입 기획서/시스템 기획서/콘텐츠(데이터 테이블) 정도만 있으면 될 것 같고, 그 외에 사운드 정리라든가, 이벤트 기획이라든가, 데이터를 어떤 것을 뽑을지 지표 기획이라든가 툴 기획이라든가 운영 툴 기획이라든가 여러 가지 부분이 추가되기도 합니다.

## Q26. 게임 회사 취업 준비는 어떻게 하나요?

게임 회사 취업을 준비하는 방법에 대해 질문 주셨네요. 회사 취업을 준비하시려면 가고 싶으신 회사 시장조사부터 하셔야 합니다. 1개 회사만 타깃팅해서 한다면 확률이 너무 낮습니다. 가고 싶은 회사 1지망, 2지망, 3지망 정리해서 목록으로 만들어보세요.

갈 수 있는 회사의 리스트가 최소 10개 권장은 30개 이상이 되어야 한다고 생각합니다. 그래서 이력서, 자기소개서, 게임 기획서 포트폴리오를 준비해서 각각의 회사에 지원을 해야겠지요. 그런데 각각의 회사에 다 따로 지원을 하자니 너무 힘드니까요.

30개의 각기 다른 문서를 준비하기엔 너무 힘이 드니 본인이 하고 싶은 게임의 주 장르를 정하세요. 예를 들어 퍼즐 게임 / MORPG / MMORPG / SNG / 야구게임 / 소셜 카지노 / 포커 / 일반 캐주얼 게임 / 전략 게임 / AOS / 샌드박스 게임 / FPS / 펫 게임 / 보드게임 / 영지형 전략 게임 등 입니다. 앞서 언급한 이 정도 장르에서 크게 벗어나지 않습니다.

대략적으로 이 정도의 장르 구분이면 상업 게임의 대부분이라고 볼 수 있습니다. 그래서 장르를 하나 정하신 후에, 게임잡에 들어가서서 그 장르의 기획자를 뽑는 공고만 추려내보세요. 회사 공고는 게임잡이라는 채용 사이트에서 확인하실 수 있습니다.

http://www.gamejob.co.kr

그래서 회사 리스팅을 하고, 그 장르에 해당하는 게임 기획서 포트폴리오를 준비해서 회사들에 지원하면 효율적입니다.

여행도 목적지를 정해야 여행 준비를 하듯,
가고 싶은 회사를 정해야 취업 준비를 한다.

이런 식으로 각 회사 목록 만들기 → 타깃팅 → 하서서 그에 맞는 준비를 하셔야 고생을 덜하십니다. 회사부터 파고 들어가면 포트폴리오를 준비해야 할 것이 제각각입니다.

모든 회사의 포트폴리오를 준비하는 게 아니라, 우선순위가 높은 회사를 타깃으로 포트폴리오를 준비한다면, 장르가 비슷한 게임의 경우 다른 회사에도 활용할 수 있습니다.

우선순위가 높은 회사의 채용 공고 요구사항을 꼼꼼하게 파악하는 것도 도움이 됩니다.

어떤 식으로 준비해야 성공률이 높아질지 감도 더 오실 것입니다.

채용 공고 사이트를 전반적으로 훑어본다면 어느 장르가 얼마나 뽑는지 아주 정확한 데이터도 쌓이실 겁니다. 그럼 전략을 더 잘 세우실 수 있겠죠.

게입잡 같은 채용 공고 사이트 외에, 직접 주요 매출 상위 10위의 회사들 홈페이지에 들어가서 인력 채용란을 직접 체크해 보시는 것도 추천합니다.

채용 공고 사이트에 채용 공고를 올리지 않고 자사 홈페이지에만 채용 공고를 올리는 회사들도 있기 때문입니다. 매출이 높고 복지가 좋은 회사 중에 그런 회사가 많고 채용 공고가 좋은 자리 일 경우가 많습니다.

그런 회사의 경우 굳이 채용 사이트에 올리지 않아도 인기가 많으니, 자사 홈페이지에만 올리는 것이죠. 의외로 취업 준비생들이 이런 사실을 몰라 채용 사이트만 보고 좋은 기회를 놓치는 경우가 많습니다.

우선적으로 국내 게임 회사 순위를 조사하신 후, 각 회사 홈페이지에 직접 들어가 보세요. 또한 회사를 고르실 때 미리 해당 회사에 대하여 조사를 해보시는 게 좋습니다.

내가 갈 회사의 현황과 평판이 어떤지 알아야 준비하는 데 도움도 되고, 합격 후 회사를 선택할 때 도움이 될 수 있습니다.

회사의 월별 평균 연봉과 입사자 수 퇴사자 수 정보를 볼 수 있는 사이트는 크레딧잡이 있습니다.
https://www.kreditjob.com

또한 잡플래닛에서는 회사 평판들을 볼 수 있습니다.
https://www.jobplanet.co.kr

### Q27. 게임 개발 시 폭포수 모델이란 무엇을 뜻하나요?

폭포수 모델은 순차적인 소프트웨어 개발 프로세스로, 개발의 흐름이 폭포수처럼 지속적으로 아래로 향하는 것처럼 보인다고 해서 이름이 붙여졌습니다.

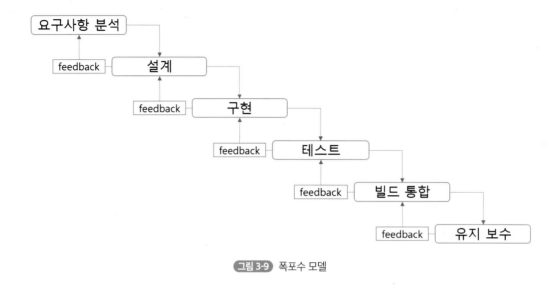

**그림 3-9** 폭포수 모델

1.요구사항 분석
2.설계
3.구현
4.테스트
5.빌드 통합
6.유지 보수

장점과 단점: 기획이 완벽하게 나왔을 때는 눈부시게 성과를 발휘했습니다. 그러나 기획 콘셉트가 많이 바뀌었을 때는 처음부터 모두 바꿔야 하므로 취약점이 존재합니다. 반복점진 개발 방식인 애자일 방법론과 비교되기도 합니다.

경험상으로 애자일 방법론과 폭포수 모델 둘 다를 경험해 봤는데, 준비가 잘 되어 있다면 폭포수를 기본으로, 너무 프로젝트가 뒤집어지지 않게 특정 시점에 버전 단계를 두고 하는 방법이 좋은 효과를 냈었고, 준비가 덜 되어 있다면 애자일 방식으로 빠른 실패를 통해, 로스를 최소화하는 방법이 좋은 효과를 봤습니다.

하지만 애자일 방식으로 너무 작은 단위로 분할하게 되면, 중간 중간 지연되는 시간도 길어져서 프로젝트 완성이 늦어지고, 하는 도중에 프로젝트의 최종 완성본을 잘 모르게 됩니다. 빠른 결과물을 내는 개발을 위해서는 폭포수 모델이 적합하다고 생각합니다.

문제는 폭포수 모델을 선택했을 때, 이전 단계로 되돌아가기가 쉽지 않으므로 기획 단계에서 정말 고심해서 결정해야 한다는 부담감이 있습니다.

## Q28.신입 밸런스 기획자를 준비하려고 합니다. 무엇을 하면 좋을까요?

게임 밸런스에는 여러 가지가 있는데, 전투 밸런스와 성장 밸런스, 그리고 경제 밸런스 업무를 맡게 됩니다. 그에 필요한 역량을 보여주기 위해서 여러 가지 리서치를 해보면서 수치를 가지고 모의 밸런스를 해보면 좋습니다.

아래는 신입 밸런스 기획자 지원자 데이터 밸런스 수치 분석해 볼 만한 것들의 예시입니다.

(1) 플레이 시 얻는 경험치가 한 판에 몇이니 몇 판 플레이하면 레벨업한다.

(2) 몬스터 체력이 몇이고 아군 초당 공격력이 몇이니 몬스터는 스테이지별로 몇 대 때리면 죽는다.

(3) 전체 몬스터 총 체력은 몇이고 아군 60초에 줄수 있는 대미지는 몇이니 스테이지 클리어하려면 몇 분 소요된다.

(4) 뽑기 확률이 몇이고 스테이지 100의 요구 전투력은 몇인데 5성 장비 만들면 그 전투력을 맞출 수 있는데 이건 현금으로 하면 얼마 써야 뽑는 게 기대된다.

(5) 전투 입장 시 재화가 필요하고 이 재화는 10분에 하나 찬다. 이건 상점에서 얼마에 팔고 있고 그래서 이 스태미너 1개당 가격은 얼마인가? 또 이걸 시간으로 환산하면 얼마인가?

(6) 특정 아이템을 강화시키려면 재료가 몇 개 필요한데 일반 스테이지 플레이하면 평균적으로 특정 시간당 얼마 떨어지고 특정 아이템 어디까지 강화하려면 얼마나 플레이해야 한다.

(7) 레벨업 할 때마다 기본 공격력과 스킬 대미지는 얼마씩 오르고 이것은 어떤 식의 패턴 규칙을 가지고 있다.

**Q28. 게임 기획 신입 취업을 위해서 역기획서를 많이 쓴다고 합니다. 저는 역기획서보다는 저만의 아이디어를 가지고 창작기획서를 먼저 쓰고 싶은데요. 역기획서를 써야 하는 이유가 있을까요?**

역기획서를 왜 쓰는지 이유를 말씀드리겠습니다.

역기획서란 기존 게임 기획서를 이미 상용화된 게임을 기준으로 내가 그 게임의 기획자라고 가정하고 구현될 수 있는 실무 상세기획서를 연습해서 써보는 것을 말합니다.

하나의 예시를 들자면 아트직군에서 3D 모델러 학생 가르치신 경험이 있는 아트 디렉터 분이 이야기 해준 훈련 사례가 있습니다. 흔히 하는 훈련 방법으로 처음에 클래시 오브 클랜(COC) 캐릭터를 똑같이 3D 모델링 모작시킨다고 합니다.

그런데 그게 생각보다 똑같이 만들기 어렵다고 하네요. 퀄리티가 높기 때문이죠. 그래서 역기획도 그냥 내가 혼자만의 생각으로 기획서 쓰는 것보다 단기간에 완성도 면에서 높은 수준을 한번 찍어보는 것이 의미가 있습니다. 퀄리티가 높은 기준점이 있기 때문에 따라 하기만 해도 스킬이 쑥쑥 빠르게 늘 수 있는 것입니다.

두 번째로 예를 들어, A라는 김밥집이 창업을 하려면 주위의 김밥집과 경쟁을 해서 이겨야 하기 때문에 주위 김밥집뿐만 아니라 잘나가는 김밥집은 다 가봐서 장단점을 파악하고 먹어봐야겠죠.

그런 시장조사는 아주 기본적인 것이기 때문에 역기획서를 쓰는 것은 퀄리티의 샘플을 정하고 기획서 문서 작성 수준을 올리는 의미와 시장조사의 두 가지 의미가 있습니다.

그래서 역기획서로 충분히 연습하며 실력을 충분히 쌓는다면 이후에 역기획서 말고 창작 기획서를 쓸 때 훨씬 더 높은 완성도의 기획서를 쓸 수 있다고 생각합니다.

퀄리티 높은 문서작성 스킬과 많은 게임에 대한 각종 정보가 머릿속에 있고 기획하는 것과 아무 것도 없는 백지 상태에서 단순히 내 감각과 느낌을 가지고 기획하는 것을 비교해봅니다. 정말 쓰는 사람이 뛰어난 천재이면 모르겠지만 충분한 연습 없이 바로 쓰는 창작기획서는 대부분의 경우 완성도 낮고 시장에서 안 먹히는 결과물을 만들 가능성이 높습니다.

**Q29. 게임 기획자가 직무 역량을 갖추기 위해서 어떻게 공부를 하는 것이 좋을까요?**

게임 제작엔 여러 직군들이 협업하는 팀 작업입니다. 비단 제작 직군뿐만아니라 협업하는 직군도 많아요. 여러 직업 탐색을 해보시고 하나 정해보신 다음 정하시면 됩니다.

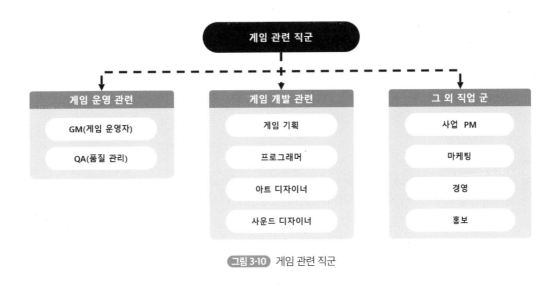

그림 3-10 게임 관련 직군

개발, 기획, 아트직군까지 게임 제작과 가장 밀접하게 관련된 코어 직군이 있는 반면, QA, 사업, GM으로 대표되는 협업 직군. 하다못해 게임 회사의 총무팀까지 모두가 게임을 만드는 사람들입니다. 그리고 초보 분들이 흔히 생각하시는 게 게임 기획자만 그러한 생각을 가진다고 알고 있습니다.

개발/아트/사업/QA/GM까지 모든 직군의 많은 분들이 자신만의 생각을 가지고 끊임없이 제안하며 게임을 다듬고 있습니다. 게임 기획자라고 모든 생각을 관철시킬 수는 없고 관철시켜서도 안 됩니다. 이런 점을 생각하시고 기획 공부를 하시면 좋습니다.

요즘 유니티엔진 개발강좌가 잘 되어 있는 것이 많습니다. 간단한 런게임이나 클릭커 게임을 만드는 튜토리얼 강의가 많으니 하나 정도 유니티엔진이나 언리얼엔진에 친숙해지시면 좋습니다.

기획자라면 최소한 코딩이 무엇인지(If문이 무엇인지 반복문이 무엇인지)는 알면 좋고 유니티와 개발 툴에 대해 이해하는 것이 업무 적응에도 좋습니다.

그것이 가능해지면 하나의 게임 역기획서를 써보시고, 게임 기획도 결국 레퍼런스 싸움이기 때문에 다양한 게임을 플레이 해보세요.

게임 기획이 참 재미있는 것이 다른 직업의 기획방법이나 전혀 다른 업무에서도 기획적 영감을 얻거나 재미있는 생각을 떠올릴 수 있습니다. 게임 기획자는 여러 가지 경험을 해두실 수 있으면 매우 좋습니다.

### Q30. 게임 기획자 면접 시 팁을 알 수 있을까요?

면접을 준비하실 때 너무 힘주려고 하지 말고 자연스럽게 대화하세요.
첫 자기소개는 1분은 너무 짧고 2-3분 안에 성과 위주로 자신의 강점을 어필하세요.
자기소개 바탕으로 꼬리 질문이 계속 들어오니 미리 시뮬레이션해 가세요(2, 3차 질문 대비)

말을 하실 때 너무 여러 문장으로 끊어서 이야기하기보다 (~했습니다. 그래서 또 그건 그렇습니다. 그래서 ~였습니다. ~그리고 ~입니다. 처럼 지나치게 여러 문장으로 끊어서 길게 이야기하면 상대방이 답답해합니다.

바로 짧고 명확하게 핵심 결론을 듣고 싶어 함)가능하면 한 문장에 인과관계가 드러날 수 있게 상대방이 1도 모른다고 생각하고 천천히 차분하게 압축해서 순서대로 설명해주세요. 동영상으로 본인이 자기소개 하는 부분을 찍어두고 5-10번 정도 반복해서 연습하세요. 도중에 생각이 안 나거나 모르겠으면 솔직히 모른다고 하세요. 괜히 억지로 임기응변 지어내다가 꼬리 질문 걸려서 논리 무너지면 망할 수 있어요. 처음부터 끝까지 내 논리 안에서 면접이 진행되어야 합니다.

또한 거기 꼭 가고 싶다는 것을 어필하게 위해 회사 자료 수집(뉴스기사) 많이 해가고, 해당 회사 소프트웨어 제품도(게임이나, 앱, 웹) 최대한 플레이 많이 해서 개선사항도 생각해가세요. 가능하면 거기서 내가 어떤 도움이 될 것인지 구체적으로 안을 짜면 좋습니다.

마지막으로 질문 있냐고 할때 내 구체적인 포지션이나 팀에 대한 정보를 물어보며, 해당 팀에 꼭 가고 싶다는 것을 다시 한 번 어필하면 좋습니다. (팀에 대한 구체적인 정보는 못 얻더라도 관심 표현한 것만으로도 의미 있음) 소개팅이라고 생각하시고 모르는 사람에게 내가 호감을 받을 수 있게 천천히 소개하세요. 급하고 힘주면 초보티가 확 납니다. 프로페셔널하게 보여야 하고, 프로일수록 태도에 여유가 넘칩니다.

면접에 본인 포폴 중에 가장 어필하고 싶은 것을 10페이지가량 3부 출력해서 만약 기회가 있다면 면접관에게 보여주고 설명해주는 것도 도움이 됩니다. (면접관이 3명이라고 가정해서 3부를 출력함) 주제는 해당 회사 게임의 개선안이나 신규 아이디어가 무난합니다.

## [면접 시 미리 생각해둬야 할 항목들]

1. 내가 이 팀에 들어가서 어떤 도움이 될지.

2. 내가 뭘 잘하고 그것이 실제 업무가 됐을 때 어떤 점이 잘 활용될 것인지.

3. 내가 어떤 개선 아이디어나 새로운 아이디어를 가지고 있고, 그게 무엇이고, 이 아이디어는 어떤 성과를 낼 수 있는 아이디어인지.

4. 내가 이 팀에서 무엇을 중점적으로 하고 싶고, 실제 업무를 시작한다면 어떤 업무를 할 수 있을지.

5. 이 팀에 지원한 이유 (왜 이 팀에 지원했는지)


## [자주 나오는 면접 질문들]

1. 프로젝트 경험이나 경력 위주로 자기 소개 부탁드립니다.

2. 최근 하고 있는 게임은 어떤 것이 있나요? 그 게임에 대한 설명 부탁드립니다.

3. 그 게임에 대한 특정 시스템이 어떤 것이 좋았고, 어떤 것이 좋지 않았는지 설명해주세요.

4. 본인이 어떤 것을 잘 한다고 생각하세요?

5. 반대로 어떤 것을 잘 하지 못한다고 생각하세요?

6. 기획 도중에 반대에 부딪혔을 때, 어떻게 하나요?

7. 동료들과의 커뮤니케이션은 어떤 식으로 진행하시나요?

8. 현재까지 가장 어려웠던 일이 있나요? 있다면 설명을 부탁드릴게요. 그에 따른 대처는 어떠
   했나요?

9. 앞으로 하고 싶은 것이 있나요?

10. 3년 후에, 10년 후에 무엇을 하고 있으실 것 같으세요?

11. 본인이 생각하는 좋은 기획자란?

12. 본인의 업무가 어떤 식으로 진행되는지 처음부터 끝까지 말씀해주세요.

13. 우리 회사에 지원한 이유는 무엇입니까?

14. 우리 회사에서 어떤 일을 하고 싶습니까?

15. 만약 업무를 시작하신다면 우리 회사에 어떤 도움이 될 것 같습니까?

16. 기획자로서 평소 공부하고 있는 것이 있나요.

17. 기획자가 되기 전에 어떤 공부를 하고 준비를 하셨나요.

18. 상사와 트러블이 생겼을 때, 이해되지 않았을 때는 어떻게 해야 할까요?

19. 취미가 있으신가요?

20. 저희 쪽에 궁금하신 게 있나요?

# 찾아보기

## 영어

# 유저를 끌어당기는 모바일 게임 기획

기획서 작성부터 취업까지 한 번에!

2022년 3월 4일 | 1판 2쇄

| | |
|---|---|
| **지은이** | 박형선, 민준홍, 유수연 |
| **펴낸이** | 김범준 |
| **기획/책임편집** | 김용기 |
| **교정교열** | 윤구영 |
| **편집디자인** | 김민정 |
| **표지디자인** | 이창욱 |

| | |
|---|---|
| **발행처** | 비제이퍼블릭 |
| **출판신고** | 2009년 05월 01일 제300-2009-38호 |
| **주 소** | 서울시 중구 청계천로 100 시그니쳐타워 서관 10층 1011호 |
| **주문/문의** | 02-739-0739    **팩스** 02-6442-0739 |
| **홈페이지** | http://bjpublic.co.kr  **이메일**  bjpublic@bjpublic.co.kr |

**가 격** 26,000원
**ISBN** 979-11-6592-029-6
한국어판 © 2020 비제이퍼블릭

**샘플 자료 다운로드** https://github.com/bjpublic/game_plan